Volunteerism in the Age of New Paradigm

뉴패러다임 시대의

자원봉사론

| 이만식 · 김성호 · 오단이 · 전구훈 · 원도연 공저 |

학지사

머리말

'뉴패러다임'이라는 유령이 지구촌을 배회하고 있습니다. '알파고' '기본소득'과 같은 기존의 패러다임을 넘어선 과학기술 및 복지제도의 혁신은 저자들에게 '자원봉사론'을 더욱 혁신적으로 집필해야 한다는 멍에를 지웠습니다.

2015년 7월 어느 날 장로회신학대학교에서 3명의 저자가 유비, 관우, 장비가 도원결의하듯 만나 작업을 시작하였는데, 어느덧 저자는 5명으로 늘어났습니다. 지구는 독수리 5형제가 지키지만 새로운 패러다임 시대의 '자원봉사론'은 우리가 집필하자며, 지금까지의 교재와는 다른 자원봉사론 교재를 만들어 보자던 우리의 다짐은 바쁘다는 핑계의 적과 세상에 새로울 것이 없다는 진리를 확인하게 하는 작업이었습니다.

이 책은 총 3부로 이루어져 있습니다. 1부 '자원봉사의 이해와 역사'에서는 자원봉사의 이해, 우리나라 자원봉사의 역사, 외국 자원봉사의 역사와 현황을 1~3장으로, 2부 '자원봉사 관리의 실제'에서는 대상별 자원봉사활동, 단계별 자원봉사 관리의 실제를 4~9장으로, 3부 '자원봉사의 새로운 경향'에서는 국제자원봉사, 기업의 자원봉사, 새로운 자원봉사 패러다임을 10~12장으로 구성하였습니다. 저자 한 사람 한 사람은 새로운 '자원봉사론'을 저술하고자 노력하였으나 그 뜻이 이루어졌는지는 독자의 판단에 맡기기로 하였습니다.

우리의 『자원봉사론』이 기존의 교재와 다른 점은 현장의 소리를 듣기 위해 학자가 아닌 현장 전문가의 자료 등을 참조하였다는 것입니다. 학문의 축적이 학자만의 몫은 아니기에, 현장에서 더 나은 세상을 만들겠다고 노력하는 다양한 목소리를 외면할 수 없어 저자 일동은 기존의 교재에서 지양하는 개인 블로그 등도 탐험하였습니다.

책을 마무리하며 감사할 분들이 너무나 많습니다. 초상권이 있는 사진의 수록을 허락해 주신 김안과 의료봉사팀, 그리고 새로운 패러다임을 『자원봉사론』에 담을 수 있게 도움을 주신 학지사 김진환 사장님과 임직원 여러분께 감사의 말씀을 드립니다. 특히 너무나 꼼꼼해서 우리 저자를 홍당무로 만든 학지사의 이름 모를 '교정팀'께 감사드리며, 마지막으로 저자 모두가 유부남클럽에 가입되어 있어, 잦은(?) 주말회의가 있었지만 모든 것을 이해해 준 저자들의 가족에게 이 말을 전하고 싶습니다. "사랑합니다."

2017년 1월

저자 일동

차 례

2부 자원봉사 관리의 실제

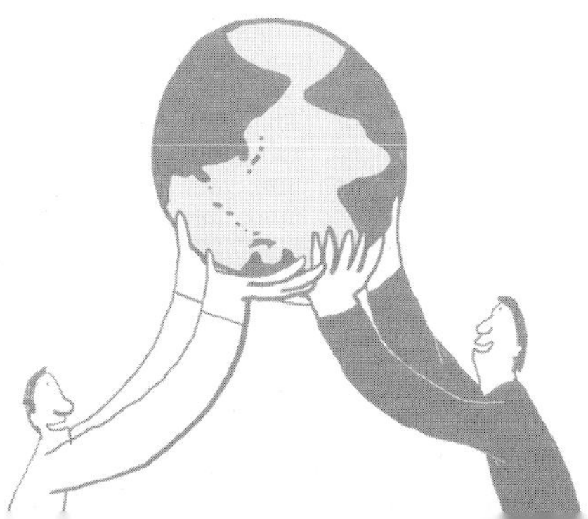

1부

자원봉사의 이해와 역사

1장

자원봉사의 이해

학습 목표

1. 자원봉사의 개념 및 정의에 대해 알 수 있다.
2. 자원봉사의 철학적 개념, 특성, 원칙 등을 이해할 수 있다.
3. 자원봉사활동 참여 동기와 지속성에 영향을 미치는 요인을 이해할 수 있다.
4. 새로운 형태의 자원봉사활동을 알아보고, 그 배경과 향후 가능성에 대해 알 수 있다.

1. 자원봉사의 개념 및 정의

1) 자원봉사활동이란

자원봉사라는 용어는 최근 우리 사회에서 활발히 거론되고 있으며, 누구나 한 번쯤은 자원봉사활동에 참여한 경험이 있을 것이다. 우리나라 역시 선진국 도약의 발판이 되었던 88서울올림픽을 수많은 자원봉사자의 참여와 노력으로 성공적으로 치러 낸 경험이 있다. 또한 2007년에 겪은 태안 기름유출 사고에서도 많은 국민이 자발적으로 현장에 달려가 기름에 젖은 돌 하나하나를 손수 닦아낸 일을 기억하고 있다. 이 외에도 해마다 겪는 자연재해와 각종 재난에 대응해서 아무런 대가도 바라지 않고 묵묵히 수고하는 자원봉사자들로 인해 우리 사회는 더 밝은 사회로 나아가고 있다. 또한 각종 사회복지시설의 봉사활동을 비롯하여 공공 캠페인 등에 열정적인 모습으로 참여하는 청소년들도 쉽게 만나 볼 수 있다.

그렇다면 우리는 왜 자원봉사활동에 참여하는 것인가? 지역사회의 크고 작은 문제를 해결하기 위해, 지구온난화와 생태 위기에 대처하기 위해, 종교적 혹은 도덕적 동기에 의해, 자아실현이나 여가선용을 위해, 혹은 진학이나 취업을 위해 등 각자 다양한 동기를 가지고 자원봉사활동에 참여한다. 이처럼 시민이 자발적으로 자원봉사에 참여하는 문화가 널리 확산되고 있다.

국제연합(United Nation: UN)은 2001년을 '세계자원봉사의 해'로 지정하여 "자원봉사활동이 모든 사람에게 혜택을 줄 수 있는 사회로 변화하기 위한 견인차가 될 수 있다"고 강조하며 "자원봉사에 대한 인식을 높이고 국내

외적으로 자원봉사활동을 촉진하는 행동이 필요하다"라고 했다. 또한 10년 후 유럽연합(European Union: EU)은 2011년을 '유럽자원봉사의 해'로 지정하였으며, 우리나라에서는 2006년 「자원봉사활동기본법」을 제정하여 자원봉사활동에 대한 법적 장치를 마련하고 자원봉사활동을 국가 차원에서 진흥하기 위해 노력하고 있다.

미국 존스홉킨스 대학교(Johns Hopkins University)가 2004년 37개국을 대상으로 실시한 자원봉사 연구 결과에 따르면 자원봉사자의 총 수는 1억 4천만 명인데, 이는 이들을 상근직원의 일자리로 환산할 경우 약 2천 80만 명에 해당하는 수치다. 이들의 활동을 경제적 가치로 환산하면 약 4천 억 달러에 해당된다(ILO, 2011). 미국의 유명 비영리기관인 Independent Sectors는 매년 비영리기관에서의 자원봉사활동의 금전적 가치를 산정하는데, 2014년 기준 시간당 자원봉사의 가치는 23.07달러에 해당한다. 미국의 경우 2013년을 기준으로 미국 성인 인구의 25.4%에 해당하는 6천 260만 명이 총 77억 시간의 자원봉사활동에 참여했으며, 이를 금전적인 가치로 환산하면 1천 730억 달러에 이른다(Independent Sector, 2015). 우리나라의 경우 2014년 자원봉사 참여율은 22.5%로 2011년의 21.4%보다 1.1% 상승하였다. 또한 2014년에 조사 대상자인 20세 이상 성인 1천 500명 중 337명이 자원봉사활동에 참여하였다. 자원봉사 참여율은 2005년 이후 21~22% 수준을 유지하고 있다(행정자치부, 2014).

2) 자원봉사의 사전적 개념

자원봉사(自願奉仕, Volunteer)는 '자원(自願)'과 '봉사(奉仕)'의 합성어로, 자원이란 단어는 "어떤 일을 자기 스스로 하고자 하여 나선다"는 뜻을 가지고 있고, 봉사는 "국가나 사회 또는 남을 위하여 자신을 돌보지 아니하고 힘을 바쳐 애씀"이라고 풀이되어 있다(국립국어원 표준국어대사전, 2016). 두 단어의 풀이를 합하면 "자원봉사란 자기 스스로 타인이나 이웃, 사회 또는 국가를 위하여 유익한 일을 행하는 것"이라고 할 수 있다. 영어로 자원봉사라는 뜻을 지닌 'Volunteer' 'Volunteerism' 'Voluntarism' 등의 사전적 의미를 종합해 보면 사람이 자신의 의지로 보수를 받지 않고 일이나 활동, 특별하게 지역사회 봉사와 같은 활동에 참여하는 것을 의미한다(Webster, 2016). 사회사업사전(Barker, 1996)은 자원봉사자를 "개인이 자유의사로 재정적인 보상 없이 봉사를 제공하는 사람"(p. 184)이라고 정의한다. 자원봉사주의(volunteerism)는 "정부기관의 원조 밖의 휴먼서비스를 제공하기 위해 무보수로 일하는 개인과 집단을 동원하고, 그리고 이들을 이용하는 것"(p. 184)으로 정의한다.

3) 자원봉사의 개념 및 정의

자원봉사의 개념과 정의는 역사적 · 사회적으로 다르게 해석되고 학자에 따라서도 다양하게 정의될 수 있지만, 그 기본적인 의미와 추구하는 가치는 비슷하다.

UN이 발표한 2011년 '세계자원봉사 현황 보고서(State of the World's Volunteerism Report)'는 다음과 같이 서술하고 있다. "자원봉사활동은 개인이 속한 지역사회에 함께 참여하는 의사표현이다. 참여, 신뢰, 연대, 호혜 그리고 공동책임의식은 거버넌스와 세계시민의 덕목이다. 자원봉사는 과거의 향수를 불러일으키는 유물이 아니며 이것은 세계화가 가속되는 가운데 사회문제의 최전방에서 대응하는 우리의 노력이다. 과거의 어느 때보다 오늘날에는 자선행위보다는 나눔과 돌봄이 필수적이다"(UN, 2011).

국제자원봉사협의회(International Association for Volunteer Effort: IAVE)

는 2001년 세계자원봉사의 날을 맞아 제시한 '세계 자원봉사 선언'[1)]을 통해 "자원봉사는 모든 사회의 필수요소다"라고 선언하면서 "자원봉사는 시민사회를 지탱해 주는 기본 구성물로서 모든 사람을 위한 평화, 자유, 기회, 안전, 정의의 추구를 통해 인류가 열망하는 삶의 고귀한 가치를 제공한다"고 강조했다. 또한 세계화의 지속과 함께 급변하는 지구촌에서 개인과 집단의 자원봉사는 다음과 같은 의미를 갖는다.

- 공동체, 돌봄 그리고 헌신과 같은 인간적 가치들이 지속되고 강화되며
- 공동체의 구성원으로서 개인은 자신의 권리와 의무를 행사함과 동시에 일생에 걸쳐 교육과 성장의 기회를 통해 전인적인 잠재력을 실현하고
- 인간 사회를 분리시키는 차이점을 해소하고 연결시켜, 건강하고 지속 가능하며 협동하는 공동체에서 함께 생활하여 인류가 직면한 위협들에 대해 혁신적인 해결방안을 제시하고 공동의 운명을 가꾸어 나간다.

영국에서는 일반적으로 자원봉사는 자원봉사자가 보수를 받지 않고 자신의 시간을 자신과 관련되지 않은 타인이나 기관을 돕는 일에 사용하는 것을 의미한다. 영국에서 발간된 『좋은 자원봉사활동을 위한 컴팩트 규정(The Compact Code of Good Practice on Volunteering)』(2005)은 다음과 같이 자원봉사를 설명하고 있다.

- 자원봉사활동은 시민의식과 민주주의의 근간이 되는 활동이다. 이것은 다양한 형태로 지역과 사회에 시간과 에너지를 헌신하는 행동이다.

---

1) The International Association for Volunteer Effort at its 16th World Volunteer Conference, Amsterdam, The Netherlands, January 2001, the International Year of Volunteers. (https://www.iave.org/iavewp/wp-content/uploads/2015/06/The-Universal-Declaration-on-Volunteering.pdf)

이는 급여를 받지 않는 활동인데, 무보수 원칙은 자원봉사활동의 주요 원칙이다.

- 자원봉사활동은 공공기관, 민간, 자발적 조직에서의 공식적 활동을 비롯하여 비공식적 주민참여와 캠페인을 포함한다. 이러한 준칙에 의거해 자원봉사활동은 급여를 받지 않고 시간을 할애해서 가까운 친인척이 아닌 타인, 단체 그리고 환경에 유익한 활동을 수행하는 것이다.
- 사람들은 저마다 다른 이유로 자원봉사활동을 수행한다. 어떤 자원봉사자는 기술을 익히고 경험을 쌓기 위해, 사교를 위해 혹은 사회 환원을 위해 자원봉사를 하기도 한다. 어떤 사람은 도덕적 의무감이나 자원봉사활동에 대한 중요한 이유 혹은 선의를 실천하기 위해 자원봉사를 한다. 어떤 경우든 중요한 원칙은 자유의사에 의해 자원봉사활동에 참여하는 것이다.

호주의 유력 자원봉사 기관인 Volunteer Victoria(2015)에 따르면 공식적 자원봉사는 비영리기관이나 비영리적 목적의 행사에서 수행되는 활동으로, ① 지역사회와 자원봉사자에게 유익이 되고, ② 어떠한 강요도 없이 자원봉사자의 순수한 자유의지에 의해 수행되고, ③ 금전적 보상을 받지 않으며, ④ 자원봉사자의 활동으로 지정된 활동만을 수행한다.

우리나라에서 자원봉사라는 용어가 사용되기 전에는 적선, 적선자, 선행, 선행자라는 용어가 선한 일 혹은 착한 일을 하는 것 자체 또는 그러한 일을 행하는 사람을 일컬었다. '자원봉사자'라는 용어가 처음 사용된 계기는 1987년 한국사회복지협의회 산하 사회봉사안내소의 개소를 준비하던 시기로 거슬러 올라간다. 당시 사회봉사안내소 개소 준비위원회는 'volunteer'라는 용어의 우리말 호칭을 결정하기 위해 자문위원회를 개최하여 우리말로는 '자원봉사자'로, 영어 발음을 한글로 표기할 때는 '볼런티어'라는 용어를 사용하기로 결정한 것이다(김범수, 2015).

이후 한국사회복지협의회(1987)는 자원봉사를 "사회문제의 예방 및 해결 또는 국가의 공익사업을 수행하고 있는 공사의 공식조직에 자발적으로 참여하여 영리적 보상을 받지 않고서도 인간존중의 정신과 민주주의 원칙에 입각하여 낯선 타인들을 상대로 필요한 서비스를 제공함으로써 사회의 공동선을 고양시킴과 동시에 이타심의 구현을 통해 자기실현을 성취하고자 하는 활동"(p. 1)으로 정의했다.

2014년 일부 개정되어 시행 중인 「자원봉사활동기본법」은 자원봉사를 "개인 또는 단체가 지역사회, 국가 및 인류사회를 위하여 대가 없이 자발적으로 시간과 노력을 제공하는 행위"로 지칭하고 있다.

정부는 자원봉사활동의 진흥을 위한 정책을 시행하는 데에 다음의 사항을 기본 방향으로 제시하고 있다. 첫째, 자원봉사활동은 국민의 협동적인 참여 능력을 높일 수 있는 방향으로 추진하여야 한다. 둘째, 자원봉사활동은 무보수성, 자발성, 공익성, 비영리성, 비정파성, 비종파성의 원칙 아래 수행될 수 있도록 하여야 한다. 셋째, 모든 국민은 나이, 성별, 장애, 지역, 학력 등 사회적 배경에 관계없이 누구든지 자원봉사활동에 참여할 수 있도록 하여야 한다. 넷째, 자원봉사활동의 진흥을 위한 정책은 민·관 협력의 기본 정신을 바탕으로 하여 추진하여야 한다.

「시민자원봉사헌장」은 자원봉사활동을 다음과 같이 정의했다.

> "자원봉사는 우리 시민들이 새로운 천년을 향해 나아갈 기본 방향이다. 인간에 대한 순수한 인도주의의 발로이며 건강한 사회를 이끄는 등불이다. 그래서 시민의 일원으로 참여해야 하는 당위성을 가진다고 믿는다. 자원봉사란 시민이 자발적으로 참여해 대가 없이 지역사회의 요구와 문제해결을 위해 제공하는 모든 공익적 활동을 의미한다."

〈표 1-1〉 자원봉사에 대한 외국의 개념 정의

국가	개념
영국	가까운 친척 이외의 누군가(개인이나 단체) 또는 환경에 유익하도록 무보수로 시간을 활용하는 모든 활동
캐나다	무보수로 자선단체나 비영리단체를 대표하여 서비스를 행하는 사람, 학교, 종교단체, 스포츠나 지역 연합에 제공하는 모든 무보수 지원이 포함됨
덴마크	비영리기관을 위해 무보수로 행한 일
미국	개인, 집단, 지역사회에서 다양한 사회문제의 영향을 예방 · 통제하고 개선하기 위해 존재하는 공공과 민간의 다양한 조직 활동에 보수 없이 자발적으로 참여하는 행위
호주	지역사회와 자원봉사자에게 유익이 되고 어떠한 강요도 없이 자원봉사자의 순수한 자유의지에 의해 수행되며 금전적 보상을 받지 않고 비영리기관이나 비영리적 목적의 행사에서 수행되는 활동
멕시코	개인이 자유의지를 가지고 타인의 이익을 위해 시간을 투자해 봉사하는 활동으로 이윤이나 금전적 대가를 받지 않는 것
에스토니아	자유의지와 무보수로 시간, 에너지, 기술을 지원하고 주로 공익과 사회이익을 위해서 수행되는 활동으로, 자기 가족을 위한 활동은 자원봉사에 포함되지 않음
UN	금전적 보상이 주된 동기 부여가 아닌, 자유의지에 의해서 공공선을 위해 상호원조와 자립, 공식적인 봉사와 다른 형태의 공공참여를 포함하는 광범위한 활동
ILO	가까운 친지 이외의 사람들에게 유익이 되며 무보수로 행해지는 일체의 활동이나 서비스

출처: International Labour Organization (2011)를 참조하여 재구성.

〈표 1-2〉 자원봉사에 대한 우리나라의 개념 정의

자료원	개념
사회조사 (통계청)	개인 또는 단체가 타인 및 지역사회 등을 위하여 자발적으로 영리적 대가 없이 시간과 노력을 제공하는 행위(사회통념상 보수라고 생각되지 않을 정도의 식비와 교통비 등 실비만 받고 봉사하는 경우도 포함됨)

생활시간조사 (통계청)	도움을 필요로 하는 집단을 단체를 통해서나 개인적으로 돕는 행동으로, 이타적 · 무보수적 · 자발적 성격을 지님
전국자원봉사 실태조사 (행정자치부)	그룹 또는 단체를 통하여 자발적으로 보수를 받거나 기대하지 않고 다른 사람이나 지역사회를 돕는 것과 같은 공익활동
한국사회복지 협의회	사회문제의 예방 및 해결 또는 국가의 공익사업을 수행하고 있는 공사의 공식조직에 자발적으로 참여하여 영리적 보상을 받지 않고서도 인간존중의 정신과 민주주의 원칙에 입각하여 낯선 타인들을 상대로 필요한 서비스를 제공함으로써 사회의 공동선을 고양시킴과 동시에 이타심의 구현을 통해 자기실현을 성취하고자 하는 활동
한국자원봉사 협의회	한 개인이 가지고 있는 자원이나 능력을 활용하여 자발적으로 사회와 공동체, 환경 또는 타인을 위하여 대가를 요구하지 않으면서 계획적이고 지속적으로 수행하는 활동으로, 체계적인 노력을 통해 문제를 개선시키고 변화시키는 것
「자원봉사활동 기본법」	개인 또는 단체가 지역사회, 국가 및 인류사회를 위하여 대가 없이 자발적으로 시간과 노력을 제공하는 행위. 자원봉사활동이 무보수성, 자발성, 공익성, 비영리성 및 비정파성의 원칙 아래 수행되어야 함

이상 여러 국가에서 내린 자원봉사의 정의와 다양한 학자의 의견을 종합해 보면, 자원봉사란 '물질적인 보상이 없이 개인의 자발적 의사에 따라 수행되는 타인과 사회에 도움이 되는 활동'이라고 할 수 있다.

4) 자원봉사와 비슷하지만 구별되는 개념

지금까지 자원봉사에 대한 개념을 알아보았다. 그러나 좀 더 자원봉사에 대한 정확한 의미를 규정하기 위해서는 자원봉사와 유사하지만 다른 의미와 맥락을 지닌 개념들을 구분할 필요가 있다.

• 자원봉사와 사회봉사

자원봉사(volunteering)와 사회봉사(community service)는 가장 많이 사용되는 용어이나 일상생활에서는 개념상의 구분 없이 혼용되어 쓰이고 있다(김범수 외, 2015). 따라서 각 용어의 명확한 의미를 규정하고 구분할 필요가 있다. 자원봉사는 주로 개인의 자유의지를 통해 자발적으로 이루어지는 활동이다. 반면, 사회봉사는 공익을 추구하고 사회적 책임을 강조하는 정부나 기업 혹은 교육기관을 통해 특정 목표를 달성하기 위해 집합적으로 기획되고 수행되는 봉사활동이다(주성수, 2013). 한편, 사회봉사명령은 유죄가 인정된 범죄자를 교정시설에 구금하는 대신 사회에서 일상적인 생활을 하면서 일정 시간을 무보수로 사회에 유익한 근로를 하도록 명하는 제도로서 그들에게 범죄피해의 배상 및 속죄의 기회를 줄 뿐 아니라 근로의식을 함양시키고 자긍심을 회복하여 사회복귀를 도모하는 제도다(법무부, 2015).

• 자원봉사주의와 자발적 참여주의

김태룡과 안희정(2011)은 자원봉사를 두고 유사한 개념을 다음과 같이 설명하였다.

> "자원봉사는 크게 자원봉사주의(volunteerism)와 자발적 참여주의(voluntarism)로 대표된다. 두 용어는 비슷하지만, 조금 다른 개념을 가지고 있다. 명확한 기준은 없으나, 자발적 참여주의(voluntarism)는 사회 내에서 자발적으로 이루어지는 모든 것을 지칭하는 일반적 용어이며, 자원봉사주의(volunteerism)는 구체적으로 자원봉사자와 자원봉사행동(volunteering)과 관련된 모든 것을 의미하는 용어다."(p. 201)

그러나 자원봉사(volunteering)와 자발적 참여주의(voluntarism) 두 용어는 그 의미의 차이를 크게 부여하지 않으며 실제 사회에서 혼용되어 사용된다.

• 자선사업과 자원봉사

자원봉사활동을 박애정신에 의한 자선활동으로 잘못 이해하고 있는 경우가 있다. 박애정신(philanthropy)이란 개인적 자비심에서 비롯한 행동으로 금전이나 물품을 타인에게 주는 행위를 의미한다. 하지만 단순한 자선이나 선행에는 아무런 가치도 부여되지 않으며 특별한 기술을 필요로 하지도 않는다. 이와 달리 자원봉사활동은 단순한 자선이나 선행에 사회에 대한 문제의식과 가치를 부여하여 사람과 사회를 변화시키는 변화의 활동이다(이성록, 2007).

〈표 1-3〉 자원봉사와 유사한 개념들 간의 차이점

	사회봉사	자발적 참여주의	자선사업
특징	집합적으로 기획 및 수행	사회 내에서 자발적으로 이루어지는 모든 활동	박애정신에서 비롯된 행위, 가치 부여를 하지 않음, 특별한 기술 필요 없음
자원봉사가 가지고 있는 차이점	자유의지를 통한 자발적 활동	자원봉사주의는 자원봉사자와 자원봉사활동과 관련된 것을 지칭	문제의식과 가치를 부여, 사람과 사회를 변화시키는 활동

2. 자원봉사의 철학적 배경과 특성

1) 자원봉사의 철학적 배경

인류의 역사를 돌아볼 때 자기희생, 헌신과 봉사, 자선, 상부상조, 박애주의, 인도주의, 민주주의 철학의 개념은 자원봉사 동기의 주요한 범주가 되었다. 이러한 동기에서 이루어진 자발적인 행위들은 시간을 초월한 윤리적 원칙들에 기반을 두고 진행되어 왔다. 그 구체적 내용은 다음과 같다(최덕경, 이혜자, 서정학, 배은숙, 박주현, 2013).

(1) 종교적 윤리

자원봉사의 역사와 관련지어 볼 때 자원봉사의 원천은 유대교 및 기독교 전통에서 나오는 자선의 사상, 즉 종교적 윤리에서 그 배경을 찾아볼 수 있다. 이는 자비롭게 베푸는 행위로서 소외된 이웃들의 당면한 욕구에 대응하여 주고 베푸는 이기적이지 않고 직접적인 도움의 행위다.

(2) 박애정신

박애정신이란 인도주의적 도덕과 윤리에 기초하여 소외되고 곤궁한 이웃을 차별 없이 두루 사랑하고 원조하려는 생각을 말한다. 박애정신 또한 그 기원은 멀리 고대에까지 거슬러 올라갈 수 있는데, 그 동기가 종교적이든 자신의 권력을 지속하기 위한 하나의 방편이든 불우한 이웃을 도우려는 사람들은 고대에서부터 현재에 이르기까지 많이 존재해 왔다.

(3) 상호부조의 정신

상호부조제도는 사회복지의 발생 이전 빈곤의 문제에 대응했던 가장 원초적인 제도로서 중세 유럽의 길드(guild)나 기독교 사회에서 널리 보급된 제도다. 이러한 상호부조의 정신은 항상 '우리'라는 공동체 의식이나 연대의식의 바탕에서 이루어진다는 면에서는 장점을 가지고 있으나 공통적인 신앙을 가지고 있는 사람들이나 같은 직업을 가지고 있는 사람들 사이에서는 제한적으로 폐쇄성을 갖기 쉽다.

(4) 시민참여의 정신

모든 공적, 경제적, 교육적, 정치적 그리고 사회적 문제의 해결은 시민참여의 질적인 정도에 좌우되기 때문에 민주사회의 생존 및 발전을 위해서는 자원봉사활동에 있어서도 자발적인 시민참여의 정신이 매우 중요하다.

(5) 자발적 참여주의

역사적으로 볼 때 동서양을 막론하고 사회복지 사업이나 사회복지 제도는 자발적 참여주의와 자원봉사주의를 기본으로 이루어져 왔기 때문에 자발적 참여주의는 자원봉사활동의 매우 중요한 가치가 되고 있다.

앞서 열거한 자원봉사의 철학적 배경 외에도, 국내의 많은 학자가 제시한 자원봉사의 특성으로는 이타성, 자발성, 무보수성, 자아실현성, 조직성, 교육성, 복지성, 민주성, 개척성, 공공성, 민감성, 창의성, 공동체성, 지속성, 공익성, 무급성, 헌신성, 이타성, 협동성, 전문성 등을 들 수 있다(김범수 외, 2015; 최종혁, 이연, 유형주, 2015; 김태룡, 안희정, 2011).

2) 자원봉사의 특성

(1) 자원봉사의 구성요소

UN(2011)은 '자유의지(free will)' '무보수성(no financial reward)' 그리고 '공익추구(common good)'를 자원봉사의 3대 원칙으로 소개했다. 따라서 자원봉사활동은 개인의 자유의지에 따라 자발적으로 이루어져야 하며, 자원봉사활동에서 발생한 비용의 상환 및 일부 경비의 제공이 허용될 수는 있지만 기본적으로 자원봉사활동은 금전적 보상이 주어지지 않는다. 또한 자원봉사활동은 자원봉사자에게도 유익한 활동이지만 자원봉사자 이외의 누군가와 사회에 이익이 되는 활동이어야 한다.

국제노동기구(International Labour Organization: ILO, 2011)는 자원봉사의 개념 및 활동 중에서 특별히 주목하고 고려해야 할 중요한 요소들로 '일과의 관련성' '무보수성' '비강제성 혹은 비의무성' '공식적 활동과 비공식적 활동 모두 포함' '가족이나 친척을 위한 일의 배제' 그리고 '특정 대상에 제한되지 않는 활동'을 들었다(pp. 13-17).

① 일과의 관련성(it involves work): 자원봉사활동은 그 행위가 이루어지는 대상에게 물질적인 이득이나 잠재적 가치를 지닌 서비스를 제공하는 행위를 포함한다. 자원봉사가 일과 관련되어야 한다는 특성은 두 가지 고려사항을 전제로 한다. 첫째로 '일'과 관련된 자원봉사활동은 자신이나 가족의 즐거움만을 위해서 행해지는 것이 아니라는 것을 의미한다. 예를 들어, 자신의 즐거움을 위해 악기를 연주하는 행위는 경제학적 측면에서 '일'의 범주에 들지 않기 때문에 자원봉사활동이라고 할 수 없다. 또한 자신의 연주 실력을 높이기 위해 연습하고 훈련하는 행위도 '일'이라고 볼 수 없으므로 자원봉사활동이라고 할 수 없다. 반면, 양로원에서 노인들을 위해 보수를 받지 않고 음악을 연주하는 행위는 자원봉사활동에 해당된다. 둘째, 국제적 정의의 '일'은 일반적으로 최소한 한 시간 이상이라는 구체적인 시간상의 개념을 요구한다. 하지만 자원봉사활동이 단순한 취미나 레저활동이 아닌 '일'이라는 조건에 부합한다면 한 시간 이내의 짧은 기간의 활동이라도 자원봉사활동에 해당한다.

② 무보수성(it is unpaid): 자원봉사활동으로서의 일은 급여나 보상 없이 행해지는 활동이다. 자원봉사활동이 무보수를 전제로 한다는 특징은

자원봉사 관련 개념 정의에서 공통적으로 강조되는 사항이다. 하지만 자원봉사활동이 무보수를 전제로 한다는 원칙에 위배되지 않는 한도 내에서 어느 정도의 현금 혹은 현물 형식의 보상은 가능하다. 예를 들어, 자원봉사활동을 위해 필요한 교통비, 장비 사용료, 기념품 그리고 급여가 아닌 실비의 보조금 등이나 자긍심 향상, 기술 습득, 인적 네트워크 확대, 취업 연계 등의 비금전적인 보상도 일반적 의미의 보수에 해당하지 않는다.

〈참고〉 유상자원봉사

유상 자원봉사란 일반적인 급여에 해당되는 수준의 금액을 지급하는 것이 아닌 약간의 금전적인 보상을 지급하는 자원봉사활동을 말한다. 완전한 무료 서비스라면 이용자가 부담스러워할 수도 있고, 자원봉사자가 비용을 스스로 부담하면서 지속적으로 수행하기 어려운 경우에 일정 수준의 실비를 지급하는 것이다. 유상자원봉사에는 금전적 이익을 제공한다는 의미보다는 자원봉사활동을 지속 가능하게 하는 의미가 강하다(嵯峨生馬, 2012; 유경문, 이선정, 박기백, 2010).

③ 비강제성(it is not compulsory): 자원봉사활동은 자발적 선택의 결과로서 이루어지는 행위다. 따라서 법으로 의무화되거나 강요되어서는 안 된다. 법원에서 명령한 무보수 활동, 징역이나 병역의 의무를 대신한 근로는 자원봉사활동이라고 할 수 없다. 하지만 부모나 동료, 친구들 혹은 사회적인 기대에 의해 행해지는 활동은 강제가 아닌 자원봉사활동에 해당한다.

④ 공식적 활동과 비공식적 활동 모두 포함(it embrace both 'direct' volunteering and 'organization-based' volunteering): 자원봉사활동은 비영리기관을 포함한 여러 종류의 기관에서 행해지는 공식적 활동과 개별 활동에 의해서 행해지는 비공식적 활동을 모두 포함한다.

⑤ 가족이나 친척을 위한 일의 배제(it does not embrace work without pay for members of volunteer's own household): 자신의 직계가족이나 친인척을 대상으로 행해지는 무보수 활동은 자원봉사활동에 포함되지 않는다. 가족이나 친인척에 대한 정의는 국가나 사회에 따라 다양하게 적용되지만 일반적으로 한 집에 함께 거주하는 경우를 의미한다. 한편, 위탁가정의 단기간의 부모역할은 자원봉사활동으로 간주될 수 있다.

⑥ 특정 대상에 제한되지 않는 활동(it does not limit the scope of volunteer work to a particular beneficiary): 자원봉사활동은 특정한 기관이나 목적 그리고 사람들에 제한되지 않는다. 이는 동물보호나 환경보호 등 더 큰 차원의 공동체를 포함한다.

〈표 1-4〉 자원봉사 범주 내의 활동과 범주 밖의 활동의 예시

자원봉사 범주 내의 활동	자원봉사 범주 밖의 활동
이웃 노인을 위해서 대신 쇼핑을 다녀오는 행위	식구를 위해 쇼핑을 다녀오는 행위
노숙인을 위한 무료 식사 제공 기관에서의 활동	자신의 식구를 위해 식사를 준비하는 행위
공립학교에서 자원봉사로 학생들을 가르치는 행위	집에서 자녀의 숙제를 도와주는 행위
지역환경위원회에서 청소봉사를 하는 행위	자신의 집과 정원을 청소하는 행위

투표참여를 위한 유권자등록 봉사활동	투표 참여 행위
노숙자 쉼터에 음식, 약품, 생활용품 등을 나눠 주는 행위	가족을 의료기관에 데려다주는 행위
지역 종교기관에서 봉사임무를 수행함	종교행사(예배)에 참석함
지역 환경단체에서 샘플로 사용할 물을 무보수로 전해 주는 활동	자신의 직업과 관련된 조사활동
법률단체에 법률 자원을 제공함	비용을 받고 법적 조언을 제공함
마을 어린이 축구팀에서 코치로 활동함 (자신의 자녀가 선수로 있는 경우도 해당됨)	자신의 자녀에게 축구를 가르침
가난한 가정의 아동에게 옷을 지어 줌	자신의 자녀의 옷을 수선함
노숙인을 위한 쉼터 건설을 도움	자신의 집을 수리함

출처: ILO (2011).

(2) 자원봉사의 원칙(Volunteer Victoria, 2015)

① 자원봉사는 지역사회와 자원봉사자에게 도움이 된다.

② 자원봉사는 언제든지 선택사항이다.

③ 자원봉사는 보수를 받지 않는 활동이다.

④ 자원봉사는 직장 급여, 연금, 사회복지 보조금 혹은 포상금의 대가로 행해지는 활동이 아니다.

⑤ 자원봉사는 주민이 합법적으로 지역사회의 행사에 참여할 수 있는 방법이다.

⑥ 자원봉사는 개인이나 그룹이 인간적 · 환경적 · 사회적 요구에 대응하는 수단이다.

⑦ 자원봉사는 반드시 비영리 분야에서만 수행되는 활동이다(영리기관이나 상업기관이 자원봉사활동에 참여하는 것은 비영리기관이나 지역사회를 위한 활동에만 적용된다).

⑧ 자원봉사는 유급노동을 대체할 수 없으며 근로자가 직업을 유지하기

위한 강제 사항으로 악용되어서는 안 된다.

⑨ 자원봉사는 다른 사람의 권리, 존엄성과 문화적 특성을 존중한다.

⑩ 자원봉사는 인권과 평등을 촉진한다.

(3) 자원봉사자의 권리(Volunteer Victoria, 2015)

자원봉사활동에 있어서 자원봉사자의 권리는 유급직 종사자의 경우처럼 법에 의한 규제를 받지는 않지만, 호주에서는 이상적인 자원봉사활동을 위해 지켜져야 할 규범이 일반적으로 용인되고 있다.

① 자원봉사활동을 수행하는 기관에 대한 정보를 전해 받을 권리가 있다.

② 명확하게 기재된 직무기술서를 받을 권리가 있다.

③ 자원봉사활동과 관련된 일의 책임자와 보고 대상이 누구인지 알 권리가 있다.

④ 자원봉사활동을 통해 이룬 기여를 인정받고 자신이 속한 그룹에서 중요한 일원으로 인정받을 권리가 있다.

⑤ 주어진 자원봉사활동을 수행하는 과정에서 도움을 받고 감독을 받을 권리가 있다.

⑥ 안전하고 쾌적한 환경에서 활동하고 상해보험에 가입될 권리가 있다.

⑦ 만일 자신이 업무상 착취를 당한다고 느끼면 언제든지 중단할 수 있다.

⑧ 자원봉사활동으로 인해 발생한 경비를 배상받을 권리가 있다.

⑨ 자원봉사활동과 관련된 기관의 방침에 대해 조언을 받을 권리가 있다.

⑩ 자원봉사활동에 영향을 미칠 수 있는 모든 사안에 대한 정보를 전해 받고 자문받을 권리가 있다.

⑪ 자원봉사 관련 예비교육이나 훈련프로그램에 참여할 수 있다.

자원봉사자는 이처럼 다양한 분야에서 권리를 가지지만, 한편으로는 책임감도 부여된다.

(4) 자원봉사자의 책무

자원봉사자의 책무에 대해 Volunteer Victoria(2015)는 다음과 같이 제시하고 있다.

① 신뢰받을 수 있어야 한다.
② 사생활 정보와 비밀유지 사항을 준수해야 한다.
③ 자원봉사 직무기술서에 명시된 대로 활동을 수행해야 한다.
④ 자원봉사자가 스스로 수행한 일에 대한 책임을 진다.
⑤ 자원봉사활동을 하는 기관 및 부여받은 업무에 열성으로 임한다.
⑥ 요청된 예비교육이나 훈련프로그램에 참석한다.
⑦ 활동 장소를 떠나기 전에 보고한다.
⑧ 다른 일원들을 존중하고 돕는다.
⑨ 윤리의식과 책임감을 갖고 맡은 일을 수행한다.

3. 자원봉사의 필요성

그렇다면 자원봉사활동은 왜 필요한가? 자원봉사활동은 어떠한 의미를 가지고 있는가? 자원봉사활동의 필요성을 구체적으로 살펴보면 다음과 같다.

1) 사회문제 해결

최근 우리나라는 소득양극화의 심화, 저출산 고령화의 급속한 진행, 가족구조의 변화, 다문화 사회로의 유입 등 급격한 변화기를 경험하면서 다양한 사회문제에 노출되어 있다. 더 나아가 빈곤, 실업, 각종 재해와 재난 등 생존을 위협하는 크고 작은 위기를 안고 살아가고 있다. 이처럼 점점 더 다양해지고 심각해지는 사회문제를 예방하고 효율적으로 대처하지 못한다면 우리의 삶의 질은 더 악화될 것이다. 이러한 사회문제의 해결은 정부나 관련기관의 역할만으로는 어렵다. 선진국의 예에서 볼 수 있듯이 사회 곳곳에서 발견되는 문제들에 대하여 수많은 자원봉사자가 자발적으로 참여하여 유용한 인적 · 물적 자원으로 기여할 수 있다.

2) 사회복지부문에서 민간 영역의 확대

역사적으로 끊이지 않는 사회복지의 책임과 주체에 관한 논쟁 속에서 최근 국가나 시장경제가 아닌 민간 영역의 책임과 권한이 확대되고 있다. 전통적으로 사회복지의 책임을 개인과 시장경제의 영역으로 인정해 온 미국에서는 비영리단체(non-profit organization)라고 불리는 민간단체들의 사회적 역할이 막대하다. 정부와 기업과 더불어 미국 사회의 한 축을 담당하는 비영리기관은 제3섹터라고 불리는데, 그 영향력이 더욱 커져 가고 있다. 사회복지를 비롯하여 인권, 환경, 보건, 문화, 소비자운동 등 사회 영역 전반에 걸쳐 사회문제를 해결하고 더 나은 세상을 만들어 가려는 민간단체들의 활동은 대부분 자원봉사자들에 의해 이루어진다. 한편, 사회복지의 전달 과정에서 장애인복지나 정신보건 분야의 서비스는 시설 위주의 서비스 제공 모델로부터 자신이 거주하는 곳에서 지역사회 일원들과 더불어 생활하며 서비스를 받을 수 있도록 유도하는 지역사회 모델로 변화하고 있다. 이러한 변화는 정부나 사회복지시설 관계자들의 힘만으로는 성공할 수 없다. 예전의 격리수용과 보호중심의 서비스에서 벗어나 지역사회에서 효율적이고 효과적인 서비스를 제공하기 위해서는 지역사회의 인적 · 물적 자원을 활용하는 것, 즉 자원봉사활동을 넓히는 것이 필수적으로 요청되는 사항이다.

역사적으로 사회의 양축을 이루어 왔던 공공부문(제1섹터)과 시장경제부문(제2섹터)이 신자유주의의 물결과 후기시장시대에서 전통적인 관료제와 자유시장 기능의 한계를 드러내자 공공부문과 시장경제부문에도 속하지 않는 제3섹터의 역할이 새로운 대안으로 등장했다. 시민사회 조직으로도 대변되는 제3섹터는 시민들의 자발적 조직과 노동의 가치를 중요시하고 공동체 정신을 강조한다. 이러한 사회 변화의 과정에서 사회공동체를 위한 시민들의 책임의식과 연대의식에 바탕을 둔 자원봉사활동에 대한 책임이 높아지고 있다(최종혁 외, 2015).

3) 공적 서비스의 한계성 및 사회복지의 사각지대

얼마 전 우리 사회는 송파구 세 모녀[2)]의 안타까운 죽음을 함께 애도한 경험이 있다. 국가가 제공하는 사회안전망과 지역 곳곳에 다양한 이름의 사회복지기관이 존재하고 있지만 아직도 우리 사회에는 관심과 도움의 손길이 닿지 않는 그늘이 존재한다. 복지 증대에 대한 국민적 요구, 예산 증가, 시설 증설 및 복지전문가의 증원, 각종 서비스 확대에도 불구하고 지역사회를 기반으로 한 자원봉사자 활동의 필요성과 이에 대한 기대는 더욱 늘어가고

2) 2014년 2월 26일 서울 송파구 한 단독주택에서 60대 박모씨와 30대 두 딸이 생활고를 비관해 스스로 목숨을 끊었다. 세 모녀의 죽음은 복지 확대 정책에도 혜택을 받지 못하는 사각지대가 있음을 드러냈다. 이를 계기로 긴급복지지원 기준을 크게 낮춘 법안이 12월 국회를 통과했다(국민일보, 2014. 12. 30.). 이 사건은 당해년도 한 일간지의 10대 뉴스에 선정되기도 했다.

있다. 따라서 자원봉사활동의 육성이 사회복지의 확대를 위해서도 필수적이라 할 수 있다.

4) 글로벌 거버넌스 참여

오늘날 지구촌 사회는 점점 더 다양한 방식으로 서로 연결되어 있으며 새롭게 부각되는 사회문제는 개별 국가나 관련 민간 기업들이 해결하기에는 불가능한 수준으로 악화되고 있다. 이러한 문제를 해결하기 위하여 '글로벌 거버넌스[3]'라는 개념이 주목받고 있다. 세계 각국의 시민들의 자원봉사활동은 전 세계 곳곳의 환경, 인권, 전쟁, 기아, 난민문제 등 인류가 함께 고민하고 해결해야 할 분야에서 그 중요성과 필요성이 두드러지고 있다.

5) 여가선용 및 자아실현

생산기술, 통신, 교통수단의 발달 및 인터넷의 등장은 현대인의 일상생활의 많은 부분에서 필수적 노동을 대체하고 있다. 노동시간의 단축으로 인해 근로자뿐만 아니라 대부분의 현대인이 일상생활의 많은 영역에서 여가시간을 누릴 수 있게 되었다. 이는 현대인의 특성 중 하나가 의식주 등 생존에 필수적인 욕구들을 충족하는 것 이외에 자기 자신의 정신적 안녕을 추구하는 것임을 보여 준다. 인간성과 공동체의식이 결여된 기술문명의 발달과, 방향성을 잃고 복잡하게만 돌아가는 삭막한 일상은 현대인의 정신건강에 부정적 영향을 미치고 있다. 이러한 상황에서 자원봉사를 통해 건전한 방법

3) 과거 초국가적인 쟁점이나 지구 문제에 관해 주요 강대국이 권한을 행사하며 해결해 왔던 방식에서 벗어나 모든 국가, 시민단체, 학계, 관련 기관 등 다양한 행위자가 참여와 협력을 통해 각종 세계 문제를 해결하려는 방식이다.

으로 여가를 선용하고 지역사회에서 공동체의 의미와 더불어 사는 보람을 느낄 수 있는 자원봉사활동의 중요성은 증가한다. 이는 현대인이 지역사회의 한 구성원으로서 건강하고 조화롭게 자아를 실현하는 데 필수적인 사항이다.

6) 교육과 성장의 기회

자원봉사는 단순히 봉사의 대상에게만 유익이 돌아가는 일방적인 활동이 아니다. 자원봉사는 그 활동 자체만으로도 자원봉사를 수행하는 사람에게 교육과 훈련의 기회를 제공한다. UN의 자원봉사에 대한 정의에서도 확인할 수 있듯이 자원봉사활동은 타인과 사회의 발전뿐만 아니라 자기 발전과 성장에도 유익한 기능을 수행해야 한다. 특히 청소년에게 있어서 자원봉사는 교육의 사회성을 키우고 발전시킬 수 있는 중요한 교육의 장으로서 활용될 수 있다. 또한 자원봉사활동을 통해서 개인은 자아실현과 성장의 기회를 갖는다.

7) 사회적 자본의 증대

자원봉사활동은 시민들 사이의 신뢰, 유대, 네트워킹에 기초하는 사회자본의 생성 그리고 사회통합에 기여한다는 '사회자본(social capital)'이론에서 볼 때 사회적 자본(민주주의적 가치)을 생산하는 주요한 원천이다. 또한 시민들의 자율적 사회참여, 즉 자원봉사활동은 개인 차원에서 자아실현과 시민들의 민주적인 생활방식(a way of democratic living)의 체득, 공동체 차원에서는 타인과의 신뢰와 유대 강화 등 사회자본의 형성, 그리고 정부 차원에서는 시민들의 자발적 참여에 의한 민주주의의 공고화 및 정부 신뢰의 질적 향상 등에 기여할 수 있다. 특히 자원봉사활동은 개인이 속한 공동체의 이익과 서로 충돌하지 않으면서 자신의 개성과 이익을 조화롭게 드러낼 수 있게 하는 사회적 규범을 형성하도록 하는 데 효과적이다.

8) 지역 공동체의 중요성 강조

최근 한국사회에서는 마을공동체와 관련하여 상호 호혜적인 사회적 경제운동이 유행처럼 일어나고 있다. 마을공동체란 주민들 스스로 자신이 보다 인간답게 생활할 수 있도록 지역사회 안에서 공동의 가치를 추구해 나가는 과정을 포함하며, 지역사회의 문제를 찾고 이를 주민들이 나서서 해결할 수 있도록 능력을 신장시켜 나가는 과정 전반을 포함한다. 이러한 변화는 단순히 국내의 정치 · 경제 상황에 기인한 특이한 현상에 그치지 않는다. 신자유주의의 가속화와 글로벌 자본주의의 탈지역화가 야기하는 부작용에 대응하는 대안으로서의 지역공동체가 강조되고 있는 것이다. 공동성과 연대성이 상실된 사회는 인간을 고립시키고 지역사회 공동체의식을 상실케 함으로써 제반 사회문제를 야기한다. 따라서 인간성 회복과 마을 기능의 회복을 바탕으로 한 지역사회의 재형성이 필요한데, 이를 위해서는 주민의 자발

〈표 1-5〉 **자원봉사의 필요성**

개인적 수준	사회적 수준	세계적 수준
• 여가선용 및 자아실현 • 교육과 성장의 기회	• 사회문제 해결 • 사회복지 부문에서의 민간 영역의 확대 • 사회복지 확대 • 제3섹터의 역할 증대 • 사회적 자본 증대 • 지역 공동체의 중요성 강조	• 환경, 인권, 전쟁 등에의 글로벌 거버넌스 참여

적인 참여가 필수다. 따라서 지역사회 회복 혹은 재형성을 위해서는 복지성, 자발성, 연대성, 책임감, 무보수성 및 민주주의 철학을 그 가치로 삼는 자원봉사활동이 요청된다(김성호, 2015).

4. 자원봉사의 동기와 참여

자원봉사 참여에 영향을 미치는 요인들은 개인의 사적 동기와 사회적 관계망과 같은 미시적 요인뿐만 아니라 그 개인이 속한 사회의 다양한 자원이나 시스템, 사회적 · 경제적 · 문화적 특성 및 글로벌 환경 등 거시적 요인에 이르기까지 복합적이다. 자원봉사활동은 사회적 제도와 관습의 범위 내에서 개인의 자발적 참여로 이루어지는 활동이다. 따라서 자발적이고 지속적인 자원봉사활동을 위해서는 개인적 동기가 부여되어야 하고 이러한 동기를 실행으로 옮기기까지의 과정에 대한 이해가 필요하다.

동기란 개인이 일정한 활동을 수행하도록 하는 근원이 되며, 자원봉사의 동기란 개인이 자원봉사에 참여할 수 있도록 행동을 유발하고 지속시키는 원동력이 된다(최명주, 2007). 자원봉사의 동기는 일반적으로 박애정신이나 종교적 신념의 실행 그리고 시민참여 정신의 구현 등으로 설명된다(최덕경 외, 2012).

일반적으로 자원봉사자들이 밝히는 자원봉사 참여 동기는 ① 자신 또는 친인척의 불행을 겪고, ② 자신이 타인의 온정을 받고, ③ 가족이나 친구의 권유를 받고, ④ 타인의 봉사활동을 보고 영향을 받아, ⑤ 가족, 학교 친구, 사회 동료에게 영향이나 압력을 받아, ⑥ 강연, 서적, 대중매체 등의 영향을 받아, ⑦ 자신이 속해 있는 집단이나 단체의 활동에 동참하기 위하여, ⑧ 주변에 자원봉사활동을 요청하는 단체가 있어서, ⑨ 강좌나 연수 과정에 동참하는 등의 외적 요인으로 인해, ⑩ 자기 능력을 실현함으로써 삶의 의미와 보람을 찾고자, ⑪ 사회의 구성원으로서 감당해야 할 의무와 책임을 느껴서 등의 내적 요인으로 구분할 수 있다(이성록, 2007).

2014년 한국자원봉사문화가 실시한 조사에 의하면 자원봉사자의 참여 동기는 '여가시간 활용'과 '다양한 경험'을 위해서가 가장 많았다. 다음으로는 '도덕적 의무와 책임'과 '사회문제 해결'이 주요 동기로 나타났으며 '스스로 위로받기' '많이 가진 자가 적게 가진 자 돕기'와 '새로운 사람 만나기' 등의 동기가 뒤를 이었다. 자원봉사에 처음 참여한 경로로는 '소속된 단체(종교단체 포함)나 조직, 학교 및 직장'이 47.3%로 가장 많았다. 이는 자원봉사가 조직(단체)을 통한 활동이기 때문인 것으로 분석되었다. 다음으로 우선순위가 되는 경로는 '누군가로부터 요청을 받은 경험'(33%)이었다. 또한 자원봉사활동을 하는 가족이나 친구가 있어서 참여하게 되었다는 응답이 22%로 세 번째로 중요한 참여 경로로 파악되었다. 전국 지방정부에서 운영하는 자원봉사센터와 자원봉사포털(1365 자원봉사포털: http://www.1365.go.kr)을 통한 참여 경로로서의 영향력은 각각 6.3%와 4.8%에 그쳤다.

현외성(2004)은 자원봉사활동의 동기를 ① 개인적 동기, ② 민간기관의 동기, ③ 공공기관의 동기로 나누어 세 가지 차원에서 분류했다. 첫째, 개인적 동기는 자원봉사활동을 수행하는 사람의 내적 동기로서 여러 학자에 의해 다양하게 연구되고 정의되고 있다. 둘째, 자원봉사가 행해지는 기관이나 조직이 가진 동기에는 그 조직이 설립되고 운영되는 특별한 목적이 선행된다. 따라서 자원봉사기관이 추구하는 목적이 무엇이며, 그 목적에 따라 어떠한 동기를 가지고 자원봉사활동에 참여하는가에 대한 이해가 중요하다. 셋째, 지역사회나 지방자치 혹은 전국적 수준에서의 자원봉사활동 동기다. 이는 지역주민이나 국민이 수행하는 자원봉사활동의 목표와 동기가 무엇인가를 분석해야 한다는 의미다. 따라서 자원봉사의 동기에 대한 올바른 이해를 위해서는 개인과 기관 그리고 해당 지역사회의 특성을 고려한 분석이 이루어져야 한다.

자원봉사는 ① 동기, ② 계기, ③ 자원, ④ 기회라는 단계를 거쳐 참여에 이르게 된다(주성수, 2013). 첫째, 개인이 자원봉사에 참여하게 되는 동기는 이타주의, 대인관계, 종교적 혹은 사회적 신념의 실천, 소속감, 경력이나 훈련, 여가의 선용 등을 들 수 있다. 이러한 개인의 동기는 가족 및 가까운 지인들과의 관계나 단체 활동 경험, 그리고 지역사회의 문화와도 관계가 있다. 둘째, 자원봉사는 개인의 동기만으로는 행동으로 이어지지 않는다. 다양한 동기를 가진 개인들에게 충분한 계기가 주어질 때 참여 행동으로 이어진다. 셋째, 개인에게 자원봉사의 동기와 계기가 충분하게 주어진다고 하더라도 대다수는 자원봉사활동에 실제로 참여하지 않게 되는데, 이는 그 개인이 자원봉사활동 참여에 필요한 자원을 갖고 있지 않기 때문이다. 여기서 자원이란 ① 개인의 시간, 금전적 여유, 건강 등의 실천적 자원, ② 지식, 기술, 경험 등의 학습된 자원, 그리고 ③ 자원봉사에 대한 관심, 확신, 자기효능감 같은 정서적 자원과 ④ 친구 및 동료들과의 관계, 단체 활동의 지지 같은 거시적 차원의 자원이다. 넷째, 개인이 자원봉사에 관한 동기와 계기 그리고 자원을 갖춘 후에는 기회라는 요인이 마지막으로 영향을 미치게 된다. 기회는 개인의 일차적 사회관계망 같은 미시적 차원의 기회, 그리고 기업, 학교, 지역사회, 정부, 시민사회 등이 자원봉사활동을 촉진시키는 여건을 만들어 주는 거시적 차원의 기회를 포함한다. 이처럼 자원봉사활동의 참여는 동기-계기-자원-기회라는 요인의 단계적 절차에 따라 이루어진다. 따라서 자원봉사에의 불참은 이 네 가지 요소가 충분히 확보되지 못한 결과라고 볼 수 있다. 또한 자원봉사에 참여한 뒤 그 활동의 지속 및 중단 여부는 이 네 가지 요소가 지속적으로 마련되는가의 여부와 자원봉사활동 중에 개인이 겪는 긍정적인 경험이나 부정적인 경험과 관련이 되어 있다.

2장

우리나라 자원봉사의 역사

학습 목표

1. 한국 자원봉사활동의 발전 과정을 이해할 수 있다.
2. 한국 자원봉사의 현황을 파악할 수 있다.
3. 한국 자원봉사활동 지원체계에 대해 알 수 있다.
4. 한국 자원봉사활동의 과제와 전망에 대해 고민해 본다.

1. 한국 자원봉사활동의 발전 과정

우리나라는 상대적으로 짧은 자원봉사의 역사를 가지고 있어, 발달 과정을 구분하는 것이 불필요하다고 주장하는 학자도 있다. 그러나 한국 자원봉사활동의 현재를 이해하기 위해서는, 그간의 발전 과정, 즉 역사를 이해하는 것이 필요하다. 이해를 돕기 위해 시대에 따라 구분한 태동기, 형성기, 확산기, 재정립기에 대해 설명해 보고자 한다(박차상, 2014).

1) 태동기

우리나라의 경우, 상부상조를 목적으로 하는 계(契) 조직은 삼한시대부터 시작되었고, 신라시대에는 두레라고 하는 촌락단위의 주민협동체가 있었으며, 농촌부락 단위의 공동경작을 위한 품앗이 등이 전통적 민간활동이었다. 그리고 지역사회의 발전과 지역주민들의 순화, 덕화, 교화를 목적으로 하는 지식인들 간의 자치적 협동조직인 향약 등을 자원봉사활동의 초기 단계인 상부상조 활동이나 전통적인 자선활동으로 이해할 수 있다.

이러한 전통은 서로 품을 팔아 상호부조하는 경제적 보상의 측면을 강하게 지니고 있다는 점에서 현대적 의미의 자원봉사와는 다르다고 볼 수 있다. 그러나 이러한 정신은 이후 자원봉사 활동에 많은 영향을 미쳤다고 볼 수 있기 때문에 태동기로 분류해 보았다.

2) 형성기

현대적 의미의 자원봉사활동이 실천된 것은 근대화가 시작될 무렵으로 이 시기에는 기독교의 전파에 따라 기독교 사상, 민주주의 철학 등이 유입되면서 교회 및 관련 단체의 자선적이고 박애적 성격을 띠는 자원봉사활동이 있었다(류기형, 남미애, 박경일, 홍봉선, 강대선, 2013). YMCA(1903), 태화여자관(1921), 애란원(1934)은 대표적인 조직으로 지역중심으로 다양한 활동을 전개하였다.

일제강점기의 자원봉사활동은 크게 두 가지 성격으로 구분할 수 있는데 하나는 조선총독부에서 설립한 인보관을 중심으로 행해진 관 주도의 교화사업의 형태이고, 다른 하나는 일제 식민지 시대의 구국운동으로 시작한 학생운동의 형태다.

해방이 되면서 구국을 위한 학생운동은 그 성격이 사회개량적 성격으로 전환되어 문맹퇴치를 위한 야학, 농촌봉사활동, 질병구제 등의 사회봉사활동으로 전개되었다. 또한 1947년 대한적십자가 적십자 부대봉사대를 조직하여 종전까지 산발적으로 진행되던 자원봉사활동을 보다 조직적으로 활성화하였다. 1,400여 개가 넘는 조직에 3만 명 이상의 자원봉사자들이 활동할 수 있었다.

1970년대 전개된 새마을운동은 지역주민들의 생산기반과 생활능력을 개발하여 소득수준을 향상시키고 의식계발을 포함한 사회개발에 획기적으로 기여하였을 뿐만 아니라 자원봉사 정신의 확산 및 고취에 커다란 영향을 미쳤다. 1978년부터 한국사회복지협의회가 사회봉사안내소를 개설하여 자원봉사자 교육훈련을 실시하고 사회복지 분야에 배치하기 시작하였으며, 각종 사회복지 단체를 중심으로 자원봉사활동이 전개되었다.

3) 확산기

자원봉사활동에 대한 관심이 확산되기 시작한 것은 1980년대에 들어와서부터다. 이는 경제수준의 향상, 국민의식의 증대, 가족구조의 변화 등 사회경제적 변화에 기인한 것으로 1985년에 올림픽조직위원회가 자원봉사단을 구성함으로써 보다 조직적으로 자원봉사활동이 전개되었다. 1986년 아시안게임과 1988년 올림픽에서의 자원봉사자의 활용은 전국적으로 자원봉사를 인식시키고 확산시키는 데 크게 기여하였다. 또한 참여한 자원봉사자들도 자부심을 가질 수 있는 좋은 기회였다.

민간차원에서 전개되었던 자원봉사활동은 1990년대에 들어와서 민·관이 자원봉사활동에 참여하게 됨으로써 괄목할 만한 발전을 하게 되었다. 1994년 한국자원봉사단체협의회가 설립되어 자원봉사의 저변 확대에 크게 공헌하였다. 1995년 5월 31일 교육개혁의 일환으로 초·중·고등학교에 재학 중이거나 그렇지 않은 청소년을 대상으로 한 자원봉사활동이 등장하게 되었으며, 대학에서도 자원봉사에 깊은 관심을 갖게 되어 강남대학교가 최초로 1979년 2학기부터 사회사업학과 내의 전공선택 과목으로 자원봉사를 채택한 것을 시작으로, 1995년부터는 보다 많은 대학이 교양과목 형식으로 개설하여 강의하기 시작하였다. 그러다가 1996년 9월에는 대학생 봉사활동의 활성화를 위한 총장들의 모임인 한국대학사회봉사협의회가 발족하였다. 그동안 대학별로 산발적으로 활동하던 자원봉사활동이 조직적으로 활성화되는 계기가 되었다. 자원봉사활동의 필요성에 대한 공감대가 확대되면서 대기업에서도 신입사원 채용과정에 자원봉사 실적을 반영하면서 자원봉사에 대한 관심이 더 많아지게 되었다. 의무적인 자원봉사, 채용목적의 자원봉사라는 부정적인 면도 있지만 자원봉사를 확산시키는 데 크게 기여하였다.

4) 재정립기

민간 주도, 민 · 관 주도의 자원봉사활동에 대한 국민적 관심이 커지면서 정부도 자원봉사활동 활성화를 위한 방안을 다각도로 검토하고 있으며, 일부는 시행 중에 있다.

기존의 자원봉사활동 영역이 주로 사회복지 분야에서 이루어졌으나 환경, 문화 등의 전 사회 영역으로 확산시켜야 할 필요성을 인식하여 정부 정책도 자원봉사활동 영역을 지속적으로 확대해 나가고 있다. 2002년에는 IAVE 세계자원봉사대회 조직위원회 주최로 세계자원봉사대회를 우리나라에서 개최하여 전 세계 자원봉사 단체의 화합과 교류의 장을 제공하였고, 이후 세계자원봉사협의회 회장으로 이강현 회장이 취임하면서 우리나라 자원봉사활동을 전 세계에 알리는 계기가 되었다. 2005년「자원봉사활동기본법」의 제정은 자원봉사활동이 법적으로 지원과 보상을 받을 수 있는 시대를 열었다. 2006년부터 시행된 이 법은 산발적으로 수행되던 자원봉사활동을 국무총리를 위원장으로 자원봉사 진흥위원회를 두어 체계적으로 관리할 수 있도록 함으로써 새로운 전환점을 마련하고 정립하는 계기가 되었다.

2. 한국 자원봉사활동의 현황

1) 우리나라 자원봉사활동의 현황

우리나라 자원봉사활동은 공동체의식의 재발견과 시민의식의 향상에 따라 빠른 속도로 성장하고 있다. 20세 이상 성인을 대상으로 한 전국조사에서 1999년에는 14.0%였던 자원봉사자의 비율이 2005년 이후 20% 이상을 꾸준히 유지하고 있으며, 2014년에는 22.5%로 성인 5명 중 1명은 자원봉사 활동에 참여하고 있다.

그러나 이를 지원하고 정착시켜 나갈 제도적 장치가 미비해 자원봉사 참여자들의 중도탈락, 효과성 측면에서 다양한 문제점을 드러내고 있다. 자원봉사자를 육성 · 지지하는 각종 자원봉사센터의 역할과 정부 지원의 미흡 등 효율성 측면에서도 문제가 나타나고 있다.

이러한 문제를 해결하기 위해 2005년「자원봉사활동기본법」을 제정하여 우리 상황에 맞는 사회적 · 행정적 지원체계를 구축해 오고 있다. 그러나 자원봉사활동이 더 확대되고 정착되는 데는 여전히 한계가 있는 것이 현실이다.

〈표 2-1〉은 주요 자원봉사센터의 현황을 보여 준다. 행정안전부의 비영리민간단체 등록 현황에 따르면 행정안전부(137), 보건복지부(140), 환경부(100), 문화체육관광부(96), 외교통상부(770) 등 총 33개 중앙부처에 845개 비영리민간단체가 등록되어 활동하고 있으며, 전국적으로 자원봉사센터에 등록하지 않고 자원봉사활동을 하는 종교단체와 민간단체를 포함할 경우 4만여 개가 될 것으로 추정하고 있다(김승용, 김순안, 김오복, 김은묵, 김재중, 2012).

한국중앙자원봉사센터의 통계자료를 보면, 2015년 12월 31일자 자원봉사센터에 등록한 자원봉사자는 1,138만 명(전체 인구 5,153만 명의 22.1%)으

〈표 2-1〉 주요 자원봉사센터 현황

센터 명	자원봉사센터	여성 자원활동센터	사회복지 자원봉사센터	청소년 활동진흥센터	학생봉사활동 정보안내센터
설치 근거	자원봉사활동기본법	여성발전기본법	사회복지사업법	청소년기본법	지침
설치 단위	시 · 군 · 구	시 · 군 · 구	시 · 도	시 · 도	198개 대학
담당 부서	행정자치부	여성가족부	보건복지부	보건복지부	교육부

출처: 행정안전부(2008), 안전행정부(2015).

로 약 5명당 1명이 등록하였고, 실질적으로 활동한 인원은 375만 명(등록 인원 1,138만 명의 33.0%)으로 약 3명당 1명이 실질적으로 활동하고 있는 것으로 나타났다. 이는 민간단체에 의한 봉사활동을 제외한 숫자로 실제 자원봉사활동 참여인구는 이보다 크게 상회할 것으로 예상된다.

2) 우리나라 자원봉사 단체의 활동평가

자원봉사 단체의 현황조사에서 시민사회단체와 자원봉사센터는 물론 기업, 병원, 문화예술 · 스포츠, 국제활동 등을 포함한 영역의 1,317개 자원봉사 단체를 조사한 결과, 우리나라 자원봉사 단체의 활동을 다음과 같이 정리하였다(김동배, 2005).

긍정적인 측면으로는 ① 자원봉사 단체의 고른 지리적 분포, ② 자원봉사 단체의 각 분야에 걸친 고른 분포, ③ 비교적 많은 수의 자원봉사자 참여, ④ 자원봉사활동 분야와 대상집단의 포괄성 및 다양성 등이 제시되었다. 한편, 부정적인 측면으로는 ① 짧은 역사적 전통, ② 정부 역할에의 지나친 의존, ③ 열악한 인력과 재원, ④ 비지속적이며 학생층에 편중된 참여, ⑤ 비체계적인 자원봉사 업무추진 등이 지적되었다.

3. 한국 자원봉사활동의 지원체계

1) 자원봉사진흥위원회

자원봉사활동에 관한 주요정책을 심의하기 위하여 「자원봉사활동기본법」에 의하여 설치된 기구로 국무총리 소속하에 관계부처 및 민간전문가로 구성되어 있다. 자원봉사활동의 정책 방향 설정 및 협력 · 조정, 국가기본계획과 연도별 시행계획 등을 심의한다. 진흥위원회와 실무위원회로 구성되며 진흥위원회는 민간위원이 과반수가 되도록 함으로써 민 · 관 협력체계를 구축하도록 하고 있다. 국무총리, 주요 정부부처의 장, 민간위원 등 30인 이내로 구성하여 주요 계획을 심의하는 기능을 수행한다. 실무위원회는 행정자치부 제2차관, 주요 정부부처의 국장, 민간위원 등 25인 이내로 구성하여 자원봉사진흥위원회의 심의사항에 대한 실무적 검토를 수행한다. 따라서 우리나라 자원봉사와 관련된 실질적인 흐름을 정하는 기구라 할 수 있다.

2) 한국자원봉사협의회

1994년 36개의 자원봉사 단체가 모여 결성한 전국적인 자원봉사 단체다. 이 단체는 자원봉사자를 훈련하고 자원봉사 프로그램을 개발하며, UN의 자원봉사활동에 참여하는 것을 목표로 하고 있다. 전국의 크고 작은 자원봉사 단체들이 각 단체의 이념과 특징을 살리면서 동시에 단체 간의 횡적 유대로 힘을 모아 자원봉사 정신을 전 국민에게 파급하고, 나아가 지역사회 발전에 이바지할 수 있는 전국적인 자원봉사 전략을 모색하기 위해 창립되었다. 이후 「자원봉사활동기본법」 제17조에 의해 자원봉사 진흥을 위한 전문사업을 수행하고 다양한 분야의 실천가, 전문가 등이 홍보, 교류, 조사, 연구, 정책 건의 위탁사업을 수행하고 있다.

3) 사회복지 자원봉사 정보안내센터

사회복지 자원봉사 정보안내센터는 1994년에 체계적이고 효율적인 자원봉사를 위한 정보관리 체계의 구축 및 전문성 향상을 도모하고 자원봉사 단체의 교류협력과 자원봉사활동의 홍보 및 교육 체계화에 이바지할 목적으로 한국사회복지협의회 부설로 만들어졌다.

이 기관은 설립 당시 보건복지부의 사회복지 사업기금에서 1억 1천만 원을, 삼성복지재단에서 7천만 원을 지원받아 사회복지 분야의 자원봉사활동만을 전담 관리하는 기관으로서 전국 1천여 개의 사회복지 시설 · 기관을 연결할 자원봉사 전산망시스템의 개발을 추진하였다.

주요 사업으로는 자원봉사자 관리업무 전산화 소프트웨어 개발, 자원봉사 전산망(VT-NET) 구축, 자원봉사 관련 각종 자료 수집 및 정보 제공, 각종 안내 상담, 교육 · 훈련 및 교육교재 개발, 조사 · 연구 및 프로그램 개발, 시 · 도 자원봉사 정보안내센터 운영 등이 있다. 특히 자원봉사 전산망(VT-NET)은 한국사회복지협의회와 삼성복지재단이 공동 운영하는 것으로서, 자원봉사활동을 원하는 사람과 자원봉사자를 필요로 하는 기관을 신속 · 적절하게 연결하고 자원봉사 및 사회복지 관련 각종 정보를 가장 빠르고 쉽게 전달할 목적으로 1995년 전국적으로 개통되었다. 그러나 이 센터는 다양한 사업 구상에도 불구하고 운영기금의 부족과 유사한 타 자원봉사센터의 설립 등으로 많이 위축되었다.

보건복지부에서는 이 센터의 성과를 바탕으로 하여 사회복지 분야의 자원봉사 활성화와 체계적인 관리를 위해 2001년 '사회복지봉사활동인정관리사업' 제도를 도입하였다. 이는 사회복지 분야의 자원봉사활동 활성화를 위해 전국에 있는 자원봉사 단체와 기관 사이에 네트워크를 구축하여 자원봉사자의 봉사실적을 체계적으로 누적 관리하고 나아가 봉사실적에 대한 인센티브 제공의 기반을 마련하기 위한 사업이다. 인증을 받은 기관에 소속된 정기 자원봉사자는 상해보험에 가입할 수 있도록 보험금을 납부해 주고 있다(김동배, 2005).

4) 재가복지봉사센터

재가복지봉사센터는 1980년대에 노인 분야와 장애인복지의 민간분야에서 처음으로 시도하여 한국노인복지회에서 노인결연사업과 상담사업을 가정봉사원 파견사업으로 확대 실시하였고, 장애인재활협회, 서울장애인종합복지관 등을 중심으로 지역사회중심 재활을 실시하였다.

1990년대에 재가복지는 정부지원을 받아 종합적인 프로그램으로 발전하여 1992년부터 재가복지봉사센터를 설치・운영하고 있고, 기존의 사회복지관, 장애인복지관, 노인복지관 등에 전담 인력 및 장비 등 사업비를 추가하여 복지관의 부설 형태로 설치・운영하고 있다.

재가복지봉사센터의 기능은 다음과 같다.

① **조사・진단의 역할**: 재가복지서비스 대상자・가정의 욕구조사와 문제진단 등을 통해 필요한 서비스의 종류를 선정

② **서비스 제공의 역할**: 재가복지서비스대상별로 측정된 욕구와 문제의 진단내용에 따라 직・간접 서비스를 제공

③ **지역사회자원 동원과 활용의 역할**: 재가복지서비스의 내실화와 대상자・가정의 욕구 및 문제해결을 위해 지역사회의 인적・물적 자원을 동원・활용

④ **사업평가의 역할**: 재가복지서비스 사업을 평가하기 위하여 서비스 기능 및 분야별 효과, 자원 동원 및 활용 효과 등에 관하여 자체 평가하고 그 결과를 사업에 활용

⑤ **교육기관의 역할**: 자원봉사자와 지역사회 주민에게 재가복지서비스 사업, 사회복지사업 등에 관한 교육을 제공

⑥ **지역사회 연대의 고취 역할**: 지역사회의 인적・물적 자원의 연계를 통

한 계층 간의 연대감을 고취하고 있다.

재가복지봉사센터의 운영원칙은 다음과 같다.

① **적극성의 원칙**: 서비스 대상자의 요청을 기다리지 않고, 적극적으로 서비스 욕구를 발굴하여 필요한 서비스를 제공해야 한다.
② **능률성의 원칙**: 최소의 비용으로 최대의 효과를 낳기 위하여 인적・물적 자원을 효율적으로 운영해야 한다.
③ **연계성의 원칙**: 다양한 서비스 욕구를 충족시키기 위하여 행정기관, 사회봉사단체 등 관련기관과 수시 연계체계를 갖추고 알선, 의뢰, 자원봉사 등을 수행해야 한다.
④ **자립성의 원칙**: 서비스는 보호대상자의 신체적・정신적・사회적 자립과 자활을 조성하는 데 주안점을 두어야 한다.

재가복지봉사센터는 요보호 대상자에게 필요한 복지서비스를 제공하기 곤란한 경우 복지서비스체계 및 행정기관과 연계하여 대상자가 적절한 복지서비스를 제공받을 수 있도록 하고 있다.

5) 자원봉사센터

자원봉사센터는 행정구역상의 거주자 주거지역에서, 지역 중심의 자원봉사단체를 대표할 수 있는 조직이다. 자원봉사의 활성화와 내실화는 자원봉사센터를 어떻게 잘 조직해서 잘 운영하는가에 달려 있다고 볼 수 있을 정도로 이 센터는 지역주민과 가장 가까이 접촉하는 조직이다. 지역주민에게 자원봉사 정보를 제공하고 홍보하며 프로그램을 개발하고 자원봉사자를 모집·교육·훈련하여 지역사회 현장에 배치하고, 활동 과정을 관리하며 평가하는 역할을 자원봉사센터가 담당한다. 자원봉사를 희망하는 사람들이 거주지역에서 가장 먼저 정보를 입수해서 찾아갈 수 있는 곳이라고 할 수 있다(김범수, 2015).

한국에 서구와 같은 유형의 지역 단위 자원봉사센터가 들어선 것은 최근의 일이며, 자원봉사센터는 민간전달체계로 조직된 것이 아니라 정부전달체계로 조직되었다는 특징이 있다. 전국의 시·도, 시·군·구에 자원봉사센터가 설치·운영되고 있다.

6) 여성자원활동센터

여성자원활동센터는 1991년에 여성 자원봉사의 분산된 창구를 지역 단위로 통합·운영하여 자원봉사 희망자의 이용편의를 도모하고 정부의 공공서비스 분야에 여성들의 자발적인 참여와 봉사의 기회를 적극 제공함으로써 자원봉사활동의 전 사회적 확산기반을 다지고자 하는 목적으로 설치되었으며, 4만 명 이상의 여성 자원봉사자가 활동하고 있다.

이 센터는 1998년에는 263개소였으나 점점 그 수가 줄어들어 2002년에는 159개소가 운영되고 있다. 운영 형태를 보면 지방자치단체 직영이 56%, 여성회관 등에 설치되어 혼합 직영하는 곳이 25%, 민간단체에 위탁 운영되는 곳이 13%다. 그런데 정규직이 한 명도 없는 곳이 30%나 되어 인력문제가 가장 취약한 것으로 지적되고 있다. 프로그램의 빈약과 예산지원의 미약이 늘 지적되고 있는 상태다(김동배, 2005).

이 센터는 지역 여성의 사회참여에 많은 기여를 하였으나, 관 주도의 봉사활동에 대한 일반인의 관심 부족과 프로그램의 개발 역량 부족 등의 이유로 활발하게 활동하지 못하고 있다.

7) 한국자원봉사포럼

한국자원봉사포럼은 자원봉사 관련 전문학자 및 각계각층의 중견급 관리자들이 모여 자원봉사운동에 대한 전략과 사회적 이슈들의 올바른 방향을 수립하고 대안을 제시하기 위하여, 더 나아가 우리 사회에서 자원봉사를 활성화하고 정착시키기 위한 관련 사업을 실천에 옮기기 위하여 1995년에 설립되었다.

이 포럼은 우리나라 자원봉사활동의 내실 있는 확대를 위해 매 회 시급한 사회적 이슈를 선택하여 실천가와 학자 및 정부관계자들이 참여하는 대중포럼을 연 6회 개최하고 있다. 또한 전문가초청포럼, 지방순회포럼, 자원봉사저널, 뉴스레터 제작 등 자원봉사계의 학자, 관리자, 자원봉사자 그리고 정책당국자들에게 현안이슈 및 정책제언 등의 유용한 정보를 제공하고 있다.

4. 한국 자원봉사활동의 과제와 전망

1) 자원봉사의 전망

21세기 정보화 시대에 들어서면서 정보, 기술, 자본의 불균형으로 빈부의 격차는 더욱 심해질 것이며, 개인주의와 이기주의가 팽배할 가능성이 높다. 그로 인해 우리나라 국민의 공동체 의식은 점점 사라지게 될 것이다.

이렇게 시대의 변화에 따라 새롭게 나타나는 사회문제를 해결할 수 있는 방법으로 자원봉사활동이 강조되고 있다. 자원봉사는 일시적인 연민이나 충동만으로는 지탱하기 힘든 일이다. 이타심, 책임감, 지역사회에 대한 공동체 의식 등이 어우러져서 내면화될 때 비로소 지속적인 봉사활동이 가능하게 된다(권순종 외, 2008). 자원봉사활동은 점점 희미해지는 공동체 의식을 유지해 나가고, 이타심을 키우는 등 민주시민으로 자리 잡는 데 커다란 역할을 담당할 수 있을 것이다.

(1) 직접적인 서비스 활동 제공

현재의 자원봉사활동은 대부분 사회복지시설 또는 기관 중심, 스포츠나 박람회 같은 대규모 이벤트, 재난 · 재해 활동과 사회적 약자를 대상으로 하는 활동 등으로 이루어져 왔다. 이러한 영역의 활동은 꼭 필요하고 지속되어야 하나 앞으로의 자원봉사활동은 여기에 머물러서는 안 된다(구재관, 권향임, 김근아, 2013).

(2) 전문적 활동

최근의 자원봉사활동은 준전문가의 역할을 요구하고 있기 때문에, 준전문가의 역할을 수행하려면 전문적 교육과 훈련이 요구된다. 각국의 자원봉사 전문성은 그 국가의 자원봉사 교육과 훈련의 수준을 보면 알 수 있다. 또한 자원봉사의 역할이 일회성이나 단시간에 그치지 않고 장기간 지속적으로 이루어지는 경향이 증가하고 있다.

2) 자원봉사활동의 과제와 전망

자원봉사에 대한 긍정적인 인식이 확대되고 있지만 그와 더불어 위협이 되는 요소도 존재한다. 예를 들면, 확대되는 복지예산에도 불구하고 복지에 대한 수요자의 체감도가 낮게 나타남에 따라 복지 체감도를 높이려는 다양한 사회서비스가 확대되고 있다. 교육바우처, 직업훈련 및 생활보조바우처, 보육바우처, 요양서비스 등이 시행되고 있으며, 점차 그 영역을 확대해 가는 추세다. 이러한 사회서비스의 증가는 자원봉사활동의 주된 영역이었던 사회복지 분야, 의료 분야, 교육 분야의 대부분이 사회서비스 일자리 영역으로 변환되는 것을 내포하고 있다. 사업의 효율성을 강조하는 기업과 기부자가 늘어나고 있으며, 봉사단체들도 경쟁하는 시대가 되어 안주해서는 발전할 수 없는 상황에 놓이게 되었다.

우리나라는 선진공여국 그룹인 경제협력개발기구(OECD) 개발원조위원회(DAC)에 24번째 가입국이 되면서 원조를 받는 수원국의 입장에서 벗어나 공여국의 위치를 갖게 되었다. 국제개발 원조사업은 청년봉사 인력을 개도국 원조사업에 참여시키고, 현지화를 통하여 고급인력으로 성장시킬 수 있다. 다양한 경험을 쌓고 국제화의 넓은 시각을 가질 수 있는 국제자원봉사는 국가적 차원에서도 대외 이미지를 제고하는 실익이 있어 앞으로 더 확대될 것이다. 자원봉사활동의 의미 있는 발전을 위해서는 다음과 같은 과제를 성찰해 볼 수 있다.

(1) 자원봉사에 대한 인식 제고

우리 사회에 자원봉사가 많이 활성화되었지만 더 많은 사람이 자원봉사에 대한 이해를 높이고 참여하기 위해서는 자원봉사에 대한 인식 제고가 무엇보다 중요하다. 사회의 다양한 영역에서 자원봉사 프로그램이 개발되고 자원봉사자들의 기대에 맞는 봉사 기회가 확대되면서 자원봉사에 대한 인식이 향상된 측면도 있다. 그러나 우리 사회에 개인의 자발적인 참여의식과 봉사정신을 토대로 자원봉사가 확대되고 뿌리 내리기 위해서는 더 많은 홍보와 교육이 필요하다.

(2) 자원봉사활동 영역의 개척

자원봉사활동의 지속적인 전개와 활성화를 위해서는 자원봉사의 매력적인 요소를 새로이 개발하고 유지시키는 새로운 접근 방법이 필요하다. 특히 현재 활동에 참여하고 있지 않은 사람들을 참여시킬 수 있는 새로운 방법을 찾아내는 일이 매우 중요하다. 우리나라가 앞으로 복지사회 실현을 지향하면서 사회적 연대의식을 강화하고 사회적 통합을 이루기 위해서는 다양한 사회계층의 적극적인 참여가 필요하다. 이를 위해서는 다양한 계층이 참여하기에 적절한 프로그램이 개발되어야 한다. 자원봉사활동의 영역도 현재는 사회복지 분야를 중심으로 이루어지고 있으나, 교육, 보건, 문화, 스포츠, 환경보호, 공공사업, 국제협력 등 사회 발전에 필요한 모든 영역으로 확대되어야 할 것이다.

(3) 볼런테인먼트의 활성화

자원봉사의 개념을 나눔, 희생, 헌신과 연관된 활동으로만 규정할 경우, 많은 사람이 자원봉사는 자신과는 다른 특별한 사람들이 하는 활동이라고 인식하여 자원봉사를 확대하는 데 한계가 나타날 것이다. 따라서 자원봉사활동에 참여하는 사람을 더 확대하기 위해서는 새로운 접근방식이 필요한데, 그 대안으로 등장한 개념이 볼런테인먼트다. 볼런테인먼트(voluntainment)는 국내에서 만든 신조어로 자원봉사(volunteerism)와 오락(entertainment)이 합쳐진 것이다. 한마디로 재미있게 자원봉사를 한다는 뜻이다. 볼런테인먼트는 자원봉사를 하면 몸과 마음이 건강해지고, 좋은 친구를 사귀게 되며, 창의적인 시간을 보낼 수 있게 되어 기쁘고 행복한 삶을 살게 된다는 이론에 바탕을 두고 있다.

(4) 자원봉사단체의 체계적인 관리모델 개발

우리나라에서 자원봉사단체에 회원으로 등록은 되어 있으나 실제 자원봉사활동을 하는 회원은 50% 미만으로 추정된다. 이러한 현상은 자원봉사 관리의 허점을 단적으로 보여 주는 것이다. 자원봉사 관리를 보다 체계화하는 일은 자원봉사 인력 관리를 통한 자원봉사의 활성화라는 측면에서 매우 중요하다. 자원봉사의 정신과 자원봉사자의 태도에 대한 내실 있는 기초교육을 실시하고, 오랫동안 활동하는 자원봉사자에게는 좀 더 심화된 전문교육을 실시함으로써 자원봉사활동이 올바른 정신을 바탕으로 점차 전문적인 접근을 통해 가능해지도록 기획되어야 할 것이다.

(5) 자원봉사 관리자의 전문성 및 역량강화

자원봉사 관리자들이 경험하는 가장 큰 문제점은 프로그램 개발 능력의 부족과 이를 보전하기 위한 관리자 대상 교육 기회의 부족이다. 우리나라에는 자원봉사 관리자들을 위해 교육 기회를 제공하는 곳이 부족할 뿐더러 체계적인 교과과정을 통해 전문가로서의 자질을 함양시킬 수 있는 관리자 교육 프로그램이 미흡한 실정이다. 관리자에게 자원봉사조직론, 프로그램 개발과 평가, 직무계획 작성법, 지역사회 네트워킹, 인간관계론, 문제해결 및 갈등해소 방법, 프로포절 작성법 등의 훈련프로그램을 실시하여 전문성을 강화하는 것이 필요하다.

(6) 자원봉사단체 운영에 대한 정부지원 확대

우리나라 자원봉사단체들 가운데 봉사자들을 위한 별도의 공간을 제공하거나 충분한 예산과 전담인력을 확보하고 체계적인 계획을 수립하여 자원봉사 업무를 추진하는 곳은 많지 않다. 정부는 민간부문의 자원봉사가 보다 짜임새 있는 인프라를 구축하고 효과적으로 단체를 운영할 수 있도록 적절한 예산과 인력의 지원을 강화해야 한다. 특히 교육, 연구 및 협력체계 구축 등을 위한 집중적인 지원이 요청된다.

3장

외국의 자원봉사 역사와 현황

학습 목표

1. 영국의 자원봉사의 역사에 대해 이해하고 최근 현황을 알아본다.
2. 미국의 자원봉사의 역사에 대해 이해하고 최근 현황을 알아본다.
3. 일본의 자원봉사의 역사에 대해 이해하고 최근 현황을 알아본다.
4. 외국의 자원봉사 역사와 현황이 우리나라에 시사하는 점을 알아본다.

역사를 연구하고 공부하는 것은 과거의 유산을 계승하고 실수를 반복하지 않으며, 오늘의 현상을 심도 있게 파악할 뿐 아니라 앞으로 나아갈 방향성을 제시하는 데 중요하다. 따라서 사회복지 선진국의 자원봉사활동의 유래와 발전 과정, 그리고 최근 경향을 연구하고 우리나라에 적용하는 것은 의미 있는 일이다. 서양의 자원봉사의 역사적 유래로는 고대 그리스·로마의 민주주의 체제에서 강조된 '자유시민의 자발적 참여'를 들 수 있는데, 당시에는 능동적 참여가 시민의 미덕으로 추앙되었다. 당시 그리스·로마 사람들은 자선을 중요하게 여겨서 자선 기관이 생기기도 했다. 이후 자선(Charity)의 어원인 '카리타스(Charitas)'의 의미가 기독교인의 사랑이라는 뜻에서 유래되었듯이, 기독교 공인 이후 중세를 거쳐 오늘에 이르기까지 중세 시기에 성경에 기초한 기독교 문화는 자선 및 자원봉사의 역사적 전통에 큰 영향을 미쳤다. 근대에 이르러 부르주아 계급의 출현과 함께 등장한 '노블레스 오블리제' 사상과 시민사회의 성립에 따른 성숙한 시민의식은 오늘날 자원봉사활동의 근간이 되었다.

타인을 돕고 자선을 행하는 자원봉사활동은 인간이 사회를 이루어 생활하는 한 시대와 공간을 불문하고 이어져 왔다. 하지만 자원봉사활동이 공동체의 안녕을 위한 시민활동으로 인식되고 조직적으로 발전하여 제도화된 과정은 국가마다 상이하다. 따라서 자원봉사활동의 역사가 오래되고 체계적으로 발전해 온 선진국의 자원봉사 역사와 현황을 살펴보는 일은 유용할 것이다. 이 장에서는 영국과 미국, 그리고 (영국이나 미국보다 자원봉사 체계화의 역사는 짧지만) 우리나라와 비교적 유사한 문화를 가진 일본의 사례를 살펴보고자 한다.

1. 영국의 자원봉사 역사와 현황

1) 영국의 자원봉사의 유래

영국의 자원봉사의 역사는 1647년 명예혁명 등으로 사회혼란을 겪던 스튜어트 왕조 시기에 스스로 마을을 지키고자 결성된 자경단을 그 시초로 들 수 있다. 이후 해가 지지 않는 나라가 되어 전 세계에 식민지를 가진 근대 강대국으로 성장하면서 자국의 이익을 지키기 위해 스스로 입대한 지원병들을 자원봉사자라고 불렀다. 이처럼 영국의 자원봉사의 시작은 자발적으로 마을이나 국가의 이익을 지키려는 자경단 혹은 자위대의 성격을 지녔으며 19세기 이전까지는 자원봉사라는 용어가 일반화되지 못했다(김범수 외, 2015).

2) 빈민법시대

영국의 본격적인 자원봉사활동의 역사는 사회복지 발전의 역사와 흐름을 같이한다. 논쟁의 여지는 있지만 사회복지 역사의 시초로 간주되는 1600년대 전후 엘리자베스 여왕의「빈민법」제정의 시기에는 중상주의의 등장으로 인한 중세 봉건제도의 붕괴와 종교개혁 이후의 카톨릭 수도원의 쇠퇴가 급속히 진행되고 있었다. 당시 인클로저 운동의 확산과 산업발전으로 인해 농사지을 토지를 잃은 농노들이 도시로 몰리게 되었으나 일자리 부족과 실업은 다수의 부랑인과 사회적 빈곤을 양산했다. 전통적으로 농노의 복지에 책임을 지던 영주와 농노의 관계가 해체되고, 병자와 고아 등을 돌보던 수도원의 기능이 사라지게 되어 더 이상 개인이나 교회의 힘으로 사회

문제를 해결할 수 없게 되자 엘리자베스 여왕이 「구빈법」(1601)을 제정하면서 국가주도의 제도적인 사회복지가 태동한 것이다.

이 시기 주요 자원봉사활동의 근거가 된 「자선신탁법(Charitable Uses Act of 1601)」은 단체의 목적이 자선에 해당하는가를 엄격하게 심사하고, 자선신탁과 업무의 오남용을 방지하기 위해서 전통적 자선 관습을 법제화하였다. 또한 이 법은 자선의 범위와 방향성을 명시했으며 더 나아가 빈민 원조, 교육의 진작, 신앙의 실천, 그리고 공공의 유익에 기여한다는 자선의 대전제를 제시하였다. 교회나 소수 부유층의 자선으로 이루어져 온 영국의 전통적 자선문화는 18세기 초에 들어 변화가 시작되는데, 다수의 정기 후원자 그룹과 조직적 운영체계를 지닌 시민연대 자선기구의 등장이다. 당시 빈민가정 아동의 교육을 목적으로 한 자선학교와 빈민의 보건 증진을 목적으로 한 종합병원 규모의 자선병원이 설립되어 교육과 보건이라는 두 가지 주요 자선 방식을 이끌어 나갔다(김헌숙, 2014).

3) 19세기 자선조직협회와 세틀먼트 운동

빈곤과 실업의 문제를 근본적으로 해결하고 사회복지를 실현하려 하기보다 사회통제에 더 큰 의도를 둔 「구빈법」 관련 복지제도와 행정 수단만으로는 다양한 사회문제를 해결하기엔 역부족이었고, 오히려 부작용을 양산하기에 이르렀다. 또한 「구빈법」 시행 이후부터 18세기까지의 영국의 자원봉사 전통은 종교적 박애주의에 기초한 개별적 봉사활동이라는 특징을 지닌다. 이처럼 국가의 제도적인 노력에도 불구하고 사회문제는 해결되지 않고 빈곤한 개인들의 삶이 개선되지 않자, 기독교 정신을 바탕으로 제도권 밖에서 사회봉사단체를 설립하는 조직적인 운동이 나타나게 되었다.

19세기에 나타난 도덕적 복지운동(Moral Welfare Movement)과 자선조직협회(Charity Organization Society) 그리고 세틀먼트 운동(Settlement Movement) 등은 성직자, 성직자 가족 그리고 기독교인들이 기독교정신으로 전개한 대표적인 사회복지 활동이다. 이러한 운동들은 사회복지에 있어서 실천적 이론, 사회조사, 교육, 지역사회 복지 등 전문 사회복지 분야의 효시가 되었다. 이처럼 19세기 초반은 영국에서 자선활동의 전성기라고 할 수 있는데 그 특징은 ① 조직과 연대성, ② 중산층 주도, ③ 계층 간 호혜적 관계 구축이다(김성호, 2015; 김헌숙, 2014).

• 자선조직협회

종교적 배경을 지닌 부유층 중심의 자선활동이 확산됨에 따라 보다 체계적이고 효율적인 활동을 도모하기 위해 지역 단위로 자선모임들이 조직화하기 시작했다. 1869년 자선조직협회(Charity Organization Society)가 창립되어 영국의 자선조직화 운동체에 대한 최초의 추진체로서의 역할을 담당했다. 우호방문단들(friendly visitors)이 빈곤 가정들을 방문하여 빈곤의 원인을 파악하고 구호 및 교육활동을 수행했다. 이러한 자선조직협회의 활동은 곧바로 미국을 비롯한 여러 국가에 전파되었으며, 이는 지역사회조직과 사회복지전문성의 실천적 · 학문적 기초가 되었다. 한편, 자선조직협회의 운영방식은 대상자들의 빈곤의 원인을 개인적 결함으로 인식하여 도덕적 교화의 대상으로 삼았다는 한계를 지니고 있다.

• 세틀먼트 운동

지역사회복지의 효시라고 할 수 있는 영국의 세틀먼트 운동(Settlement Movement)은 1884년 바넷(Barnett)에 의해 런던에 위치한 토인비홀(Toynbee Hall)에 설립된 최초의 인보관(residential settlement)에서 시작되었다. 세틀먼트 운동은 자선조직 협회가 널리 펼친 우호방문과는 달리 대학생들이 직접 빈민지역에서 빈민들과 함께 다양한 교육과 빈곤퇴치 활동을 전개했다. 세틀먼트 운동의 역사적 의미는 빈곤의 문제를 개인의 결함에서 찾기보다는 사회구조적인 문제로 파악하여 활동가와 빈민들이 상호협력을 통해 지역사회를 개선하려고 했다는 것이다. 이는 이후 사회개혁 운동으로 발전하였다.

4) 전후 및 사회보장제도의 확립과 발전 시기

19세기 후반 페이비안 사회주의(Fabian Socialism)의 등장으로 인해 사회복지에 있어서 민간 차원의 개입보다는 국가 차원의 적극적 개입이 강조되었다. 한편, 제2차 세계대전 이후 전후 복구와 사회문제 해결을 위한 민간활동에의 요구가 증가하여 '새로운 박애주의 시대'가 열린다. 특히 1942년 베버리지 보고서는 사회보장제도의 도입을 통한 '요람에서 무덤까지'라고 불린 복지국가의 실현을 위한 국가의 적극적 개입을 강조했지만, 복지국가의 서비스를 보완하기 위한 시민 개인의 자발적인 노력도 필요함을 함께 강조했다.

앞서 열거한 자원봉사활동의 노력들이 결실을 맺어 1960년 영국정부는 「자선법(Charity Act)」을 제정하여 자원봉사활동을 지원하고, 민간 단체 및 기관들의 자원봉사활동을 보호 · 육성하는 최초의 법적 근거를 마련하였다. 이에 따라 자선위원회(Charity Commission)에 등록된 민간자원봉사기관 및 단체들에게 모금을 허가하고 조세를 감면하는 특혜를 주는 동시에 이들을 관리하고 감독하는 업무를 수행했다. 영국의 자원봉사활동 발전사에 있어서 또 하나의 중요한 분기점이 된 것은, 1968년 제출된 「아베스 보고서(Aves Report-The Voluntary Worker in the Social Services)」다. 이 보고서는 전문직원의 서비스를 보완하고 사회서비스를 통합하여 제공하기 위해서는 자원봉사자의 참여가 절대적으로 필요함을 강조했다. 이를 위하여 자원봉사자의 양적 증대, 훈련, 지원에 대한 실천적 차원의 자원봉사 관리의 표준을 마련하고자 자원봉사센터와 전국자원봉사 네트워크가 발족했다. 이후 영국에선 1970년「지방정부 사회복지 서비스법(LSSA)」이 제정되었고, 1971년 지방자치단체의 사회복지서비스 행정체제가 개편되어 이전에 지자체에서 아동국, 보건국, 복지국으로 각각 나뉘어 있었던 서비스를 사회복지 서비스국으로 통합하였다. 아베스 보고서는 이와 같이 통합된 사회복지 서비스국에서 자원봉사활동도 통합 운영토록 한 것이다(김경동, 이창호, 송민경, 신정애, 2011; 박선영, 2010; 이성철, 송민경, 김선아, 신정애, 2011).

5) 신자유주의 등장 이후

1970년 이후 두 차례의 석유파동으로 경제위기를 겪자, 케인즈 경제학은 사라지고 신자유주의가 등장하면서 '복지국가론'이 위기를 맞게 된다. 이러한 영향으로 사회복지 분야에 있어서 국가의 개입은 축소되고 대신 민간 부문의 역할이 강조되었다. 그 결과 민간 영역에서 자원봉사활동이 증가했으며, 영국 정부는「자선법」개정 이후 자원봉사단체들에게 면세 및 비과세, 자원봉사활동 기부자에게는 세금공제 등의 혜택을 제공하였다. 노동당의 토니 블레어 총리 후보는 1997년 총선 선거 기간 중 민-관 간의 협약(compact)을 공약으로 내걸고, 집권할 경우 국민의 자원봉사활동을 적극 지원할 것을 제시했다. 선거에 승리한 그는 전국의 자원봉사단체들과 함께 '정부와 커뮤니티 자원영역 간의 계약(Compact on Relations between Government and the Voluntary and Community Sector)'을 체결하고 대대적인 재정지원을 시작했다. 대표적인 지원 사업을 예로 들면, 내무성 산하의 ACU(Active Community Unit)인데, 이를 통해 지역사회 민간단체들로 하여금 '활성화된 지역사회(active community)' 만들기 활동을 지원한 것이다. 1997년 민 · 관 협약 후 내무성의 자원봉사과는 매년 영국 GNP의 5% 이상을 자원봉사 발전을 위해 지원했다. 1998년 당시 영국에서는 300여 곳의 자원봉사센터를 비롯하여 30만 곳 이상의 자원봉사기관이 활동하고 있었다(김경동 외, 2011).

영국 정부–민간 (자원)봉사 섹터 관계의 '협약' 원칙

1. 자원봉사활동은 민주사회의 기본적인 요소다.
2. 독립적이고 다양한 자원 섹터와 공동체 섹터는 사회복리의 기초가 된다.
3. 공공정책과 서비스의 개발 및 전달에서 정부와 자원섹터는 각기 독특하지만 보완적인 역할을 분담한다.
4. 정부와 자원 섹터는 서로 다른 형태의 책무성(accountability)을 가지므로 서로 다른 이해당사자들에게 책무를 가진다. 그럼에도 양자 모두에게 공통적으로 필요한 것은 통합성, 객관성, 책무성, 개방성, 정직 및 리더십이다.
5. 자원 섹터와 공동체 섹터는 자신들의 목표를 달성하기 위해 법의 범위에서 캠페인을 할 수 있는 권리를 누린다.
6. 정부는 다른 일보다도 자원 섹터의 재정 지원자로서 중요한 역할을 한다. 정부와 자원 섹터 관계에서 재정 지원은 중요한 요소가 된다.
7. 정부와 자원 섹터는 인종, 연령, 장애, 성, 종교와 관계없이 모든 사람의 기회의 균등을 증진시키는 중요성을 상호 인지한다(김경동, 이창호, 주성수, 구혜영, 2010).

6) 영국의 자원봉사활동 전달체계와 주요 조직현황

영국 민간 자원봉사계의 전달체계에는 크게 ① 자원봉사센터(Volunteer

Bureaus)가 중심이 된 전국-지역 전달체계와 ② 자원봉사 기관 · 단체가 중심이 된 전국-지역 전달체계의 두 축으로 분리된 자원봉사 민간 인프라가 확립되어 있다. 각각 독립된 이 두 전달체계는 서로 밀접하게 교류하며 영국 자원봉사계를 효과적으로 이끌어 가고 있다. 이 외에도 600여 개의 전국 규모 단체들이 회원으로 가입되어 있는 영국 민간 최대의 자원봉사 기구인 NCVO(National Council of Voluntary Organizations)라는 기구가 있다. NCVO는 실질적인 자원봉사활동보다는 민간단체의 육성 및 발전, 민 · 관 파트너십 정책 수립 등 보다 넓은 의미의 활동들에 집중되어 있는데 정부기관 및 의회와 어깨를 견줄 정도로 영국 자원봉사 섹터(voluntary sector)의 대표기구로 활동하고 있다. 이 외의 주요 단체로는 전국 150여 명의 자원봉사 섹터 관리자들이 모인 '전국자원봉사센터관리자협회(National Association of Voluntary Service Managers: NAVSM)', 전국 포럼 단체인 '영국자원봉사포럼(UK Volunteering Forum)', 6,000여 명의 노인 자원봉사자 배치사업(RSVP)을 펼치는 '지역사회봉사자(Community Service Volunteers: CSV)' 등을 들 수 있다(김영호 외, 2004; Finnegan & Brewis, 2012).

7) 영국의 자원봉사 관련 법

영국은 기부와 자원봉사의 활성화를 위해 1993년 「자선법(Charities Act)」을제정하여 2011년에 이르기까지 수차례의 개정안을 제시하며 사회 변화와 욕구에 대응하고 있다. 「자선법」에는 자선과 기부의 목적, 활동, 영역이 명시되어 있다. 또한 2014년 「자원봉사증진법(Promotion of Volunteering Bill)」을 개정하여 「자선법」과 연동해서 시행하고 있다(송민경, 2015).

2. 미국의 자원봉사 역사와 현황

1) 미국의 자원봉사활동의 유래 및 전개 과정

청교도 이민 초기부터 공동체를 위한 자원봉사가 왕성했던 미국의 정신을 '자원봉사정신(Volunteerism)'이라고 할 정도로 미국은 자원봉사에 대한 깊은 애정과 노력을 기울이고 있는 국가다. 현재 수많은 민간단체가 설립되어 왕성하게 활동함으로써 미국은 영국과 함께 전 세계에서 자원봉사활동 참여율이 가장 높은 나라라고 볼 수 있다. 이민 초기부터 시민들은 자기 마을에서 일어나는 일상적인 문제를 자원봉사를 통하여 자치적으로 해결했다. 1773년 영국의 식민정책에 반대하여 일어난 '보스턴 티파티(Boston Tea Party)'는 자발적인 영국 상품 불매운동이었다. 또한 독립 자체도 자원봉사 민병대와 여성들로 조직된 '자유의 딸들(Daughters of Liberty)'(1765) 등의 자발적 참여에 의해서 쟁취되었다.

한편, 18세기 초부터 미국 국민은 타운홀 미팅(Town Hall Meeting)을 통해 지역사회의 모든 일을 자립·자조의 정신으로 해결했다. 1760년대 이후 퀘이커 교도 중심으로 불이 붙은 노예폐지 운동은 급기야 1860년대 남북전쟁까지 이어졌고, 남북전쟁 시기에 남성은 자원병으로 입대하고 여성은 후방에서 물자보급 및 전쟁지원 활동에 자발적으로 참여했다. 이러한 미국의 독립전쟁은 미국인에게 자선활동을 전국적으로 확대하게 한 계기가 되어 1820년대를 시작으로 많은 민·관 기관이 설립되었다. 영국과 마찬가지로 미국의 자원봉사 역사에서도 자선조직협회와 세틀먼트 운동을 언급하지 않을 수 없다. 1877년 버팔로에서 자선조직협회(COS)가 설립된 이후 COS 지부는 1894년 92개로 늘어났고, 1904년에는 모두 150개의 지부가 활동하고 있었다.

미국 최초의 세틀먼트 하우스는 1887년 뉴욕의 동부지역에 설립된 Neighborhood Guild였으며, 1889년 시카고에 Hull House가 설립된 이후 1910년경 미국 전역에 4백여 개의 세틀먼트 하우스가 활동했다. 1920년대에 들어서는 보스턴 자원봉사센터를 비롯하여 전국자원봉사위원회(1932)가 설립되었고 1933년에는 전국 28개 도시에 자원봉사국이 설립되었다. 1950년대에는 자원봉사사무국협회(Volunteer Bereau Association)가 설립되어 주로 빈민구호단체를 지원했다. 1960년대에는 자원봉사 관련 법령이 제정되고 연방국가봉사(National Service) 프로그램들이 등장한다. 대표적인 프로그램으로 평화봉사단(Peace Corps), 미국자원봉사단(Volunteers in Services to America: VISTA), 은퇴노인 자원봉사 프로그램(Retired Senior Volunteer Program: RSVP) 등을 들 수 있다. 1970년대의 주요 조직은 1970년 설립된 National Center of Volunteer Action(NCVA)과 ACTION(1973)을 들 수 있다.

연방 자원봉사 관리기관인 ACTION은 그동안 3개 부처로 나누어 운영돼 오던 연방프로그램 7개를 하나의 독립기구가 맡아 관장했다. 1993년에는 「전국봉사트러스트법(National Service Trust Act)」의 제정과 함께 지역사회서비스를 위한 국가자문위원회(National Commission on National and Community Service)가 설립되었다. 이후 ACTION과 국가자문위원회는 국립자원봉사협력기구(Corporation for National Service)로 통합되어 현재 미국 정부 내에서 자원봉사활동을 전담하고 있다(김경동 외, 2011; 김영호 외, 2004; 김종숙, 이동우, 김종환, 2008).

2) 미국의 자원봉사 역사의 특징

미국의 자원봉사 역사의 특징은 다음과 같다. 첫째, 많은 역사학자는 미국의 자원봉사 초기 시대로 식민지 시절 새로운 거주지를 찾아 나선 사람들이 생존을 위해 지원시스템을 조직한 시대를 꼽는다. 미국의 자원봉사 역사는 영국에서부터의 이민으로 시작된 초기 청교도주의의 영향을 받았다. 둘째, 18세기의 독립전쟁 시기, 19세기의 남북전쟁 시기, 20세기의 경제대공황 등 국가적 역경이 있을 때마다 시민의 눈부신 헌신과 활동이 있었다. 셋째, 미국 최초의 자원봉사활동이 청교도주의의 영향을 받았다면, 19세기 이후에는 1930년대에 불붙은 종교 대각성 운동 이후 다양한 종교단체와 지역교회를 중심으로 활발한 자원봉사활동이 전개되었다는 것이다. 1857년 설립된 YMCA도 종교 대각성 운동 이후의 기독교 청년을 중심으로 한 지역사회 봉사활동에 기인한다. 넷째, 20세기에 들어서 진보주의(progressive era)가 등장함에 따라 아동복지, 인종차별, 노동, 환경, 평화, 여권, 문화 운동 등 다양한 사회분야에서 사회개혁 운동이 전개되었다. 당시 사회개혁정신을 가진 법조인, 언론인, 종교인, 학자, 교육자, 사업가를 중심으로 시민들의 자발적 사회 참여가 이루어졌다. 다섯째, 미국의 자원봉사 역사의 특징 중 하나는 정부의 적극적 개입과 주도에 의해 많은 부분이 발전되어 왔다는 것이며, 대통령이 바뀔 때마다 주요 정책과 프로그램의 변화가 있었다. 대공황 시기에 프랭클린 루즈벨트(Franklin Roosevelt) 대통령이 주도한 민간자원보존단(Civilian Conservation Corp), 존 F. 케네디(John F. Kennedy) 대통령이 주도한 평화봉사단(Peace Corps), 리처드 닉슨(Richard Nixon) 대통령 내각 산하에 설립된 자원봉사활동국(Office of Volunteer Action: OVA), 지미 카터(Jimmy Carter) 대통령이 설립한 청소년자원보존단(Young Adult Conservation Corp: YACC), 1989년 허버트 워커 부시(H.W. Bush) 대통령이 주도한 촛불재단(Point of Light Foundation: POLF) 등을 그 예로 들 수 있다. 여섯째, 연방차원의 자원봉사활동이 대통령이나 정부 주도에 의해 이뤄졌다면, 민간차원의 자원봉사활동의 조직적 전개는 지역사회에서 출발하여 전문성을 확보한 뒤 점차 다른 주로 확산되고 전국 연합이 설립되었다는 점이다. 1881년 설립된 미국적십자

(American Red Cross)와 1887년 콜로라도 주 덴버 시에 설립된 공동모금회 (United Way) 외에도 Rotary Club(1910), Kiwami Club(1916), Lions Club(1916) 등은 최초에 설립된 주에서 점차 다른 주로 확대되어 전국 연합 조직을 결성하고 해외 전 지역에도 지부를 설립했다. 일곱째, 미국은 자원봉사활동에 대한 내용을 「자원봉사보호법」을 제정하여 법으로 규정하고 있다.

대통령 주도의 자원봉사 발전 역사

미국의 자원봉사 역사의 특징 중 하나는 대통령, 즉 연방정부의 적극적인 주도하에 발전해 왔다는 것인데, 이는 경제공황을 계기로 한 단계 성숙하게 된다. 예를 들어, 루즈벨트 대통령이 창설한 시민보존단(1933~1942)에서 수백만 명의 청년이 6~18개월 동안 국립공원을 복원하고, 경제를 활성화시키며, 자신과 가족을 부양하였다. 또한 1961년 케네디 대통령은 평화봉사단을 창설하는 법을 제정하고 "언젠가 우리는 이 아이디어를 미국 내에서도 적용할 것이다."라고 말하였다. 이후 1964년 '빈곤과의 전쟁'을 선포한 존슨 대통령은 미국봉사단(VISTA), 전국교사봉사단, 직업봉사단(Job Corps), 대학생봉사단(University Year of Action) 등을 창설했다. VISTA는 저소득 지역을 위한 전일제 봉사에 미국인이 봉사할 수 있는 기회를 제공한다. 1989년에는 조지 허버트 워커 부시 대통령이 국가봉사사무소(Office of National Service)를 백악관 내에 설치했으며 자원봉사육성을 위해 촛불재단(POLF)을 창설했다. 이듬해에는 「전국 및 지역사회 봉사법(National and Community Service Act)」이 1990년 국회를 통과했으며 허버트 워커 부시 대통령이 서명했다. 이 법은 Serve America[지금은 Learn and Serve America(미국봉사학습단)로 개명됨]가 봉사학습(Service-learning)을 지원하기 위하여 학교에 보조금을 지급하고, 국가봉사 프로그램들이 청소년봉사단, 비영리단체, 대학들에 의해서 시행되도록 보조금을 지급할 것을 명시한다(김영호 외, 2004).

〈표 3-1〉 **미국의 주요 자원봉사 역사**

년도	주요 내용
1736년	미국의 정치인 벤자민 프랭클린(Benjamin Franklin)이 최초의 자원소방서 설립
1775~1783년	미국 독립전쟁 당시 자원봉사자들이 보이스카우트를 설립하고 전쟁을 위한 자금을 모집
1830년대	미국 종교 대각성 시대에 학생 중심으로 다양한 종교단체가 지역사회 봉사를 시작
1857년	미시간 대학교에서 최초의 대학교 중심의 자원봉사단체인 YMCA가 창설
1861~1865년	남북전쟁 당시 여성구호협회(Ladies' Aid Society)가 설립되어 의료품, 옷가지, 침구류, 제복 등을 제작
1881년	미국의 사회사업가 클라라 바턴(Clara Barton)에 의해 미국적십자(American Red Cross)가 창설
1887년	지역사회의 자선활동을 지원하는 공동모금회(United Way) 최초 지부가 콜로라도 주 덴버 시에 설립
1910년	Rotary Club 창설
1916년	Kiwanis Club과 Lions Club 창설
1918년	공동모금회(United Way)의 전국조직의 전신인 미국커뮤니티조직연합(American Association for Community Organizations) 설립
1919년	미국 최초의 자원봉사 관리기구인 자원봉사 서비스국(Bureau of Volunteer Service)이 미네소타 주 미니아폴리스 시에 설치
1930년대	대공황의 여파 속에 무료급식소를 비롯한 다양한 민간구호 활동이 전개. 1933년 전국자원봉사위원회(National Committee on Volunteer)가 설립되고 이는 후에 전국사회사업대회(National Conference of Social Work)로 발전
1933~1942년	프랭클린 루즈벨트(Franklin Roosevelt) 대통령이 주도한 민간자원보존단(Civilian Conservation Corp)은 수백만 명의 젊은 실직 남성을 고용하여 황무지를 복원하는 사업을 전개
1941~1945년	제2차 세계대전과 관련한 자원봉사 조직이 전국적으로 생김
1951년	자원봉사국전국연합(National Association of Volunteer Bureau) 설립
1960년	미국 자원봉사서비스조정가협회(The American Association for Volunteer Services Coordinators) 결성
1961년	존 F. 케네디(John F. Kennedy) 대통령에 의해 평화봉사단(Peace Corps) 발족
1965년	정부 주도의 빈곤과의 전쟁 사업이 미국봉사단(VISTA), 직업봉사단(Job Corps), 근린청소년단(Neighborhood Youth Corps), 대학 일-학습 프로그램(College Work Study program) 등의 다양한 빈곤퇴치 자원봉사 조직 설립에 영향을 미침

1969년	리처드 닉슨(Richard Nixon) 대통령 내각 산하 자원봉사활동국(OVA) 설립. 워싱턴 주를 시작으로 주 단위의 자원봉사국(Governor's Office of Volunteerism) 설립
1976년	제리 브라운(Jerry Brown) 캘리포니아 주지사가 주 차원에서 처음으로 캘리포니아 자원보존단(California Conservation Corps) 창설
1977년	지미 카터(Jimmy Carter) 대통령이 청소년자원보존단(YACC) 설립
1980년대	다양한 자원봉사 전국 조직이 결성 • 국가봉사단의 설립을 위한 노력이 풀뿌리 차원에서 시도되어 1984년 대학생자원봉사리그(Campus Outreach Opportunity: COOL), 1985년 대학자원봉사협의회(Campus Compact) 등이 고등교육기관에서 봉사프로그램을 돕기 위해서, 1985년 전국보존과봉사단협회(National Association of Service and Conservation Corps)가 청소년봉사단을 각 주와 도시에서 보급 실시하기 위해서, 1985년 미국청소년봉사(Youth Service America)가 미국의 청소년들에게 봉사할 기회를 주기 위해서 창설 • 허버트 워커 부시(George H. W. Bush) 대통령이 국가봉사사무소(Office of National Service)를 백악관 내에 설치했으며 자원봉사육성을 위해 촛불재단(POLF)을 창설
1990년	「전국 및 지역사회 봉사법(National and Community Service Act)」이 국회를 통과하고 대통령이 서명함. 이 법은 Serve America(지금은 Learn and Serve America로 개명됨)가 봉사학습(Service-learning)을 지원하기 위하여 학교에 보조금을 지급하고, 국가 봉사 프로그램들이 청소년봉사단, 비영리단체, 대학들에 의해서 시행되도록 보조금을 지급하도록 함
1993년	「전국 및 지역사회 봉사 지원법(National and Community Service Trust Act)」이 1993년 제정되면서 미국국가봉사단(AmeriCorps)과 전국 및 지역사회 봉사단(Corporation for National and Community Service)이 미국민이 지역사회를 위해서 봉사할 수 있는 기회를 확대하기 위하여 창설

출처: 김영호 등(2004), POLF (2015).

3) 미국 자원봉사활동의 조직과 현황

미국 성인의 자원봉사 참여율이 1980년대부터 50% 정도를 유지하고 있고, 정부는 종합적이고 지속적인 자원봉사진흥 촉진을 위한 지원정책을 뒷받침하고 있다. 예를 들면, 1990년 제정된 「전국 및 지역사회 봉사법(The National and Community Service Act)」은 봉사학습을 지원하기 위하여 학교에 보조금을 지급하고 청소년봉사단, 비영리단체, 대학이 국가 봉사 프로그램을 시행할 수 있도록 보조금을 지급한다. 이처럼 미국이 지향하는 자원봉사 정책의 기조는 유급직원을 대신하여 공동체 정신인 시민의 책임을 새롭게 할 수 있는 자원봉사활동의 기회를 제공함으로써 지역사회의 대인(복지), 교육, 환경, 공공안전 등의 필요를 충족시키는 것이다.

이 외에도 미국 연방정부는 정부기관인 국립노인봉사단(National Senior Service Corps: NSSC)을 통하여 정부의 책임과 리더십을 발휘하는 프로그램으로 국가봉사단 운영과 노인봉사단(National Senior Corps), 미국국가봉사단(AmeriCorps), 미국봉사학습단(Learn and Serve America) 프로그램을 지원하고, 민간단체로서 전국자원봉사센터 역할을 하는 POLF에 대한 어떠한 간섭도 없이 정부지원금을 제공하고 있다. 지방정부들도 시민들의 자원봉사활동을 진흥하고 조정하며 연계하는 자원봉사 지역 센터를 간섭 없이 지원만 하여 민간의 자율성과 독립성 및 창의성이 훼손되지 않게 하고 있다. 이렇게 정부와 민간이 서로 역할과 책임을 분담함으로써 미국은 '자원봉사의 국가'라는 명칭을 얻을 정도로 높은 자원봉사 참여율을 유지하고 실질적인 자원봉사 혜택을 각 지역사회에 나누어 주고 있다.

미국의 대표적인 자원봉사 관리 전문단체인 국제자원봉사관리협회(The Association for Volunteer Administration: AVA)와 자원봉사전국센터인 POLF를 중심으로 민간영역을 살펴보면 자원봉사단체의 현황은 다음과 같다.

AVA의 경우, 자원봉사 리더들이 전문적인 교육과 네트워킹을 통해 수준 높은 서비스를 제공할 수 있도록 하여 자원봉사활동을 발전시키고 삶의 질을 높이는 것을 단체의 사명으로 선언하고 있다. 이 단체의 활동은 자원봉사 관리자들을 위한 전문교육과 그들의 네트워킹에 집중되어 있다. 반면, POLF의 사명선언은 좀 더 광범위한 영역을 포함하고 있다. 더 많은 사람이 자원봉사활동에 참여하여 사회적 문제를 해결하도록 한다는 사명 아래 그들의 활동은 자원봉사센터와 자원봉사자를 활용하는 단체들이 실행하는 활동을 지원하여 다양한 계층의 시민들이 참여하게 하고, 자원봉사가 하나의 생활양식으로 자리 잡도록 한다는 목표를 가지고 있다. 또한 POLF는 다양한 봉사자에게 맞는 적절한 지식, 기술 그리고 도구를 제공하여 효과적인 참여가 이루어지도록 하는 것이 사회적인 문제가 해결 · 예방되는 길임을 믿고 그 사명을 실천한다. 이 단체들의 활동은 미국 전역뿐 아니라 국제적 규모로 진행되고 있다.

기업자원봉사 현황을 살펴보면, POLF의 CVC(Corporate Volunteering Council)에 등록된 지역의 기업자원봉사 전문센터는 전국적으로 28개가 있다. 이들은 지역 자원봉사센터 혹은 공동모금회의 부설로 운영되거나 완전히 독립적으로 운영되고 있다. 기업 자원봉사를 위한 교육과 시상 그리고 컨설팅 활동을 통해 기업의 지역사회 문제해결을 위한 참여를 진흥하고 있다(김영호 외, 2004; 김종숙, 이동우, 김종환, 2008; 김범수 외, 2015).

3. 일본의 자원봉사 역사와 현황

1) 일본의 자원봉사활동의 유래 및 전개 과정

일본 자원봉사의 특징은 '도덕공동체' 또는 세속적인 인류의 기본적 공동체로 볼 수 있으며, 아시아 국가들에서 나타나는 상호부조의 맥락에서 논의된다. 일본 자원봉사활동의 기원은 대개 1918년 오사카 부(大阪府)에서 발족한 방면위원제도에서 찾는 학자들과 1930~1940년대에 시작된 조나이카이, 즉 한국의 반상회와 유사한 조직의 주민회의에서 찾는 학자들로 구분되나(김범수 외, 2015), 대다수의 국내 문헌에서는 1950년대 이전을 일본 자원봉사의 도입기 혹은 기초기로 보고 있다. 1950년에서 1971년까지는 형성기로서 민간차원의 조직화 시기, 1972년에서 1990년까지는 확대기로서 정부주도의 자원봉사 육성 시기이며, 이후 현재까지는 재정립기로서 정부와 민관의 협력 시기로 구분하여 설명하고 있다(구혜영, 2012; 류기형 외, 2013).

도입기의 사회경제적 상황은 메이지유신 이후 신분제 폐지, 교육보급 등으로 사회적 기반이 정비되었으며 제2차 세계대전의 패전 후 지역을 중심으로 자생적으로 시민활동이 대두되었다. 따라서 부상자 및 부랑자의 원호를 필두로 하여 공동모금, BBS 운동(Big Brothers and Sisters Movement)이 시작되었으며, 이후 워크캠프 활동과 학생인보관운동이 시작되었다.

형성기의 사회경제적 상황은 일본의 고도경제 성장에서 오는 경제적 여유와 생활의 안정으로 인해 자원봉사활동에 대한 관심이 고조되었다. '전국부모연락회' '전국중증심신장애인을 지키는 모임' 등이 조직화되기 시작하였다. 1962년부터는 사회복지협의회에 한국의 자원봉사센터와 같은 선의은행이 설치되고, 오사카 자원봉사협회, 후지자원봉사협회, 일본청년봉사협회 등 시민 주도의 자원봉사사무국이 개설되어 운영되기 시작하면서 자원봉사활동 추진기관의 시대가 열렸다. 1968년 전국사회복지협의회에서 '자원봉사자 육성 기본요강'을 책정하였으며 전국선의은행연락협의회가 발족되어 체계적인 모습을 갖추기 시작했다.

확대기의 사회경제적 상황은, 1960년대부터 이루어진 일본 경제의 고도성장에 따른 지역주민의 유대관계가 와해되어 지역사회의 아동, 장애인, 노인 등의 사회문제로 인해 지역사회 중심의 복지정책이 정부 중심으로 이루어졌다. 이 시기 일본은 후생성(厚生省), 문부성(文部省) 등 중앙정부조직이 지원하는 전국자원봉사진흥센터뿐 아니라 지방자치단체의 보조에 의해 사회복지협의회를 중심으로 자원봉사센터를 설립하는 등 본격적으로 자원봉사활동을 위한 추진체계가 정비되었다.

재정립기의 사회경제적 상황은 대지진으로 인해 자원봉사에 대한 관심이 고조되었다. 자원봉사 활성화를 위한 전국 단위의 기본지침이 마련되었으며, 기업의 참여 확대와 자원봉사활동 분야의 확대가 이루어졌다.

한편, 1990년에 일어난 고베대지진은 일본에서 자원봉사에 대한 사고의 전환을 가져왔다. 과거 일본의 자원봉사는 민생위원제도와 같은 정부 주도였다면 고베대지진 이후로는 민간의 자발적인 참여와 민·관 협력으로 패러다임이 변화하였다. 대규모 재해를 겪으면서 극복하는 과정을 통해 자원봉사는 하나의 독립적이고 만족감을 주는 일로 인식되었다. 또한 과거 자원봉사활동은 남에게 알리기보다 조용히 하는 것이라는 인식이 있었다면 최근에는 입학이나 취업에 있어 자원봉사활동 경력을 첨부하는 등 변화된 인식이 반영되고 있다는 점에서 자원봉사에 대한 사회적인 평가가 상승되었다고 볼 수 있다(김동배 외, 2011).

일본 자원봉사의 특징을 대변하는 것은 특정 분야의 행정 당국에 의해 지명되어 활동하는 민생위원제도로, 행정 당국이 임명한 자원봉사자가 공공부조, 아동복지, 공중보건, 형 집행 유예자의 보호 및 청소년 업무 분야에서 활동하고 있다는 점에서 특수한 성격을 보인다. 따라서 일본의 자원봉사는 정부에 의해 육성되었다는 점에서 앞선 두 국가와 차별성을 갖는다. 일본 후생성은 「자원봉사법」 제정에서부터 자원봉사단체의 관리, 재정 지원 등 중앙정부 차원에서의 모든 행정업무를 전담하고 있다. 지역단위 자원봉사활동의 조정 및 연계 기능은 사회복지협의회를 통해 이루어지고 있다.

정리하자면, 일본 자원봉사 발달 과정의 특징은 자원봉사활동을 촉진하려는 행정 당국의 노력과 민간단체의 활동 간에 유기적인 관계를 가진다는 점이다(이민창, 사공영호, 주영신, 2006).

2) 일본의 자원봉사활동의 현황

전국에서 활동하는 일본 자원봉사자는 721만 9,147명(2001년 기준)이며, 이는 10년 전에 비해 1.7배 증가한 수다. 자원봉사센터에 등록된 연령은 60대 이상이 51.7%로 가장 많았으며, 뒤이어 50대, 40대 순으로 나타났다. 이를 통해 일본의 자원봉사활동은 주부, 정년퇴직자가 중심이 되어 이루어지고 있음을 알 수 있다. 이 외에도 자원봉사자를 관리하는 자원봉사 코디네이터는 2001년 3월 기준 3,196명이 활동하는데, 이 중 전임은 1,850명이고 비상근 및 무급의 협력원은 1,346명이다. 총 수는 1989년보다 약 3.2배 증가하였으며 최근 근무 형태를 전임화, 상근체제, 유급으로 전환하고 있다. 이들의 역할은 자원봉사자를 대상으로 한 자원봉사활동의 소개, 정보제공, 상담, 조언, 연수의 소개, 지원이다(이민창 외, 2006).

〈표 3-2〉 일본 자원봉사활동 현황

(단위: 명)

	자원봉사 단체 수	단체 소속 자원봉사자 수	개인 자원봉사자 수	자원봉사자 총 수
1997년 4월	79,025	5,121,169	336,742	5,457,911
1998년 4월	83,416	5,877,770	341,149	6,218,919
1999년 4월	90,689	6,593,967	364,504	6,958,471
2000년 4월	95,741	6,758,381	362,569	7,120,950
2001년 4월	97,648	6,833,719	385,428	7,219,147

출처: 이민창 등(2006).

한편, 전국사회복지협의회는 1993년 '제1차 자원봉사활동 추진 7개년 계획'을 수립하였다. 여기에서는 자원봉사활동의 활성화와 관련하여 20세기 중에 추진해야 할 목표를 제시하고 있으며, 자원봉사 코디네이터의 확충과 어드바이서의 육성 등의 사업을 포함하고 있다. 2001년 8월에는 새로운

장기목표 | 시민참여형 복지사회의 창조

⬇

볼런티어 · 시민활동 추진의 현상과 과제

볼런티어 · 시민활동의 사회적 활동에 대한 기대의 변화

- 기업(起業)이나 고용흡수에의 기대
- 행정 슬림화 촉진에의 기대
- 청소년 건전육성에의 기대

➡

- 개개인의 자발적인 의욕이나 주체성의 확대
- 단체의 자율, 지역자치의 확립
- 볼런티어 · 시민활동의 고유 역할이나 가치, 한계에 대한 사회적 이해

볼런티어 · 시민활동 마케트의 확대

- Self-help와 만들기 활동의 융합
- 유상활동과 커뮤니티 비즈니스의 조화
- 기업 섹터와의 협동 · 경합

➡

- 다양한 활동자 및 섹터의 협동 추진
- 협동을 위한 제규정의 마련
- 활동자의 니즈에 부응하는 프로그램의 개발

기반 정비를 위한 준비

- 「특정비영리활동촉진법」 창설
- 세제우대제도의 창설
- 다양한 지원기관의 확립
- 행정에 의한 사업위탁 등

➡

- 인재와 자금의 환류
- 유상활동과 커뮤니티 비즈니스의 조화
- 기업 섹터와의 협동 · 경합

참여 희망자와 실제 참여자와의 차이가 큼

- 70%의 참여 희망과 10%의 참여 실태
- 자신이 하고 있는 일은 볼런티어활동이 아니라고 하는 사람들
- 남성과 전문직의 참여 저조

➡

- 볼런티어활동의 이미지 변혁
- 토착적 지역활동과의 융합
- 본격적 활동 프로그램 개발

⬇

제2차 5개년 계획의 중점 목표

- 시민의 주체적 역량 형성
- 친근감 있게, 즐겁게, 활력이 넘치는 활동과 이미지 만들기
- 협동 촉진을 위한 제제도 및 조직 만들기
- 기부문화와 사회공헌 마케트 형성

[그림 3-1] 제2차 자원봉사 · 시민활동 추진 5개년 계획

출처: 이민창 등(2006).

방향에서 '제2차 자원봉사 · 시민활동 추진 5개년 계획'이 수립되었다. 제2차 계획에서는 자원봉사활동 추진에 대한 사회적 공감대를 형성하고 추진 방향성에 대한 입장과 함께 구체적인 프로그램을 명시하였다(이민창 외, 2006).

3) 일본의 자원봉사의 특징 및 시사점

일본 자원봉사의 특징은 다음과 같다(김동배 외, 2011). 첫째, 정부정책을 중심으로 자원봉사자가 조직되어 있다는 점이다. 대표적으로 패전 후 제정된 민생위원제도가 있다. 이 「민생위원회법」을 통해 정부는 관립 자원봉사자(민생위원)를 위촉하고 있다. 이 제도는 과거 1936년의 「방면위원회법」에 의한 방면위원이 1948년의 「민생위원회법」에 의한 민생위원으로 명칭이 변경된 것이다. 둘째, 전국적인 네트워크가 정비되어 있다는 점이다. 전국사회복지협의회를 필두로 예하 지역협의회가 체계적으로 조직되어 있다. 이들은 지역 내 봉사단체들과의 정보 교류 및 연계 등 체계적이고 조직적인 운영을 하고 있다. 셋째, 자원봉사자의 75%가 여성이며 40~65세의 비율이 60%라는 점에서 여성 장년층이 일본 자원봉사의 중심으로 자리하고 있다는 것이다. 넷째, 봉사활동 중 상해나 사고에 대한 상해보험제도가 잘 구축되어 있다는 점이다. 마지막으로 기업들이 자원봉사활동을 적극적으로 지원하고 있다는 점이다. 예컨대, 임직원의 자원봉사자 휴가제도인 '사회봉사 휴가제도'를 비롯해 경상수익의 1%를 기부하는 '1% 클럽'을 통해 적극적인 자원봉사활동을 한다.

일본의 자원봉사가 우리에게 주는 시사점은, 첫째, 중앙정부의 제도화 노력, 둘째, 전문화를 위한 전문지도자 혹은 관리자의 교육 훈련 및 육성, 셋째, 조직화와 네트워크 연계 체제, 넷째, 활성화 유인책이다. 일본의 자원봉사체제는 중앙정부가 적극적으로 개입하여 자원봉사의 이념적 목표를 수립하고 제도적 지원을 기울인 노력의 결과로 볼 수 있다. 자원봉사가 자발성을 기반으로 한다는 것에 이러한 하향식 접근 방법이 적절한지에 대한 논쟁은 차치해 두고서라도, 적어도 중앙정부 및 지방정부에서는 각 대학과 협력하여 자원봉사활동을 연구·교육할 수 있는 풍토를 조성하고 법률이나 조례를 제정함으로써 활동을 지원해야 할 것이다. 또한 일본의 지역사회 중심의 자원봉사 역시 우리에게 많은 시사점을 준다(이민창 외, 2006; 김종숙 외, 2008). 마지막으로, 활성화 유인책은 최근 한국사회의 상황에 맞게 고려되어야 할 것이다.

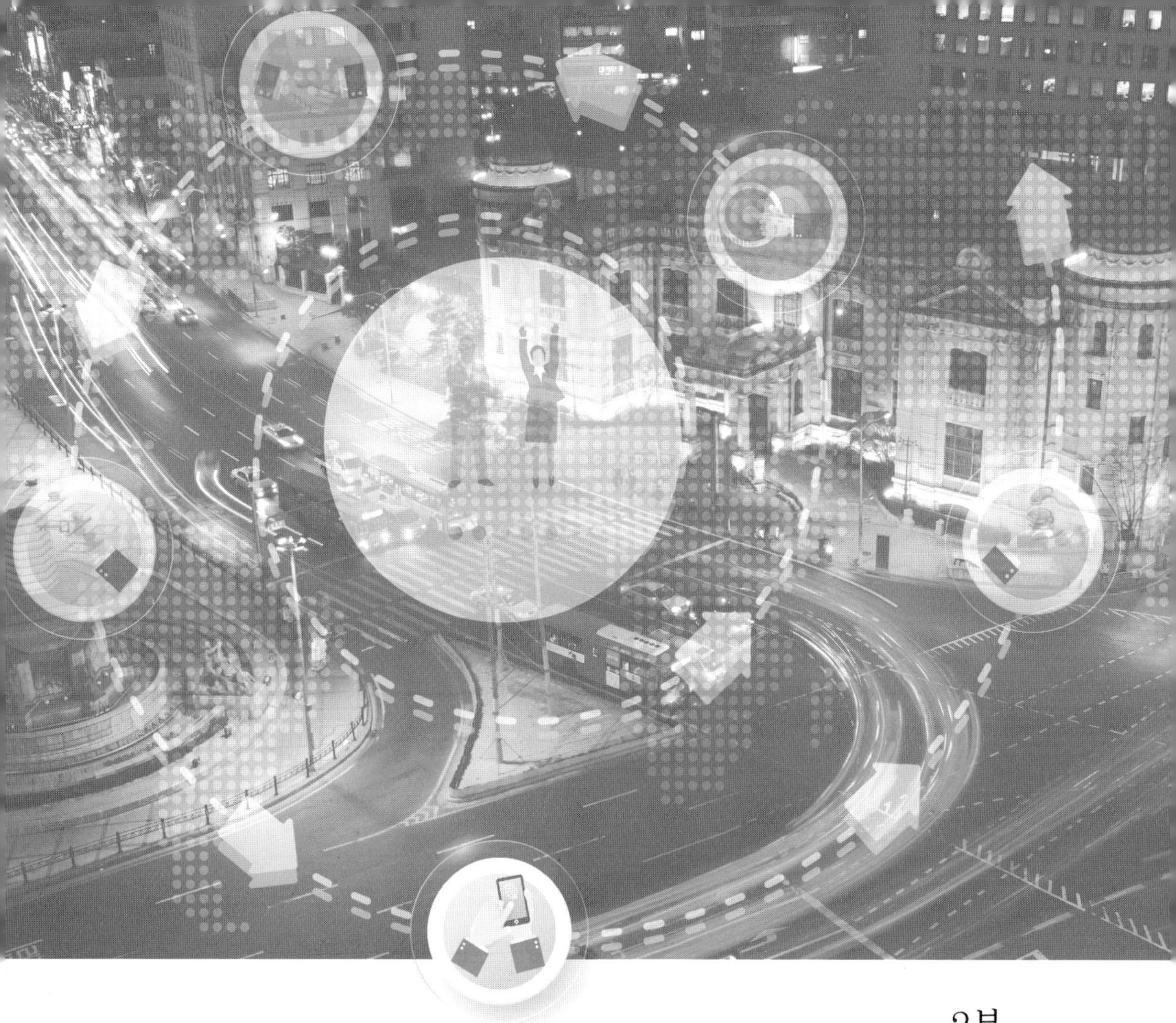

2부

자원봉사 관리의 실제

4장

대상별 자원봉사활동

학습 목표

1. 자원봉사활동의 대상별 특성을 이해할 수 있다.
2. 대상별 자원봉사활동의 종류와 내용을 구분할 수 있다.
3. 유형에 따른 자원봉사자의 자세와 유의사항을 이해할 수 있다.

자원봉사활동 영역은 포괄적이기 때문에 하나의 기준으로 분류하여 설명하는 것은 어렵다. 따라서 몇 가지 기준으로 분류하여 다양하게 설명할 수밖에 없는데, 분류 기준에 따라 중복 구분될 수 있다. 크게 자원봉사의 영역은 활동의 대상, 활동의 장, 개입의 방법, 과업의 성격에 따라 다음 〈표 4-1〉과 같이 구분해 볼 수 있다. 이 장에서는 활동의 대상을 중심으로 대상별 특성, 자원봉사활동의 종류와 내용, 자원봉사자의 자세와 유의사항에 대해 설명하고자 한다.

〈표 4-1〉 **자원봉사활동 영역 구분**

영 역	활동의 대상	활동의 장	개입의 방법	과업의 성격
세부 내용	1. 아동 2. 청소년 3. 노인 4. 장애인 5. 다문화	국제 지역사회 사회복지시설 사회복지관 병원	직접적 개입 간접적 개입	직접적 원조 예방적 활동 전문적 활동 일반적 활동

1. 아동 대상 자원봉사활동

1) 아동의 특성

「UN아동권리협약(United Nations Convention on the Right of the Child)」에서는 아동을 '18세 미만의 모든 사람'으로 규정하고 있고, 우리나라 「아동복지법」에서도 '18세 미만의 자'를 아동으로 보고 있다. 그러나 자원봉사 현장에서 만나는 아동은 13세 미만, 즉 초등학교에 다니고 있는 자라고 분류하는 것이 일반적이라 할 수 있다.

아동은 생존과 신체적 · 지적 · 사회적 발달을 위해 타인의 사랑, 관심, 보호에 의존하게 된다. 아동은 자신이 안전하고 사랑받고 있으며, 누군가에게 소속되어 보호받고 있다는 감정을 가지고 싶어 한다. 그리고 자신의 욕구나 희망에 대한 만족을 즉각적으로 얻기를 원하며, 정신적 · 심리적 · 인간적 욕구인 인격적 욕구를 필요로 한다. 아동은 이처럼 가족과 사회가 신체적 발달과 정신적 발달을 통하여 사회생활에 적응할 수 있도록 보호할 책임이 있는 대상인 것이다.

그러나 사회변동이 급격하게 일어남에 따라 가족의 기능이 해체되어 가족의 따뜻한 보호 속에 양육되고 교육되어야 할 아동들은 안정된 생활을 영위하지 못하는 경우가 빈번히 발생하고 있는 것이 현실이다. 산업사회의 진전에 따라 가족이나 인근 생활공동체가 담당했던 기능이 상당 부분 사회로 이양되고 있으므로 아동문제의 예방과 해결에 사회구성원들의 자발적 참여가 중요한 시점에 이르렀다. 따라서 아동을 돕는 자원봉사활동은 매우 중요하다.

불우하거나 원만하지 못한 가족과 사회환경으로 인해 낮은 자기상을 가지고, 변화에 잘 적응하지 못하고, 자립 의지를 상실한 아동을 도와 그들이 보다 나은 생을 즐기면서 힘차게 성장하고 고독과 불행에서 벗어날 수 있도록 돕는 것은 자원봉사활동의 의미를 부각시킨다. 특히 일반아동뿐만 아니라 결손 가정 아동의 경우, 자신이 선택한 상황이 아니기 때문에 여러 문제점을 해소하고 조화로운 성장을 이룰 수 있도록 사회 구성원들의 적절한 자원봉사활동은 사회정의 실현을 위해서도 절대적으로 필요하다.

열악한 환경에서 자아의 고립감을 해소하지 못하고 역기능적으로 행동하는 아동에게 자원봉사자와의 바람직한 집단경험은 매우 유익하다. 아동을 위한 집단지도 사업이나 캠프사업 등은 이들에게 참된 민주적 가치나 생활의 훈련을 받을 수 있는 기회를 제공하여 궁극적으로 모든 생활과 활동면에서 원만한 민주시민으로 성장하도록 도울 수 있다. 또한 올바른 사회화를 통해 적의나 소극적인 감정을 희망적인 것으로 승화시킬 수 있도록 돕고, 원만한 대인관계를 가지도록 도우며 목표나 목적 달성 의지를 굳게 가지도록 함으로써 건전한 사회인으로 성장하게 한다.

2) 아동을 위한 자원봉사활동의 종류와 내용

아동을 위한 자원봉사활동은 크게 직접대인서비스와 간접서비스로 구분해 볼 수 있다. 직접대인서비스는 주로 자립기능 향상을 위한 프로그램으로 심리적 지지 · 사회적 증진 · 생활안정을 목표로 자원봉사활동이 이루어진다. 자세한 서비스와 프로그램의 내용은 〈표 4-2〉와 같다.

〈표 4-2〉 아동을 위한 자원봉사활동의 종류와 내용

목 적	목 표	서비스	프로그램
자립기능 향상 (직접대인 서비스)	심리적 지지	상담	• 또래상담 • 전화상담 • 가족과의 상담 • 학교부적응 아동상담 • 문제행동 아동상담
		심리적 자립	• 결손가정 아동지도 • 요보호아동 결연 • 실직가정 아동 심리 · 정서 지도
	사회적 증진	교육지원	• 어린이 공부방 학습지도 • 학습부진아 지도 • 어린이 교육프로그램 지도(한글, 영어, 한자 등) • 어린이 컴퓨터 지도 • 아동 자원봉사자를 위한 교육
		여가선용 지도	• 취미교육(미술, 음악, 종이접기, 동화구연, 무용 등) • 동아리활동 지도(연극, 영화, 만화, 노래, 댄스 등) • 캠프활동 보조, 레크리에이션 지도 • 독서지도

			• 전통문화놀이 지도(사물, 탈춤, 판소리, 서예, 예절 등) • 어린이 병동 자원봉사
		사회활동 지원	• 동반외출 • 농촌활동 지도
	생활 안정	보호활동	• 방과후 아동보호 지도 • 일일위탁부모 • 영·유아보호시설 아동 돌보기 • 보육시설 아동 돌보기
사회적 지지 (간접 서비스)	시설 지원	업무보조	• 아동 단체 및 시설 업무보조
		초청/방문	• 아동복지시설 방문·봉사
	사회 환경 조성	조사활동	• 유해 문화환경 조사·감시 • 위험 장소 검사 및 시정 건의
		정보제공	• 자원봉사활동 정보지도 제작 • 아동을 위한 지역사회신문 제작
		캠페인	• 가출아동공동체 건립·운영을 위한 바자회 • 소년소녀가장을 위한 음악회 개최를 위한 모금캠페인 • 낙도 도서·장난감 보내기 캠페인 • 결식아동을 위한 사랑의 빵 나누기 모금 • 저소득가정 아동의 교육비 지원을 위한 물품기증 바자회 • 아동학대 예방 및 신고 캠페인 • 심장병 어린이 수술비 모금을 위한 편지쓰기

출처: 김동배 외(2011), 류기형 외(2013).

3) 자원봉사자의 자세와 유의사항

일반적으로 요보호아동에 대해 자원봉사활동이 이루어지기 때문에 봉사활동에는 무엇보다 아동에 대한 지속적인 관심과 이해가 우선이다. 일시적인 봉사활동보다는 신뢰감과 안정감을 줄 수 있는 지속적인 봉사활동이 필요하며, 아동의 심리적·정서적 변화와 주위 환경의 변화를 관찰할 수 있도록 하여야 한다. 또한 자원봉사자가 대상아동과의 약속시간을 지킴으로써 봉사활동의 효과성을 높이고 아동에게 신뢰감을 주어야 한다. 그리고 아동의 욕구를 세심히 관찰하고 그들의 수준에서 원하는 방향과 방법을 선택해 그들과 함께하여야 진정한 자원봉사의 의미를 찾을 수 있다. 아동의 솔직한 자기 감정 표현과 긍정적인 감정을 유도하고, 원만한 대인관계 기술 및 일상생활을 위한 지도가 가능하도록 해야 할 것이다.

특히 시설에 수용되어 있는 아동들은 집단생활을 경험하기 때문에 일반 아동과는 사뭇 다른 환경에서 자라고 있다. 이러한 사정으로 인하여 일상에서 보모 등의 직원을 통한 아동들의 개별화된 욕구의 충족은 사실상 어려운 것이 현실이다. 간헐적으로 방문하는 자원봉사자의 경우 대상아동을 상대로 할당된 짧은 시간만큼은 개별화된 관심과 사랑을 베풀 개연성이 매우 높다. 이는 바람직한 부분이 있기는 하지만 어려운 여건하에 최선을 다하는 보모 등의 직원과 아동 간의 관계를 악화시키는 빌미가 될 수도 있다. 시설아동을 위한 자원봉사의 경우, 특히 긴밀한 의사소통을 통하여 개인적인 만족보다는 아동에게 가장 최선의 상황이 조성되도록 노력하여야 한다.

2. 청소년 대상 자원봉사활동

1) 청소년의 특성

우리나라 「청소년기본법」은 '9세 이상 24세 미만인 자'를 청소년으로 분류하고 있다. 청소년은 라틴어로 '성장한다(to grow up)' 또는 '성숙에 이른다(to come to maturity)'란 의미로, 이 시기는 급속한 신체적 · 심리적 · 사회적 성장이 진행되는 전환기적 의미를 내포하고 있다. 청소년기는 사춘기 혹은 성숙의 시작에서 출발하여 성인의 책임을 맡을 때까지로 정의되나 일반적으로 중 · 고등학교 시기를 일컫는 경우가 대부분이다.

청소년기는 또래집단과의 동일시, 사회와의 통합시도, 신념체계를 확립하고자 하는 시기이며, 신체적 · 정서적 성숙에서 오는 기존 질서에 반항심을 갖는 시기이기도 하다. 따라서 이 시기를 잘 이겨 나가게 하기 위해서는 성인의 도움이 절실히 필요하며, 이 시기에 대한 이해가 우선되어야 한다. 청소년은 독립적이고 통합된 인격체로서 개별적이고 다양한 요구를 인정받고 존엄성이 유지될 수 있어야 한다. 성장 과정 중에 있으므로 보호와 지지를 필요로 하고, 친구를 선택하고 진로를 정하는 등의 다양한 발달과업을 수행해야 하기 때문에 타 세대에 비해 외적자원이 더 절실하게 필요하다.

청소년기는 아동에서 성인으로 성장해 가는 '과도기'로 갑작스러운 신체적 · 생리적 변화와, 사회적 역할과 환경의 변화, 이에 따른 자아정체감의 형성은 청소년 개인을 혼란스럽게 할 수 있다. 사회적으로 청소년을 위한 자원봉사는 청소년의 권리를 보호하고, 건강한 시민으로 성장할 수 있는 환경을 조성한다는 의미에서 자발적인 사회 구성원의 참여가 필요하다.

2) 청소년을 위한 자원봉사활동의 종류와 내용

청소년을 위한 자원봉사활동은 아동과 마찬가지로 직접대인서비스와 간접서비스로 구분해 볼 수 있다. 다만 서비스와 프로그램의 내용이 청소년의 특성을 반영하여 아동과는 다른 내용을 보이고 있다. 간접서비스 또한 청소년을 위한 시설을 지원하고 사회환경을 조성하기 위한 내용으로 이루어진다. 자세한 서비스와 프로그램의 내용은 〈표 4-3〉과 같다.

〈표 4-3〉 **청소년을 위한 자원봉사활동의 종류와 내용**

목 적	목 표	서비스	프로그램
자립기능 향상 (직접대인 서비스)	심리적 지지	상담	• 청소년상담(전화상담, 면접, 집단상담) • 학교상담 자원봉사 • 비행청소년상담(법무부, 검찰청 관련)
		결연	• 소년소녀가장, 결손가정(시설청소년), 비행청소년 결연

	사회적 증진	교육지원	• 기능교실(컴퓨터, 서예 등) 지원 • 방과후 학습지도 • 청소년 자원봉사자를 위한 교육
		사회활동지원	• 산업시찰 및 역사탐방 안내 • 농촌활동 지도
		여가선용	• 음악 · 그림 · 문학 · 연극 지도 • 캠프 지도 • 전통놀이 지도
	생활 안정	취업지원	• 청소년들의 직업 훈련 • 취업알선 및 사회적응 훈련 • 시설을 퇴소한 연장아동 지도 · 지원
		생활 및 가사 지원	• 결식청소년 무료급식 및 노력봉사 • 불우청소년 도시락 및 밑반찬 전달 • 이 · 미용 서비스 • 차량지원 • 청소, 세탁, 생필품 구입, 장보기 등 가사봉사
		보호활동	• 가출청소년 일시보호(쉼터) • 민간가정 위탁
사회적 지지 (간접 서비스)	시설 지원	업무보조	• 시설환경 정리 • 행정업무보조 • 차량지원
		시설장비	• 보일러 · 수도 등 각종 시설장비 • 보육시설 화단 만들기 • 청소년 수련시설 자연학습장 만들기 • 놀이터 등 장비정비
		방문활동	• 시설에서 레크리에이션 지도 • 보호관찰소 · 소년원 등 위문
	사회 환경 조성	조사활동	• 청소년 유해문화 환경 조사 · 감시 • 청소년 욕구조사 · 사회조사 보조
		정보제공	• 자원봉사활동 정보지도 제작 • 청소년신문 제작
		캠페인	• 근로청소년을 위한 음악회 개최 • 청소년 유해환경 단속 및 계몽 • 불우청소년 장학금 모금을 위한 활동(바자회 등) • 청소년을 위한 금연, 성교육, 약물남용 방지 캠페인 • 가출청소년을 위한 아웃리치

출처: 김동배 외(2011), 류기형 외(2013).

3) 자원봉사자의 자세와 유의사항

누구나 청소년 시기를 경험하기 때문에 청소년을 대하는 것이 어렵지 않다고 생각할지도 모른다. 그러나 자원봉사 과정에서 청소년의 특성에 맞지 않는 활동은 청소년에게 도움을 주기보다 오히려 상처를 줄 수도 있다. 가장 중요한 자세는 가르치려는 자세보다는 청소년의 문화와 정서를 공감하고 수용하는 태도를 보이는 것이다. 성인이 되는 과도기적 존재인 청소년을 대할 때는 하나의 인격체로서 존중해 주어야 한다. 또한 청소년은 흡입력이 강하기 때문에 자원봉사자의 언행, 태도, 가치관을 역할모델로 삼는 경우가 많다. 따라서 자원봉사자는 모든 것이 청소년에게 모범이 되어야 한다.

청소년 자원봉사 역시 일회적인 활동보다는 정기적이고 꾸준한 활동으로 청소년에게 믿음과 신뢰를 주는 것이 좋다. 그러나 재미와 즐거움을 느낄 수 있는 방법 및 매개체를 적극적으로 활용하지 않으면 활동 자체가 어려울 수 있음을 명심해야 한다. 특히 청소년에게는 미래에 대한 꿈과 희망을 갖고 자기 삶을 스스로 개척해 나갈 수 있는 용기와 자신감을 심어 주는 것도 중요하다. 이는 미래설계 및 진로계획과도 연계될 수 있어야 한다.

3. 노인 대상 자원봉사활동

1) 노인의 특성

UN에서 정한 기준으로 볼 때 노인이란 65세 이상을 말하며 UN의 기준에 의하면 65세 이상 인구가 총 인구에서 차지하는 비율이 7% 이상이면 고령화사회(ageing society), 14% 이상이면 고령사회(aged society), 20% 이상일 경우 후기고령사회(post aged society) 혹은 초고령사회(super aged society)라고 일컫는다. 우리나라는 급속도로 고령사회, 초고령사회로 접어들고 있다.

한 사회가 현대화될수록 노인의 지위는 낮아지게 되어 노인문제를 발생시킨다고 한다. 생산기술의 변화, 건강기술의 발달, 도시화, 대중교육 기회의 확대 등의 변화를 수반하는 현대화는 노인들에게 빈곤, 질병, 무위(역할 상실), 소외 등의 문제를 가중시킨다.

평균수명의 연장과 노인 인구의 증가는 다양한 사회적 파급효과를 낳고 있다. 도시화, 핵가족화, 기술정보사회의 특성, 빠른 사회변동, 능력 중심의 사회, 부양의식의 감퇴, 경기 불황 등이 노인에게 불리한 요인으로 작용하고 있고 노인문제는 날로 심각하게 대두되고 있으나 이에 대응하는 공식적인 사회정책적 대안은 미흡하다. 또한 과거에는 노인이 가정에서 자녀의 부양을 받으며 살아왔다. 그러나 정보화사회로 들어오면서 노인의 생활환경의 변화와 젊은이의 노부모 부양에 대한 의식 변화를 비롯한 가정의 부양기능의 약화는 노인 단독가구 증가의 원인이 되어 고독사와 같은 다양한 문제를 발생시키고 있다.

2) 노인을 위한 자원봉사활동의 종류와 내용

노인기에는 노화로 인한 기능 저하 등의 신체적 건강문제와 은퇴 등의 사회적 역할 상실의 문제가 나타나고, 이에 따른 타인에 대한 의존성도 높아진다. 노인을 위한 자원봉사활동은 그러한 노인의 심리적·사회적 어려움을 조금이라도 덜어 주고 생활 안정을 높이려는 노력을 반영한다. 이러한 자원봉사활동으로는 직접대인서비스가 주를 이루며, 간접서비스는 노인을 위한 시설을 지원하고, 환경을 조성하는 노력으로 나타난다. 자세한 서비스와 프로그램의 내용은 다음의 〈표 4-4〉와 같다.

〈표 4-4〉 노인을 위한 자원봉사활동의 종류와 내용

목적	목표	서비스	프로그램
자립기능 향상 (직접대인 서비스)	심리적 지지	정서적 위문	• 노인에게 안부전화 걸기 • 독거노인 결연 • 무의탁노인 가정방문 • 무의탁노인 경로잔치 및 생일잔치
		심리적 자립	• 인지치료 보조 • 회상치료 보조
	사회적 증진	교육지원	• 노인대학 운영 보조 • 문맹노인 학습지도
		사회활동지원	• 노인 자서전 쓰기 지도 • 독거노인 모임 보조 • 장애인 및 허약노인 외출 동행 • 치매노인 사회적응 지도
		여가선용	• 노인 체육 지도 • 노인 취미활동 그룹 지도 • 노인 특기개발 지도
	생활 안정	취업지원	• 노인 취업알선 • 노인 공동작업장 지원
		생활 및 가사지원	• 노인가정 환경미화(도배/장판, 집 고치기) • 노인 급식 및 도시락 배달 • 노인 목욕 보조 • 무의탁 노인 세탁물 배달 • 이 · 미용 서비스 • 영정사진(장수사진) 촬영
		의료 및 건강지원	• 노인 진료 보조 • 간병활동 및 임종간호(호스피스) • 저소득층 노인을 위한 무료진료단 조직 • 신체 재활운동 지원 • 병간호 및 신체적 수발 • 약품구입 대행 • 개인위생 대행(머리 손질 · 손발톱 깎기 등)
사회적 지지 (간접 서비스)	시설 지원	업무보조	• 시설환경 정리 • 행정업무보조 • 차량지원
		시설장비	• 노인복지시설 환경미화 • 보일러, 수도 등 각종 시설장비 • 휠체어 등 노인장비 정비
		방문활동	• 노인시설 위문공연 • 시설노인 생활보조 • 노인정 방문
	사회 환경 조성	조사활동	• 노인 관련 출판물 제작 및 보조 • 노인관련 욕구조사 · 사회조사
		정보제공	• 법률상담 • 세무상담 • 식이상담 등
		캠페인	• 어르신을 위한 음악회 개최 • 재가노인을 위한 모금활동(바자회 등) • 학대노인 예방을 위한 캠페인

출처: 김동배 외(2011), 류기형 외(2013).

3) 자원봉사자의 자세와 유의사항

노인은 장애인 및 아동과 함께 사회봉사의 주된 대상이 되고 있고, 특히 고령화 사회에서는 노인복지가 사회복지의 가장 큰 화두가 되고 있다. 인간은 생애의 마지막 주기에 이르러 행복하고 건강하며 앞으로 더 번영하고자 하는 인간생활의 욕구를 충족하지 못하고 노화현상으로 제한을 받거나 문제를 일으키게 되는데, 노인복지란 이러한 문제들을 해결하고 원조하기 위한 활동이다. 따라서 노인을 대상으로 하는 자원봉사자는 노인이 가족과 사회에 잘 적응하고 통합될 수 있도록 노후생활에 필요한 자원과 서비스를 제공하는 활동을 한다고 할 수 있다.

노인 대상의 봉사활동에서는 노인이 자아통합을 이루고 노년기를 만족스럽게 영위할 수 있도록 돕는 것이 필요하다. 먼저 문제에 직면한 개인과 가족을 돌봄으로써, 노인 개인과 그 가족의 통합 및 행복을 회복하는 데 도움을 제공할 수 있다. 노인문제에 관해 현대사회에 걸맞은 노인문화를 새로이 구축해야 하고, 연령을 넘어서 지역 구성원이 함께 참여하고 행동하는 지역공동체를 만들어 가야 한다. 또한 다양한 공적지원 사업이 진행되더라도 사각지대는 반드시 생겨나게 되는데, 중복과 배제가 일어나지 않도록 자원봉사활동이 이루어져야 할 것이다.

노인을 위한 자원봉사자는 개인적으로는 서비스제공자, 상담자, 정보제공자이며, 사회적으로는 노인의 복지문제를 해결하고, 노인의 권익을 대변하며, 비인간적인 사회환경을 개선하는 역할을 수행하여야 한다. 그러나 이러한 활동을 하기 위해서는 무엇보다도 자원봉사활동이 단순히 노인이 가진 문제를 해결하는 것을 넘어서 노인의 심리적 안정과 자아통합을 가능하게 하여, 궁극적으로 만족스러운 노후를 보내게 하는 데 초점을 두어야 한다는 관점을 가지는 것이 중요하다.

4. 장애인 대상 자원봉사활동

1) 장애인의 특성

장애인이라 함은 장애를 가진 사람을 의미한다. 장애에 대한 정의는 그 국가의 문화적 · 사회적 · 경제적 · 정치적 여건 및 수준에 따라 변화하고 있으며, 장애인에 대한 개념도 국가마다 다르게 정의하고 있다. 장애인 서비스 제공의 준거가 되는 패러다임은 기존의 '개별 및 의료 모델'에서 '사회 및

〈표 4-5〉 **「장애인복지법」에서 규정하는 법정장애**

<table>
<tr><th>대분류</th><th>중분류</th><th>소분류</th></tr>
<tr><td rowspan="12">신체적 장애</td><td rowspan="6">외부 신체기능의 장애</td><td>지체장애</td></tr>
<tr><td>뇌병변장애</td></tr>
<tr><td>시각장애</td></tr>
<tr><td>청각장애</td></tr>
<tr><td>언어장애</td></tr>
<tr><td>안면장애</td></tr>
<tr><td rowspan="6">내부기관의 장애</td><td>신장장애</td></tr>
<tr><td>심장장애</td></tr>
<tr><td>간장애</td></tr>
<tr><td>호흡기장애</td></tr>
<tr><td>장루 · 요루장애</td></tr>
<tr><td>간질장애</td></tr>
<tr><td rowspan="3">정신적 장애</td><td colspan="2">지적장애(정신지체)</td></tr>
<tr><td colspan="2">정신장애</td></tr>
<tr><td colspan="2">자폐성장애(발달장애)</td></tr>
</table>

출처: 김동배 외(2011), 류기형 외(2013), 이병순 외(2015).

환경중심 모델'로 변화하고 있다. 장애에 대한 대처는 예전에는 의료적 치료가 주요하였지만, 최근에는 만성질병 및 후유증의 증가에 따라 질병 자체뿐만 아니라 질병의 결과로 발생하는 현상에 주목하게 되었다. 따라서 신체적 영역(질병)을 벗어난 개인적 영역, 사회적 영역에서의 불리함에 대한 명명 및 관리가 필요하게 되었다.

우리나라는 「장애인복지법」 제2조에서 장애인이란 '신체적 · 정신적 장애로 오랫동안 일상생활이나 사회생활에서 상당한 제약을 받는 자'로 규정하고 있다. 이 법의 적용을 받는 장애는 크게 신체적 장애와 정신적 장애로 분류된다. 신체적 장애라 함은 '주요 외부 신체기능의 장애, 내부기관의 장애' 등을 말하며, 정신적 장애는 '발달장애 또는 정신질환으로 발생하는 장애'라고 정의하고 있다.

2) 장애인을 위한 자원봉사활동의 종류와 내용

장애에 대한 정의도 다양하게 내려지며, 분류 또한 많기 때문에 장애인을 위한 자원봉사활동의 종류와 그 내용을 명확히 설명하기는 쉽지 않다. 그러나 이 책에서는 직접대인서비스와 간접서비스라는 틀에 맞추어 다음과 같이 그 종류와 내용을 제시해 본다.

〈표 4-6〉 장애인을 위한 자원봉사활동의 종류와 내용

목 적	목 표	서비스	프로그램
자립기능 향상 (직접대인서비스)	심리적 지지	정서적 위문	• 재활 전화 상담 • 책, 신문 읽어 주기 • 말벗
		심리적 자립	• 발달장애인 친구되기 • 장애인 홈페이지 운영 • 심리재활 프로그램 안내 및 보조
	사회적 증진	교육지원	• 장애아동 학습지도 및 보조 • 장애인 컴퓨터 교육 • 시각장애인 이동 훈련 보조 • 직업훈련 보조

		사회활동 지원	• 발달장애인의 대중교통 이용 지도 및 보조 • 발달장애인의 지역사회시설 이용 지도 및 보조 • 언어소통을 위한 수화통역 • 중증장애인 나들이 보조 • 시각장애인 길 안내 • 운전 자원봉사활동 • 장애인 특수장비 보수(휠체어, 목발, 의족 등)
		여가선용	• 장애아동 발달을 위한 학예활동 지도 • 체육활동 지도 • 현장학습 보조 • 여가선용 보조 • 운동회 개최 • 견학 및 야외학습 보조
	생활 안정	취업지원	• 구인 · 구직 개척 및 상담 • 구직 장애인을 위한 작업지도 및 보조 • 장애인 직업재활을 위한 욕구분석 보조 • 취업 알선 및 사후 지원 • 고용 홍보 보조 • 영세가정 장애인 개별 결연
		생활 및 가사 지원	• 장애아동 돌보기 • 장애인 그룹홈 관리보조
		의료 및 건강지원	• 순회진료 • 언어치료 보조 • 건강검진 및 병원이용 안내 • 병간호 및 신체적 수발 • 물리치료 및 재활치료 보조 • 건강관리 지도
사회적 지지 (간접 서비스)	시설 지원	업무보조	• 관련 시설 · 단체 업무 보조 • 시각장애인을 위한 녹음테이프 제작 보조 • 시각장애인을 위한 도서 전산화작업 보조 • 장애인 체육대회 보조 • 후원자 개발 · 관리 보조
		시설장비	• 설비 · 장비 보수 및 환경 관리
		방문활동	• 장애인시설 위문공연 • 시설 장애인 생활보조 • 장애인시설 방문
	사회 환경 조성	조사활동	• 장애인 관련 조사연구 보조 • 장애인 관련 욕구조사 · 사회조사 보조
		정보제공	• 강연회 개최 • 영화상영, 계몽서 출판
		캠페인	• 장애인 관련 각종 행사 및 캠페인 보조

출처: 김동배 외(2011), 류기형 외(2013), 이병순 외(2015).

3) 자원봉사자의 자세와 유의사항

국가가 시행하는 각종 장애인 복지와 정책은 많은 한계를 드러내고 있다. 또 장애인의 문제해결과 사회적응의 문제는 국가만의 책임이라기보다는 지역사회에 살고 있는 지역주민이 함께 풀어 나가야 할 문제다. 장애인 복지에서는 이른바 '정상화'의 문제, 그리고 '커뮤니티케어'의 차원에서 지역주민들이 함께 살아가는 장애인과 삶을 나누고 사회 전반의 환경을 장애인이 편리하게 접근하고 향유할 수 있도록 조성하는 것이 중요하다.

장애인 분야는 자원봉사활동을 가장 필요로 하는 분야이기도 하지만 많은 자원봉사자가 자원봉사활동에 어려움을 느끼는 분야이기도 하다. 일반적으로 장애인과 함께 살아가는 데 익숙하지 않은 환경에서 성장해 온 사람들은 처음으로 대하는 장애인이 어색하게 느껴지면 어떻게 도움을 주어야 하는지 방법을 몰라 당황하는 경우가 많다. 장애인과 함께하는 자원봉사자가 지녀야 할 가장 기본적인 자세는 동정심에 의한 주는 자와 베푸는 자의 관계가 아닌, 마음으로 이해하고 함께한다는 친구와도 같은 마음이다.

5. 다문화 대상 자원봉사활동

1) 다문화의 특성

대한민국은 단일민족이라는 민족주의와 순혈주의가 타 국가에 비해 강하여, 다문화 가정은 오랜 세월 혼혈가정, 혼혈인 등으로 불리며 소외되었다. 그러나 최근 국제결혼에 따른 이주여성 및 외국인 노동자의 유입, 북한이탈주민의 증가 등으로 한국사회는 빠르게 다민족 · 다문화 국가로 변화되어 가고 있다. 다문화 가정 또는 다문화 가족은 다문화를 구성하는 요소로서 서로 다른 국적, 인종, 문화를 가진 남녀가 이룬 가정이나 그런 사람들이 포함된 가정을 의미한다. 다문화 가정은 우리와 다른 민족 또는 다른 문화적 배경을 가진 사람들이 포함된 가정을 총칭하는 용어다.

다문화 가정은 언어 및 의사소통의 문제, 문화의 이질성에서 오는 부적응의 문제, 가족관계에서의 불만, 아동 교육 및 관리의 문제, 가정폭력 등 다양한 문제에 노출될 가능성이 높은 것이 현실이다. 이를 해결하기 위하여 정부는 각 부처별로 이들을 지원하기 위한 다양한 업무를 시행하고 그와 관련된 복지정책도 빠르게 확산해 나가고 있다. 이러한 다문화 정책 수행의 바탕이 되는 법적·제도적 기반을 다지기 위하여 법무부에서는 2007년에 「재한외국인 처우기본법」(법률 제8442호)을, 보건복지부에서는 2008년에 「다문화가족지원법」(법률 제8937호)을 제정하였다.

2) 다문화를 위한 자원봉사활동의 종류와 내용

다문화 가정의 언어 및 의사소통의 문제, 문화의 이질성 등의 부적응 문제 및 가정 문제 등을 해소하기 위해, 다문화를 위한 자원봉사활동도 여러 종류와 내용으로 분류할 수 있다. 자세한 다문화를 위한 자원봉사활동의 종류와 내용은 다음의 〈표 4-7〉에서 제시한 바와 같이 파악할 수 있다.

〈표 4-7〉 다문화를 위한 자원봉사활동의 종류와 내용

목 적	목 표	서비스	프로그램
자립기능 향상 (직접대인 서비스)	심리적 지지	상담	• 전화 상담 및 말벗 • 가정통신문 읽어 주기 • 가족과의 상담
		심리적 자립	• 자조모임 참여 • 결연
	사회적 증진	교육지원	• 한국어 교육 • 한국 음식 만들기/한국 문화 익히기
		사회활동지원	• 자조모임 보조 • 사회적응 지도
		여가선용	• 취미활동 그룹지도 • 특기개발 지도
	생활 안정	취업지원	• 직업훈련 및 사회적응 훈련 • 취업 알선 및 사후 지원
		생활 및 가사지원	• 가사도우미 지원 • 산모도우미 지원
		의료 및 건강지원	• 건강검진 및 병원이용 안내 • 건강 관리 지도
사회적 지지 (간접 서비스)	시설 지원	업무보조	• 관련 시설 및 단체 업무 보조 • 후원자 개발 및 관리 보조
		시설장비	• 설비 · 장비 보수 및 환경 관리
		방문활동	• 시설 위문공연 • 다문화시설 방문
	사회 환경 조성	조사활동	• 다문화 관련 조사연구 보조 • 다문화 관련 욕구조사 및 사회조사 보조
		정보제공	• 강연회 개최 • 영화 상영, 다큐멘터리 제작 지원
		캠페인	• 다문화 관련 각종 행사 및 캠페인 보조

출처: 최덕경, 이서영, 서정학, 배은숙, 박주현(2014).

3) 자원봉사자의 자세와 유의사항

국가적 차원에서 다문화의 문제를 해결하는 데는 어려움이 있다. 문제를 예방하고 해결하는 데에는 자원봉사자의 역할이 매우 중요하다. 대표적으로 한국 문화 알리고 배우기, 서로의 문화 이해하기, 언어 배우기, 한국 음식 배우기, 한국생활 적응하기, 가족관계 개선을 위한 가족 상담 및 사회적 역할 담당하기 등이 있다. 그러나 그들을 자원봉사의 대상으로서만 바라볼 것이 아니라 그들에게 자원봉사를 할 수 있는 역할을 부여하는 것도 의미가 있다. 예를 들면, 외국어 강사, 같은 국가 출신의 산모를 위한 산모도우미, 다문화상담자 등의 자원봉사자로 활동할 수 있는 기회를 제공하는 것도 필요하다.

5장

자원봉사 관리의 실제 1: 프로그램 기획, 업무설계

학습 목표

1. 기관은 자원봉사 프로그램 실행에 대한 당위적 근거를 가지고 있어야 함을 알 수 있다.
2. 기관의 직원들도 자원봉사 프로그램 기획에 필수적으로 참여해야 함을 알 수 있다.
3. 자원봉사 프로그램의 기본 법칙을 따르기 위해서는 사전에 충분하고 치밀한 준비의 과정이 있어야 함을 알 수 있다.
4. 자원봉사자에게 좋은 업무를 제공하기 위한 효과적인 방법은 직원(사회복지사)에게 자문을 구하고 논의하는 것임을 알 수 있다.
5. 자원봉사자 업무 설계 시 결과 지향적인 업무의 설계 내용과 필요성을 알 수 있다.
6. 자원봉사 직무기술서 작성이 그들에 대한 평가와 슈퍼비전 제공을 위한 도구로서의 기능을 하고 있음을 알 수 있다.

I. 프로그램 기획

1. 초기 시작 단계: 기관과 자원봉사자의 욕구 조정

대다수의 자원봉사자는 체계적이지 못하고 즉흥적으로 기획된 프로그램에 참여하게 될 때 자신의 활동이 제대로 활용되지 못함을 안타까워한다. 예를 들어, 사회복지기관의 지나칠 정도로 열정적인 행정책임자가 자원봉사자 활용의 잠재력을 우연히 깨달은 후 직원회의에서 "자원봉사자를 활용하자."라고 무책임하게 결정하는 경우를 들 수 있다.

이러한 현상이 우리 주변에서 흔히 일어날 수 있는 이유는 자원봉사자들의 활동을 제도화하는 것은 아주 단순하며 큰 노력 없이도 쉽게 할 수 있는 일이라는 편견이 보편화되어 있기 때문이다. 대체로 이러한 결정 이후 기관책임자는 업무에 대한 전문성이 없는 직원에게 자원봉사자들을 모집하라는 지시를 하달함과 동시에 자원봉사자를 총괄하는 업무를 부여하게 된다.

물론 효과적인 자원봉사자 관리가 이론적으로 단순한 것은 사실이다. 하지만 실제 운영에 있어서는 매우 미묘하고 다루기 힘든 쟁점들이 발생하고, 이러한 문제들을 어떻게 처리하느냐에 따라 그 결과는 상반되게 나타날 수 있다. 우선 자원봉사자 관리에는 직무개발, 슈퍼비전, 평가체계 등 기본적인 인사관리에 필요한 모든 복합적 요소가 포함된다. 이러한 인사관리상의 복합적 요소에는 자원봉사자 관리라는 독자적 영역에 수반되는 고유의 복합성이 혼재하게 된다.

정규 직원을 대상으로 하는 일반적 인사관리에서는 찾아보기 힘든 예로서 지나치게 열정적인 자원봉사자를 들 수 있다. 이러한 경우 자원봉사 관리자는 일에 대한 동기를 어떻게 강화시켜야 하는가의 문제가 아닌 지나치게 동기화된 자원봉사자로 인해 생기는 프로그램 운영상의 문제에 어떻게 대처해야 할 것인가의 딜레마에 빠지게 된다. 이러한 유형의 자원봉사자들은 대의명분에 지나치게 몰입되어 있기 때문에 문제가 생겼을 경우 즉각적인 해결책을 기대하고, 실제적으로 해결을 위한 신속한 행동에 돌입하기를 요구한다. 이들은 문제해결에 대처하는 기관의 시스템이 경우에 따라 늦게 작동할 수 있음을 이해하지 못한다. 따라서 조급해진 자원봉사자는 시스템이 완벽하게, 또 즉각적으로 작동하도록 전심전력을 다하지 않는 사람은 그가 누구든지(동료 자원봉사자든 기관의 직원이든) 지나치게 격양된 감정을 노출하기도 한다.

효과적인 자원봉사 프로그램은 어느 날 갑자기 만들어지는 것이 아니며 우연히 달성되는 것은 더더욱 아니다. 정말로 좋은 자원봉사 프로그램을 기획하기 위해서는 수많은 요소가 고려되어야 하며, 특히 자원봉사자들을 모집하기 전에 프로그램에 관한 많은 결정이 이루어져야 한다.

자원봉사자를 기관의 활동에 참여시키는 것이 퍼즐을 맞추는 것이라고

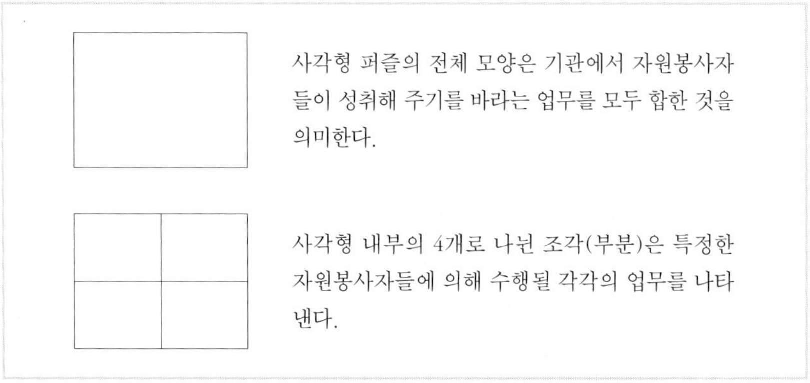

[그림 5-1] 전통적인 자원봉사 업무 도식

한번 생각해 보자.

조각을 맞추는 작업은 점점 복잡해지고 있다. 이전에는 급여를 받는 정규 직원들이 담당했던 일들을 점점 자원봉사자들이 대신하는 경우가 늘어나면서 자원봉사자들에 대한 기관의 의존도 역시 커지게 되었고, 결과적으로 사각형 퍼즐의 크기 역시 지속적으로 확장되고 있다.

최근 들어 전통적 장기 자원봉사자의 비중이 줄어들고 단기 자원봉사자들이 증가하면서, 이러한 변화에 능동적으로 대처하는 과정에서 자원봉사자들에게 주어지는 업무가 점점 개별화되고 구체화되는 추세다. 즉, 보다 적은 시간을 투자하면서도 보다 많은 업무적 유연성을 선호하는 단기 자원봉사자의 기호에 맞는 차별화되고 개별화된, 그리고 경직되지 않고 융통성 있는 업무들이 새롭게 개발 및 확대되고 있다.

자원봉사 관리자는 퍼즐의 전체 모양을 만들어야 함은 물론이고 각각의 조각을 적합하게 맞춤으로써 퍼즐을 완성시켜야 하는 책임이 있다. 이를 위해서는 프로그램을 디자인하는 데 도움을 주는 기관의 직원들, 그리고 자원봉사자들의 개별적 업무를 결정하는 데 도움을 주는 자원봉사 관리자들의 긴밀한 협력과 공조가 필수적이다.

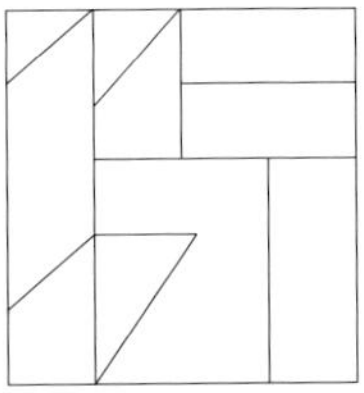

오늘날 사회복지기관에서는 자원봉사자들의 업무가 각각 다른 모양과 크기의 조각들을 맞추는 퍼즐의 형태를 하고 있으며, 이 퍼즐 모양 역시 고정되지 않고 지속적으로 변화하는 연속적 가변성의 속성을 갖고 있다.

[그림 5-2] 오늘날의 자원봉사 업무 도식

2. 자원봉사 프로그램 실행의 당위성 설정

기관의 자원봉사자 프로그램을 디자인하는 데 있어 선행되어야 하는 것은, 왜 기관이 자원봉사자들의 개입을 필요로 하는지에 관한 명확한 근거가 있어야 한다는 것이다. 이러한 당위성에 대한 결정은 자원봉사 프로그램의 개발에 있어서 다음과 같은 중요하고 결정적인 영향력을 갖는다.

- 기관이 자원봉사자들에게 맡길 업무의 유형과 부여할 책임의 정도를 결정하는 기준이 된다.
- 기관이 자원봉사자들에게 어떻게, 그리고 왜 자원봉사활동에 참여해야 하는지에 대해 보다 적절하게 설명할 수 있는 근거가 된다.
- 또한 기관의 직원들에게도 왜 자원봉사자가 필요한지를 이해시키고, 협조를 당부할 수 있는 근거로 작용한다.
- 마지막으로 기관으로 하여금 자원봉사자들의 활용 결과가 효과적이었는지에 대한 평가계획을 수립하는 데 기준이 된다.

1) 자원봉사 활용의 이유

자원봉사자들을 기관의 업무에 참여시키는 많은 이유 중 의미 있는 일부를 살펴보면 다음과 같다.

- 지역사회로의 아웃리치와 지역사회로부터의 자원유입의 기회를 제공한다: 지역사회의 주민이 대부분인 자원봉사자를 통하여 대상자를 파악하고 그들에게 접근하는 일이 용이해지고, 지역사회의 자원 유입이

용이하게 된다.

- 정규 직원이라는 기관의 한정된 인적자원과 경험적 자원을 확충할 수 있다: 자원봉사자들이 지니고 있는 다양한 자원과 경험은 사회복지기관의 복지사와 다르기 때문에 이용자들에게 더욱 풍성한 서비스를 제공하는 것을 용이하게 한다.
- 부가적인 전문적 지식과 기술을 취득할 수 있는 효과적인 수단이다.
- 이용자에게 서비스를 제공하는 데 있어 보다 개별적인 접촉을 강화할 수 있다: 자원봉사자들을 활용하게 되면서 사회복지사들의 업무가 일정 부분 줄어들기 때문에 이용자들에게 더 많은 시간을 할애하여 심도 있는 서비스가 가능하게 된다.
- 기금을 확보하는 일(fund raising)에 도움을 받을 수 있다: 자원봉사자들이 기관에서의 봉사를 통해 대부분의 비영리기관이 운영기금의 제약으로 계획하는 프로그램을 수행하는 데 어려움이 있음을 인식하게 되어, 자원봉사자 자신이 기부를 하거나 주위 사람들에게 기부를 권유하게 된다.
- 비용 절감의 효과가 있다: 실제적으로 자원봉사자들의 헌신적인 도움으로 인하여 대부분의 사회복지기관은 경비를 절약하고 있다.

2) 합의의 도출

기관이 왜 자원봉사자들을 필요로 하는지에 대한 명확한 근거에 입각하여 프로그램의 중요한 합의점이 도출되어야 한다. 먼저 이러한 근거들은 자원봉사 프로그램의 존재 목적으로서의 '사명(mission)'을 구성하는 중요한 요소가 된다. 또한 자원봉사 프로그램을 통해서 기관이 추구하는 잠재적인 기대편익(expected benefit)은 무엇이며, 이를 위한 프로그램의 구체적인 목적은 무엇인지에 대한 명확한 이해를 가능하게 한다(Dunn, 1995). '본질적으로 우리가 왜 이 일을 하고 있는가?'에 대한 합의 도출(reaching agreement)이 가능하다(Fletcher, 1987).

3. 직원들의 참여 촉진

자원봉사 프로그램 기획의 전체 과정에 있어서 기관 내 모든 직원의 참여는 필수조건이다. 자원봉사자들은 정규 직원들을 돕는 역할이든 정규 직원들의 도움을 받아야 하는 업무든 관계없이 업무상 정규 직원들과 함께 일할 수밖에 없다. 따라서 자원봉사 프로그램의 가치와 목적에 관하여 직원들의 이해와 동의를 구하는 절차가 선행되어야 한다.

자원봉사자들과 함께 일해야 한다는 사실에 거부감이 있는 직원들의 경우 직접적인 반대 의사를 표시하거나 프로그램 자체에 대해 무관심한 자세를 견지함으로써 자원봉사 프로그램 개발 노력을 저해하고 무력화시키기도 한다. 만약 직원들이 자원봉사자들이 수행해야 할 실질적인 업무를 개발하는 일에 비협조적인 태도를 보이거나, 자원봉사자들을 무시하면서 자신들과는 차별화된 하위집단으로 간주하는 행동을 한다거나, 자원봉사자들이 도움을 주는 존재가 아닌 방해가 되는 불필요한 존재라는 생각을 언어적·행동적으로 표출하는 경우 자원봉사자들은 모멸감을 느끼게 되고 자원봉사 활동에 대한 열의와 동기가 소멸되면서 자신을 필요로 하는 다른 기관에서의 자원봉사 기회를 찾게 될 것이다.

1) 직원들의 태도 조사

새로운 자원봉사 프로그램에 대한 직원들의 태도를 조사하는 가장 일반적인 방법은 사회조사(survey)다. 면접조사, 설문조사의 형태로 이루어지는 사회조사는 다음의 내용을 확인하는 작업이다.

(1) 자원봉사자와 함께 일한 경험의 정도

이전에 자원봉사자들과 함께 일하면서 그들에게 슈퍼비전을 준 경험이 있는지, 자원봉사자들을 활용하는 기관에서 근무한 경험이 있는지 등의 조사를 말한다.

(2) 자원봉사자들과 함께 일해야 하는 것에 대해 느끼는 편안함의 정도

자원봉사자들이 할 수 있고, 해야 할 필요가 있는 프로그램, 그리고 자원봉사자들이 해서는 안 되는 프로그램이 있다고 느끼고 있는지를 파악하는 것을 의미한다. 예를 들어, 직원들을 위한 보충교육과 같은 반드시 포함시켜야 할 프로그램 요소가 자원봉사 프로그램에 있다고 느끼는지 등이 이에 해당한다.

(3) 자원봉사자 활용에 대한 두려움 정도

법적 책임성의 문제와 같이 자원봉사자를 활용하기 전에 사전 검토와 대책 마련이 필요한 잠재적 문제들이 있는지, 자원봉사자들이 자신이 해야 할 일을 대체할지도 모른다는 두려움이 있는지 등을 확인해야 한다.

이러한 사회조사의 결과는 자원봉사 관리자들의 업무동참과 관련하여 직원들이 어떠한 반응을 보일 것인지에 대해 자원봉사 관리자에게 적절한 정보를 제공하는 역할을 하게 된다.

2) 기관 최고책임자로부터의 지지

기관의 최고관리자들로부터 지원을 받는 것 역시 성공적인 프로그램의 기획을 위해 매우 중요한 일이다. 이러한 지원은 자원봉사자 활용을 명문화하는 이사회의 정관 개정이나 기관 실무최고책임자가 자원봉사자들의 지위를 공식적으로 보장하는 대외적 공표 혹은 선언의 형태로 이루어지는 것이 바람직하다.

하지만 자원봉사 프로그램에 대해 최고관리자의 공식적인 지원을 받는 과정에서 직원들에게 강압적인 방법의 사용은 지양되어야 한다. 최고관리자가 직원들에게 자원봉사자와 함께 효과적으로 일하라고 강요하는 것은 실제적으로 불가능하기 때문이다. 이러한 강요를 부당하게 생각할 경우 직원들은 아주 쉽게 자원봉사자를 기관에서 떠나게 하거나 자원봉사자들이 그들 자신의 업무를 성공적으로 수행할 수 없도록 만들어 버린다.

따라서 최고관리자는 자원봉사자를 효과적으로 활용하는 직원들을 격려하고 포상하는 태도를 보임으로써 직원들의 적극적 참여를 유도하는 방법을 쓰는 것이 보다 바람직하다. 다시 말해, 처벌이 아닌 포상을 활용하는 접근이 보다 효과적이다.

4. 기관의 환경적 요인에 대한 이해

전반적인 기관의 환경 또한 자원봉사자들을 어떻게 활용할 수 있을 것인가에 영향을 끼치는 중요한 고려사항이다. 처음 기관에 발을 들여놓게 된 자원봉사자들은 무엇보다도 전반적인 기관의 문화와 업무환경에 관심을 갖게 되고, 빠른 속도로 이를 파악하게 된다. 예를 들면, 기관이 고유의 업무를 얼마나 잘 수행하고 있는지, 어떠한 방식으로 업무가 이루어지고 있는지, 기관에서 누가 핵심적 인물이고, 기관에서 중요한 일은 무엇인지 등을 인식하게 된다. 기관의 본질에 관한 외부에 드러나지 않은 이러한 미묘한 특성들은 때때로 자원봉사자들로 하여금 그 기관이 자신의 귀한 시간과 재능을 기부할 가치가 있는 곳인지를 다시금 생각하게 하는 중요한 요소로 작용한다.

자원봉사기관은 자원봉사자들이 실제적으로 일하는 장소가 되기 때문에 자원봉사자들은 보다 바람직한 환경을 제공하는 기관을 선호하고 그런 기관에서 봉사하기를 원한다. 여기에서 중요한 것은 기관과 자원봉사자가 함께 공유할 수 있는 사명과 목적의식을 갖는 것이며, 이러한 사명과 목적을 달성하기 위해서 생산적인 과정을 통해 바람직한 수단과 방법이 활용되고 있다는 사실을 자원봉사자에게 이해시키는 것이다. 바람직한 기관 환경은 다음과 같은 요소를 포함한다.

- 기관 내 다른 사람의 역할을 존중하면서도 개인의 개별적 업무에 대해서는 명확히 구분하고 상호 이해함
- 목적 달성을 위한 희생적 자세
- 상호 신뢰
- 인내와 수용
- 개방되고 솔직한 의사소통
- 집단 정체성(group identity): "우리는 이것을 위해 함께하고 있다."
- 배척이 아닌 허용적인 환경

바람직한 환경의 기관에서 일하는 자원봉사자들은 두 가지 중요한 느낌을 교류하게 된다.

첫째, 수용(acceptance)의 교류다. 이것은 자원봉사자들이 기관이 추구하는 전반적인 목적이나 운영과 밀접하게 연계되어 있음을 느끼는 감정으로 기관으로부터 진심으로 환영받는 존재라는 것을 느끼고 있음을 의미한다.

둘째, 감사함(appreciation)이다. 이는 각각의 자원봉사자가 기관의 운영이나 목적의 달성에 있어 다른 사람과는 구별되는 특별한 공헌을 하고 있음을 기관으로부터 인정받고 있음을 느끼는 것이다.

5. 규정 및 절차상의 고려사항: 인사관리시스템

자원봉사 프로그램 관리는 또한 정관에 있어서 공식적인 규칙과 절차의 신설을 요구한다. 자원봉사자가 활용되어야 하는 당위성이 규정된 후에 기관에서는 자원봉사자 활용에 관한 정관상의 정책이나 규정을 심도 있게 논의하고, 정관 개정을 통해 그 내용을 공식화할 필요가 있다. 이러한 규정에는 다음의 사항이 포함되어야 한다.

- 출석 및 결석에 대한 규정
- 업무 수행 검토 절차
- 보상체계(benefits): 보험, 주차, 교육훈련 등
- 고충(불평)처리 절차
- 비용환급 규정
- 기관의 장비나 시설 사용에 대한 규정
- 비밀보장의무 규정

- 견습 기간 규정
- 업무정지 및 종료에 대한 규정
- 기록보존의무 요구

이러한 정관상의 규정과 절차는 효과적인 자원봉사자 관리를 위한 일관성 있는 지침의 개발을 위해 필요한 것일 뿐만 아니라, 문제 상황에서 이에 대한 불편부당한 처리에 지침을 제공하는 역할을 한다. 이러한 규정과 절차의 수립 과정에 직원들의 동참은 필수적이다. 특히 기관 내 여러 분야에서 다양한 형태로 자원봉사활동이 이루어지는 경우에는 직원들의 참여를 통한 의견 수립 과정을 거치는 것이 중요한다. 만약 자원봉사자에 관한 규정과 절차의 개발에 어려움이 있다면 정규 직원을 대상으로 하는 기관의 정관을 참조한다. 이는 자원봉사자들을 위한 규정과 절차는 가능하면 직원들을 위한 규정 및 절차와 최대한 비슷한 방향과 내용으로 구성되고 적용되어야 하기 때문이다.

자원봉사자 프로그램에는 또한 그 운영을 위한 기본적인 인사관리체계가 요구된다. 자원봉사자 프로그램에서 인력 관리는 그 운영의 핵심 요소이며, 이를 위한 기본 양식, 즉 초기면접양식, 직무내용설명서, 업무평가도구 등을 갖추어야 한다. 또한 개별 자원봉사자의 인사서류 역시 체계적 절차에 의해 작성 · 분류 · 보관되어야 하는데, 이러한 인사서류에는 이력사항, 개인정보와 연락처, 자원봉사활동상의 지위와 업무 내용, 교육 및 훈련에 대한 기록, 최초 기관 접촉일 등의 정보가 수록된다.

이러한 인사서류와 자원봉사자들에 대한 인사관리시스템은 가능한 한 정규 직원과 동일한 기준과 절차를 적용하여 수립될 필요가 있다. 일반적으로 기관들은 특정한 컴퓨터 소프트웨어 제품을 사용하거나 자체 개발한 프로그램을 활용하여 인사관리자료를 분류 · 보관하고 있으며, 자원봉사자 관리 역시 동일한 프로그램을 활용(자원봉사자 관리라는 업무적 특수성에 따른 약간의 수정을 거친)하는 것이 바람직하다고 볼 수 있다.

인사관리시스템을 구축할 때는 법적 책임성의 한도와 상해보험의 쟁점 역시 포함해야 한다. 즉, 위험관리(risk management) 절차와 내용의 구축을 통해 상해 발생 시 혹은 법적 문제 발생 시 자원봉사자는 물론 기관을 위한 보호와 보상, 그리고 책임성의 내용을 명확히 설정해 두어야 한다. 예를 들어, 이용자의 사생활을 보호하기 위해서 자원봉사자들이 비밀보장의 의무를 다할 것을 서면을 통해 명문화하는 것처럼 위험관리 절차의 설정은 일어날 수 있는 불상사에 대비하고, 문제 발생 시 피해를 최소화하기 위해서 기관이 취해야 할 행동지침이 된다. 또한 자원봉사자들이 자원봉사활동과 관련하여 개인적인 부상을 입었거나 소송에 결부되었을 경우, 기관 차원의 적절한 보험을 통해 이들이 보호받을 수 있도록 장치를 마련하고 있는지, 아니면 자원봉사자가 개인적 차원에서 보험가입을 통해 보호 장치를 개별적으로 마련해야 하는지를 명확하게 할 필요가 있다.

6. 기획된 프로그램 평가: 계획의 사정

자원봉사 프로그램 기획의 마지막 단계는 자원봉사 프로그램 평가 과정에 대한 검토다. 프로그램 운영의 기획에는 기관 관리자, 직원, 자원봉사자 그리고 자원봉사 관리자가 정기적인 업무 진행 상황을 검토 및 수정할 수 있도록 경영정보시스템[1]이 포함되어야 한다.

---

1) 기업 경영에서 의사결정의 유효성을 높이기 위하여 경영 내외의 관련 정보를 필요에 따라 즉각적으로, 그리고 대량으로 수집 · 전달 · 처리 · 저장 · 이용할 수 있도록 편성한 인간과 컴퓨터의 결합 시스템을 말한다.

평가의 내용은 자원봉사의 문제점(자원봉사자의 지속적 활동 참여 비율의 하락, 보충훈련의 필요성 등)을 밝혀냄은 물론 바람직한 활동 결과에 대하여 보상하기 위한 근거 자료로 활용된다. 개인의 경우와 마찬가지로 기관과 프로그램 역시 성공이 언제 이루어졌는지를 아는 것은 매우 중요하다. 하지만 성공에 대한 조작적 정의와 의도하고 있는 성공 및 그 시기에 대한 측정 방법의 설정 없이 성공이 실제적으로 이루어졌는지를 아는 것은 불가능하다(Macduff, 1996).

평가계획을 개발하기 위해서 고려해야 할 사항은 다음과 같다.

- 자원봉사자들이 자신과 프로그램에 대하여 무엇을 알기를 원하는가? 예를 들면, 활동참여 시간, 프로그램 참여에 대한 보상적 급부 등
- 자원봉사자와 함께 근무하는 직원들은 무엇을 알고 싶어 하는가? 예를 들면, 자신의 부서에서 봉사하는 자원봉사자 수, 자원봉사자들이 이용자 집단에 미치는 영향 등
- 기관 관리자는 무엇을 알기 원하는가? 예를 들면, 누가 자원봉사자들을 활용하는가, 기관에 기여한 자원봉사자 시간의 가치 등
- 자원봉사 관리자들은 무엇을 알고 싶어 하는가? 예를 들면, 자원봉사자의 개인적인 약력, 자원봉사자들을 봉사활동에 참여하도록 유도한 요인, 자원봉사자들의 중도 탈락 비율 등

다음과 같은 질문을 검토함으로써 자원봉사자 프로그램을 위한 계획을 사정해 보기로 하자. 만약 이 질문들에 대한 검토를 완벽하게 끝내지 못했다면, 이는 자원봉사 관리자나 기관은 자원봉사자들에 대한 효과적인 개입을 시작하기 전에 준비해야 할 사항이 여전히 존재함을 의미한다.

- 자원봉사자들과 일할 직원들의 자문을 구해 봤는가?
- 자원봉사자와 함께 일하는 직원들이 자신의 역할에 대해 정확히 인지하고 있는가?
- 자원봉사자들의 직위에 관해서 규정된 정확한 업무분장이 있는가?
- 자원봉사자 직위규정(position description)은 업무상의 자격에 대한 명확한 규정과 함께 수행할 업무의 목적과 성격을 정확하게 명시하고 있는가?
- 슈퍼바이저와의 관계 설정이나 업무 공간 등과 같은 자원봉사자들의 근무환경을 명확하게 설정했는가?
- 업무에 적합한 자원봉사자 모집계획은 무엇인가?
- 업무에 적합한 자원봉사 응모자와 적합하지 않은 자원봉사 응모자를 어떻게 구분해야 할 것인가? 적합하지 않은 자원봉사 응모자에 대한 대처방안은 무엇인가?
- 선발된 자원봉사자들을 위한 사전교육 및 훈련계획은 마련되었는가?

7. 자원봉사 프로그램 기획의 기본 법칙

자원봉사 프로그램의 기획은 지역사회 내의 가용한 인적자원과 기타 자원의 효율적이고 효과적인 활용은 물론 기관 내 이해당사자들 간의 합의와 당위성의 공유를 통해 프로그램의 지속적 운영의 토대를 제공하고, 지역사회 내 타 기관 및 프로그램과의 연결을 통해 서비스 중복을 사전에 예방하는 중요한 과정이다(Jacobson, 1978).

하지만 즉흥적인 생각으로 성급하게 자원봉사 프로그램을 시작하는 것은 바람직하지 않다. 치밀한 준비 없이 자원봉사자들을 활용하고 싶은 충동을 억제해야 한다. 충분한 시간적 여유를 가지고 자원봉사 프로그램을 계획하고 준비하는 것은 후일 야기될 수 있는 어려움이나 혼돈을 줄이는 데 크게 도움이 된다.

자원봉사 프로그램의 기본 법칙을 명심하라!

첫째, 먼저 생각한 후 자원봉사자를 활용하라. 자원봉사자들은 준비된 당신을 인정하고 따를 것이다.

둘째, 시작을 올바르게 하는 것이 중요하다. 나중에 고치는 것은 훨씬 어렵기 때문이다.

비영리조직에서 자원봉사자들에게 주어진 업무는 무엇이며, 그들이 담당할 업무가 적성에 맞는 것인지, 그리고 그들이 해당 업무를 수행할 만한 자격을 갖춘 사람인지를 파악하는 것은 중요하다. 즉, 자원봉사자 개인과 그가 수행하게 될 업무에 대한 체계적인 이해가 선행되어야 한다.

II. 자원봉사자 업무 설계

1. 직원 참여

자원봉사자 업무설계의 과정은 자원봉사자들이 감당할 수 있고 기관에 도움이 되는 업무를 개발하기 위해 직원들과 아이디어를 나누는 일에서 시작된다(MacDuff, 1987). 이 과정은 자원봉사 관리자의 가장 중요한 기능 중 하나다. '좋은 업무'를 줄 수 없다면 기관이 자원봉사자에게 줄 수 있는 가치 있는 것이 하나도 없는 것이나 마찬가지다. 재미있으면서도 생산적인 업무를 제시할 수 있는 기관은 자원봉사자들을 모집하는 일이 매우 쉬울 것이다. 반면, 지루하고 만족감을 줄 수 없는 업무를 제시하는 기관은 기존의 자원봉사자들을 유지하기도 어려울 것이다.

1) 직원들에게 자문 구하기

좋은 업무를 개발하는 가장 효과적인 방법은 직원들에게 자문을 구하는 것이다. 이 기간 동안 자원봉사 관리자는 자원봉사자들을 가장 잘 활용할 수 있는 방법을 결정하기 위해서 직원들과 논의해야 한다. 이때 직원들이 자원봉사자들에게 어떠한 일을 줄 수 있는지를 단순하게 질문하는 것에 그치는 것은 바람직하지 않다. 왜냐하면 이러한 단순한 질문을 통해서는 자원봉사자와 함께 일한 경험이 없는 직원들로부터 창조적이며 건설적인 응답을 받아 내기가 어렵기 때문이다.

대신 직원들에게 다음의 질문에 대한 구체적인 응답을 유도할 필요가 있다.

첫째, 현재 자신이 책임을 맡고 있는 전체 업무 중 자신이 좋아하는 업무는 무엇인가? 이에 대한 답변은 이용자와의 직접적인 접촉이 이루어지는 업무일 수도 있고, 사회조사 업무와 같은 연구 업무 혹은 행정업무일 수도 있다.

둘째, 자신의 전체 업무 중 정말로 하기 싫은 업무는 무엇인가? 답변은 정보문의에 답변하는 기계적인 업무일 수도 있고, 프레젠테이션을 수행하는 일과 같이 사람들 앞에 나서야 하는 업무일 수도 있다.

셋째, 정말로 하고 싶은데 시간적 제약 때문에 못했던 일이나 프로젝트는 무엇인가? 답변은 새로운 이용자집단을 위한 일을 시작하는 것이나 지역사회에서 새로운 필요한 프로그램을 시작하는 일 등이 있을 것이다.

이러한 질문에 대한 다양한 답변은 특정 직원과 자원봉사자 모두에게 도움이 되는 차별화된 자원봉사 업무를 구성하는 데 활용될 수 있다. 직원들이 원하지 않는, 또는 시간이 없어서 하지 못했던 업무의 유형이 무엇인지 파악함으로써 직원들이 그 필요성에 적극 공감함은 물론 실제적으로 그들에게 도움이 되는 자원봉사 업무를 개발해 낼 수 있을 것이다. 그렇게 함으로써 직원들은 자원봉사자들과 함께 일하는 업무상의 변화를 받아들이고, 그 변화를 유지하는 일에 보다 많은 관심을 보일 것이다. 또한 이러한 노력은 직원들로 하여금 자신이 정말로 원하는 업무에 보다 집중할 수 있는 업무환경의 조성을 가능케 하고, 또 이를 통해 자원봉사자 활용에 대한 직원들의 긍정적 수용과 적극적 협조를 가능케 하는 간접적 효과 역시 기대해 볼 수 있다. 결론적으로, 정말로 좋은 자원봉사 프로그램은 우리 모두를 행복하게 만드는 프로그램일 수밖에 없다.

또한 직원들과의 면접 과정 자체는 자원봉사 업무에 대한 올바른 인식 및 수반되는 의무사항들(자원봉사활동의 시간적 구성[time frame], 교육 욕구, 슈퍼비전 제공의 자격요건 및 의무사항 등)에 대해 직원들을 교육시키는 기회로 활용될 수 있다. 즉, 자원봉사자를 위한 업무 개발 과정에의 직원들의 동참을 보장하고, 그것을 적극 활용하는 것은 비현실적인 자원봉사 업무를 기대하고 요청할 개연성을 미연에 방지하는 또 다른 중요한 기능을 수행한다. 예를 들면, '자원봉사자들도 직원들과 마찬가지로 주 5일 출근해서 하루에 8시간 직원들의 서류 작업을 도와야 한다'는 식의 비상식적인 요구를 막을 수 있는 것이다.

2) 자문기법

앞에서 언급한 바와 같이 자원봉사자들을 통해서 실제적으로 기대할 수 있는 업무가 무엇인지를 직원들에게 이해시키는 데 활용될 수 있는 효과적인 기법 몇 가지를 갖추고 있는 것은 자원봉사 관리자에게 무척 유용하다. 이러한 기법들은 직원들에게 선택이 가능한 목록을 제공하는 '메뉴 선택'식 접근방식(menu approach)을 통해 실현될 수 있다. 이 목록에는 다음의 사항이 포함되어야 한다.

- 현재 자원봉사자들이 기관에서 이미 실행하고 있는 업무와 기능에 대한 목록
- 지역사회의 다른 기관이나 다른 지역의 유사한 프로그램에서 행해지고 있는 업무를 참조하여 자원봉사자들이 수행할 수 있다고 판단되는 잠재적인 업무와 기능에 관한 목록
- 이미 확보된 자원봉사자들의 인적사항 및 그들이 가지고 있는 활용 가능한 기술에 관한 목록

이러한 목록은 기관 내부적으로 자원봉사자들의 잠재적 활용 가능성에 대한 명확한 이해가 부족한 직원들이 자원봉사자들에게 적합한 업무를 능동적으로 발굴할 수 있도록 도움을 준다. 즉, 도전적이고 매력적인 자원봉사 업무의 개발을 위한 직원들의 창조적 사고를 가능케 하고, 자원봉사에 대해 직원들이 보다 확장된 사고 영역을 기반으로 적극적으로 기여할 수 있도록 유도하는 역할을 한다.

3) 직원 욕구 파악의 순환적 구조 확립

자원봉사자 업무 개발에 있어서 직원들의 개입 과정은 연속적 속성을 내포하고 있어야 한다. 즉, 자원봉사 관리자는 직원들과의 지속적인 의사소통이 가능한 과정을 개발해야 하며, 이는 정기적인 사후 면접 과정이나 서면을 통한 의사 수렴 과정을 통해서 새로운 업무를 개발하고 기존의 업무를 개선하는 과정을 확립하는 것을 말한다. 이러한 의사소통 구조를 정착시키는 효과적인 방법 중 하나는 기관에서 발행하는 소식지나 기관 내 통신망 등에 '자원봉사자가 필요합니다'라는 자원봉사자 관련 섹션을 만드는 것이다. 이 섹션의 적극적 활용을 통해 자원봉사자의 업무를 자연스럽게 부각하고 새로운 자원봉사자의 소개를 정례화시킬 수 있다. 이런 의사소통의 목적은 추가적인 자원봉사자들에 대한 수요의 창출에 있다.

[그림 5-3]의 원은 특별한 자원봉사 업무에 대한 직원들의 요청을 통해 구체화되는 직원들의 욕구와 관심을 나타낸다. 이러한 순환적 속성의 욕구는 기관이 자원봉사자를 모집할 때 우선적으로 고려하게 되는 특수한 기술, 일정, 기간 동안의 헌신적 자세, 특정한 업무 태도 등을 포함하고 있다.

직원들의 적극적 참여를 전제로 하는 자원봉사 업무의 설계 과정은 결론적으로 왼쪽의 동그라미에 내포되어 있는 바와 같이 자원봉사자 개인에 따라 개별적으로 그려질 수 있음을 의미한다.

[그림 5-3] 직원 욕구의 순환적 속성

2. 결과 지향적 자원봉사자 업무의 설계

자원봉사자 업무는 자원봉사자를 탈진시키고, 그만두고 싶은 생각이 들게 할 정도로 지루하고 불만족스러운 일이 될 수도 있다. 한편, 신바람을 불러일으켜 바람직한 결과를 이루어 낼 수 있을 정도로 재미있고 도전적이며 보람 있는 일이 되기도 한다. 이렇게 극단적인 차이를 보이는 것은 부분적으로 업무를 수행하는 개인적 차이에서 올 수 있는데, 그 이유는 모든 사람은 각자가 독특한 동기 부여 욕구를 가지고 있기 때문이다. 예를 들어, 같은 업무를 하면서 그 일이 재미있다고 생각하는 사람이 있을 수 있는 반면에 매우 지루하다고 여기는 사람도 있을 수 있다. 또한 그 차이는 업무설계 자체에 기인할 수도 있다.

자원봉사자가 자신의 일이 기대했던 것이거나, 하고 싶었던 업무가 될 때 그 업무는 성공적인 것이 된다. 하지만 자원봉사자들의 업무가 그러하지 못할 때 그들은 기관을 떠나거나 불성실한 자세를 보이거나, 일에 대한 의욕이 급격히 저하될 것이다. 다시 말해, 자신이 하고 싶은 일을 할 때 자원봉사 활동은 성공할 수 있는 것이며, 하고 싶은 일을 할 수 있도록 하는 작업은 자원봉사 업무 설계의 토대이자 초석이 된다. 급여를 받는 직원들은 일의 대가로 금전적 보상을 받기 때문에 보람이 적은 일을 참고 하는 경우도 있지만, 자원봉사자들은 보람이 없는 무가치하다고 생각되는 일을 절대로 오랫동안 하지 않는다. 이런 경향으로 인하여 급여를 받는 직원들은 자원봉사자들을 신뢰할 수 없다고 생각하기도 한다.

대부분의 기관에서 자원봉사자들의 업무는 급여를 받는 직원들의 업무와 거의 동일하다. 이는 자원봉사자들의 업무가 대개의 경우 자원봉사 분야라는 특수성의 고려 없이 일반적 인사관리 및 업무관리의 원칙과 기준에 따라 기획되었기 때문이다. 따라서 자원봉사자를 위한 업무의 개발에 있어서 차별화된 원칙의 적용이 필요한데, 예컨대 게임을 개발할 때 적용하는 원칙을 생각해 볼 수 있다.

게임의 가장 중요한 속성 중 하나는 내적 동기화에 초점을 맞춘 자발적 활동을 지속적으로 배가시키는 자기 순환적 속성을 가지고 있다는 점이다. 하면 할수록 더 하고 싶어지는 게임이 훌륭한 게임이며, 사람들이 게임에 빠지게 되면 더 잘하기 위해서 비싼 장비나 개인 레슨 등에 많은 돈과 시간을 투자하게 된다. 또한 좋은 게임은 많은 사람이 흥미와 관심을 가질 수 있도록 매우 잘 디자인되었기 때문에 사람들이 단순히 다른 사람들이 어떻게 플레이하는지를 보기 위해서 기꺼이 돈을 지불하도록 만들어진다. 만약 이러한 일이 우리가 하는 기관의 업무에서도 가능하다면, 우리는 기금 모금을 위해서 걱정할 필요가 없을 것이다. 우리는 단지 우리가 어떻게 일하고 있는지 보고 싶어 하는 사람들에게 티켓만 팔면 되는 것이다.

여기서 강조되어야 할 점은 자원봉사활동이 게임이 되어야 한다는 것이 아니라, 자원봉사자들이 게임을 즐길 때와 똑같이 동기를 부여받을 수 있는, 내적 동기화에 초점을 맞춘 자발적 활동의 속성을 지니고 있어야 한다는 점이다. 자원봉사자들이 자신의 활동을 진정으로 즐기고, 활동을 통해 자신이 원하는 기쁨을 맛볼 수 있어야 한다는 것이다.

일반적으로 업무를 기획할 때는 해당되는 경우가 드물지만, 자원봉사자들의 업무를 기획할 때 반드시 고려해야 할 네 가지 게임의 요소를 소개하면 다음과 같다.

1) 주인의식

첫 번째 요소는 주인의식이다. 주인의식은 책임의식이며, 이는 자원봉사자들이 '이것은 내 것이다'라고 말할 수 있음을 뜻한다. 자원봉사자가 내 것이라고 할 수 있는 것은 특정한 활동상의 산물이나 이벤트 또는 단순한 지리적인 영역을 의미할 수도 있다. 비영리단체에서의 주인의식은 대체로 자원봉사자가 맡고 있는 이용자나 프로젝트를 말한다. 자원봉사자들이 그러한 책임성을 갖고 있는 실례는 아주 많다. 미국의 'Big Brothers & Big Sisters(언니 · 오빠 결연 프로그램)'나 'Foster Grandparents(할아버지 · 할머니 결연 프로그램)' 등의 멘토 프로그램, 위기 상담실의 전화상담, '노인 말벗해 드리기' 등의 프로그램에서 활동하는 자원봉사자가 한 명, 혹은 그 이상의 특정 이용자들을 '내 이용자'라고 부르는 경우를 들 수 있다.

이러한 자원봉사자들의 주인의식은 그들이 책임지고 있고, 그럼으로써 자부심을 느낄 수 있는 무엇인가를 가지고 있음을 뜻한다. 자원봉사자들이 '이것은 내 것'이라고 말할 수 있다면, 이는 그들이 통제할 수 있고, 자율적인 책임을 느낄 수 있는 특정한 업무나 프로젝트 혹은 이용자를 맡고 있음을 의미한다.

자원봉사자들이 주인의식을 가질 수 있도록 하기 위해서는, 기관이 특정한 개인이나 집단에게 요구되는 특정한 서비스를 제공할 때 다양한 활동 중 하나의 활동만을 따로 떼어 자원봉사자에게 책임을 맡겨서는 안 된다. 실제로 어떤 사회복지기관에서는 자원봉사자가 이용자의 초기면접 설문을 작성하고, 서비스의 수혜 자격 결정을 위해 다른 사람에게 면접한 서류를 넘기는 경우가 있다. 자원봉사자가 이용자를 위해 일련의 서비스 중에서 단순히 한 가지 업무만을 하게 될 때, 그들은 일을 지속할 수 있도록 하는 가장 중요한 동기 중 하나인 '남을 돕는 일에서 얻게 되는 내적 만족감'을 상실하게 된다.

이런 경우 자원봉사자들은 이용자가 자신을 포함하여 기관의 누군가로부터 필요한 서비스를 제공받고 있다는 사실을 알고는 있지만, 기관 내 다른 사람들도 이용자를 돕는 과정에 함께 참여한다는 사실로 인하여 스스로 느끼는 자부심과 만족감은 약해질 수밖에 없다. 예를 들면, 학교 건물을 보수하는 업무를 자원봉사자에게 맡길 때, 한 명의 자원봉사자에게 한 교실의 모든 수리를 맡기는 것이 학교 전체 수리 중의 일부 작업(예를 들면, 모든 교실의 페인팅)만 하게 하는 것보다 일에 대한 책임감과 만족도를 고양시킬 수 있다. 즉, 이를 통해 자원봉사자에게 '이 교실은 내가 고친 교실이다'라는 주인의식을 심어 줄 수 있게 된다. 모든 교실의 페인팅을 맡은 자원봉사자의 경우 한 교실을 책임진 자원봉사자보다 훨씬 쉽게 지치고 소진될 가능성이 높다.

하지만 자원봉사자 업무의 기획 시 주인의식을 심어 주어야 한다는 것이 팀워크를 무시해도 된다는 뜻은 아니다. 한편으로 자원봉사자단체의 집단적 활동 등을 통해 집단 차원의 주인의식을 가질 수도 있다. 예를 들면, 중앙정부의 예산 삭감으로 인하여 지방자치단체가 지역 내 한 공원의 관리 담당 인력을 감축하고, 그 일을 한 자원봉사단체에 위임했을 경우를 생각해 보자. 이 자원봉사단체는 쓰레기를 치우고 낙서를 지우는 등의 활동을 통해 공원의 외관을 깨끗하게 유지하고, 단체 차원의 협동적 노력으로 공원을 아름답게 관리할 수 있었다. 이와 같은 경우, 자원봉사단체의 구성원 모두가 그 공원을 '우리의 공원'으로 인식하고 자신의 활동에 자부심을 갖게 됨으로써 집단적 차원의 주인의식을 가질 수 있는 것이다.

2) 독자적 사고의 권위

주인의식이 결여된 개인들의 집합과 주인의식을 공유하는 팀으로서의 집단의 차이는 의외로 명확하다. 팀은 계획을 세우고, 업무를 평가하고, 누가 무엇을 해야 하는지를 결정할 수 있는 독자적인 권위가 있다. 이렇게 독자적으로 사고할 수 있는 권위는 바람직한 자원봉사 업무의 기획에 있어서 반드시 고려해야 할 두 번째로 중요한 요소가 된다.

이러한 권위가 주어졌을 때 개인적 차원이든 집단적 차원이든 자원봉사 당사자는 주어진 업무의 수행 자체만이 아니라 그 일을 어떻게 할 것인가를 결정하는 데 일정 부분 역할을 맡게 된다. 대다수의 자원봉사 관리자는 두 가지 이유를 제시하면서 자원봉사자들에게 이러한 권위를 부여하려고 하지 않는다.

첫째, 자원봉사자들이 정해진 짧은 시간 동안만 기관에 와서 봉사를 하기 때문에 전체적으로 무슨 일이 일어나는지 알 수 없기 때문이다. 둘째, 기획과 의사결정은 슈퍼바이저가 할 일이고, 슈퍼바이저가 결정한 사항을 이행하는 것이 일반 직원들의 임무가 되어야 한다는 기본적인 관리지침을 가지고 있기 때문이다.

독자적 권위가 주어지지 않을 경우, 자원봉사자들은 자신의 업무를 더 깊이 알면 알수록, 또 일이 어떻게 진행되는지 알면 알수록 단순히 다른 사람들이 이미 결정한 일을 하고 있을 뿐이라는 사실 때문에 일에 대한 동기가 약화되고, 자신이 힘들게 성취하고 이룬 것에 대한 자부심을 잃게 된다. 이러한 자원봉사자들은 자신의 수고와 노력에 대해 후회하게 되고 업무에 흥미를 잃게 되며, 스스로 활동을 중단할 가능성이 커질 수 있다.

자원봉사자에게 독자적 사고의 권위를 허용하는 것이 자원봉사자의 활동을 통해 기관에 도움이 되는 바람직한 결과를 도출해야 하는 관리자의 책임을 회피하는 것이라고 해석해서는 안 된다. 바람직한 결과의 산출에 필요한 어떠한 지도 · 감독도 하지 않고 자원봉사자들에게 그들이 가장 좋다고 생각하는 것이면 무엇이나 할 수 있도록 허용하는 것을 의미하는 것은 더더욱 아니다. 다만, 바람직한 목적을 달성하기 위하여 모두가 함께 협조해야 함을 확실히 하고자 하는 것이다. 즉, 자원봉사자들이 자신의 업무를 수행하는 방법을 결정하는 데 있어 권위를 공유하고 있다는 느낌을 가질 수 있도록 기회나 의사결정 과정에 자원봉사자들을 참여시키는 것이 필요함을 강조하는 것일 뿐이다.

3) 결과에 대한 책임의 공유

자원봉사자 업무의 탁월한 기획을 가능하게 하는 세 번째 필수 요소는 자원봉사자들이 단순히 자신에게 주어진 일련의 활동을 끝마침으로써 자신의 의무를 다했다는 생각을 하게 하는 것보다는, 자신의 활동으로 나타난 결과에 대한 책임을 일정 부분 공유하도록 기획하는 것이다. 자원봉사자들이 결과에 책임을 진다면, 자신의 행위 결과인 최종 산출물에 더 큰 관심을 가지고 의미 있는 성취를 향하여 진일보했다는 사실에 더욱 만족해할 것이다.

반면, 자원봉사자들이 특정한 결과를 유도하는 일정한 행위 자체에 대해서만 책임을 진다면 이와 같은 만족감은 없을 것이다. 예를 들면, 경찰서의 범죄예방 자원봉사자들은 자신의 업무가 도둑을 조심하라고 주민들에게 말하기 위해서 지역의 가구를 방문하는 단순한 활동이 아닌, 도둑질로 인한 범죄의 비율을 감소시키는 데 궁극적인 업무의 책임이 있음을 자각할 때 훨씬 큰 만족감을 느낀다는 것이다.

자원봉사자나 일반 직원의 업무설명서는 일반적으로 업무의 결과에 대한 언급을 하지 않는다. 대신 수행해야 할 일련의 구체적인 일과 활동에 대한 설명으로만 가득 차 있다. 자원봉사자들은 자신이 수행하는 일의 결과가 어떠해야 하는지에 대해 알 수 있는 기회가 거의 없다. 이것은 비효율적이고 성공적이지 못한 업무상의 결과를 초래할 뿐만 아니라 자원봉사자들이 자신의 업무에 대한 흥미를 급격히 잃게 되는 부작용과도 직결된다.

자원봉사 관리자는 자원봉사활동의 결과에 대한 책임성을 자원봉사자와 일정 부분 공유하기 전에 다음의 두 가지 질문에 대한 답변을 스스로 생각해 볼 필요가 있다.

- 자원봉사자가 하는 일의 결과로서 내가 바라는 것은 무엇인가?
- 내가 정말 원하는 변화는 무엇인가?

4) 실적평가

좋은 업무의 설계에 있어 중요한 네 번째 요소는 결과가 성취되었는지 여부를 어떻게 평가할 것인지를 결정하는 것이다. 평가 방법이 결정되지 않은 상태에서 결과를 언급하는 것은 동기 부여의 가치가 없으며, 자원봉사자 자신이나 슈퍼바이저 모두 자원봉사자가 얼마나 자신의 일을 잘했는지를 알 방법이 없다.

많은 경우 자원봉사 관리자들은 자원봉사자의 업무를 평가하는 것이 그들의 사기를 저하시키거나 동기를 약화시킨다고 보고 업무평가를 꺼리는 경향이 있다. 하지만 그것은 잘못된 생각이다. 오히려 자원봉사자들이 자신이 얼마나 잘하고 있는지를 알지 못할 경우 그들은 자신의 활동에 싫증을 느낄 가능성이 더 크다. 실례로 한 자원봉사자가 현재 자신의 업무 수행 방식이 잘못되었다는 것을 알지 못한다면, 새로운 방식을 시도할 필요성을 전혀 느끼지 못할 것이 분명하다.

어떤 업무는 수행평가가 매우 명료하고 용이하다. 예를 들어, 경찰서에서 범죄예방을 위한 자원봉사활동을 할 경우, 지역 내 빈집털이의 발생 빈도는 손쉽게 얻을 수 있는 통계자료다. 빈집털이 발생 빈도를 줄이는 일에 업무의 초점을 두게 되면 수치를 통해 자원봉사활동의 수행평가를 용이하게 할 수 있게 된다. 그럼으로써 빈집털이가 발생할 때마다 자원봉사자들은 "빈집털이가 일어나는 것을 막기 위해 무엇을 했어야 했나?"라는 질문을 자연스럽게 할 것이다.

이러한 사고는 보다 창의적인 노력을 고무하고, 더욱 효과적이고 새로운 접근방식과 해결 노력을 가능하게 할 것이다. 만약 경찰서에서의 자원봉사 업무가 '사진에 주민등록번호를 기입하는' 단순하고 제한적인 것에 그친다면 자원봉사자가 얼마나 일을 잘하고 있는지를 판단할 수 있는 근거가 없으며, 자원봉사자가 자신의 일을 더욱 효과적으로 하기 위해서 새로운 방법을 시도할 가능성은 거의 없을 것이 분명하다.

이와는 반대로, 평가가 좀 더 어려운 경우도 있다. 10대 소녀들이 스스로 자신감을 고취시킬 수 있도록 돕는 것이 목적인 걸스카우트 지도자의 경우에 활동 과정과 결과를 어떻게 측정하고 평가할 것인가는 쉽지 않은 과제다. 이를 위해 다음 질문에 대한 명확한 해답을 찾는 것이 선행되어야 할 것이다.

- 활동의 결과 소녀들의 자신감이 고취되었다면 이를 어떻게 측정할 것인가?
- 프로그램 참여를 통해 소녀들의 자신감이 높아졌는지, 혹은 낮아졌는지를 어떻게 알 수 있을 것인가?
- 소녀들의 자신감이 어느 정도인지를 파악하기 위해서 그들에게 어떤 질문을 해야 하는가?

대개의 경우 자원봉사 관리자들은 이러한 과외의 일을 하려고 하지 않는다. 다만, 자원봉사자들에게 맡겨진 일련의 업무가 책임성 있게 수행되고 있는지의 여부만을 확인하는 소극적인 자세를 취하는 경우가 많다. 그러나 이러한 자세는 자원봉사자들로 하여금 자신이 얼마나 일을 잘하고 있는지 스스로 깨닫고 성취감을 느낄 수 있는 기회를 빼앗는 결과를 초래하게 된다.

때때로 자원봉사자 수행평가 시 자원봉사 관리자가 잘못된 것을 측정하고 평가하는 경우가 그것이다. 예를 들어, 자원봉사자 활동에 소요된 시간, 운전 거리 또는 이용자와의 접촉 횟수 등 물리적 수치를 기록하여 수행평가 자료로 사용하는 경우가 있다. 이러한 단순한 기록을 근거로 한 평가는 자원봉사자가 가치 있는 어떤 것을 성취했는지 아닌지의 여부를 알 수 없기 때문에 아무런 의미가 없다. 의도한 결과가 실제로 성취되었는지 여부가 포함되지 않은 평가는 가치가 없는 평가일 수밖에 없다. 자원봉사 관리자는 "원래 계획한 대로 모든 활동이 이루어졌음에도 성취되지 못한 의도한 변화나 결과가 여전히 존재하고 있는가?"라는 질문과 평가를 통해서 자신의 이러한 실수를 스스로 점검할 수 있다.

구체적인 결과를 어떻게 평가할 것인지의 결정 과정에 있어서 자원봉사 관리자는 실제로 업무를 수행하고 있는 자원봉사자를 포함시킬 필요가 있다. 자원봉사자에게 다음의 두 가지 질문을 해 보라.

- 당신의 활동이 성공적인 결과로 나타날 경우 어떠한 정보를 근거로 그렇게 말할 수 있겠는가?
- 우리가 어떻게 그 정보를 얻을 수 있겠는가?

수행평가는 자원봉사자에게 기록을 하게끔 한다. 기록은 동기 부여에 중요한 요인이 된다. 경우에 따라 자원봉사자들은 하루에 일정한 분량의 반찬을 준비해야 하는 등의 반복적이고 재미없는 일에 자신의 시간과 노력을 모두 소비해야 하는 경우가 있다. 이러한 경우 자신의 일을 기록하는 것은 자신의 일이 무의미한 일이 아닌 생산적이고 의미 있는 일이라는 방향으로 사고의 전환을 가능케 하는 긍정적인 효과가 있을 것이다.

3. 자원봉사 직무 규정

일반적으로 자원봉사자의 업무는 급여를 받는 일반 직원들에게 사용하는 업무 및 직위 규정 양식을 그대로 사용하여 기술하는 경우가 많다. 다만, 자원봉사자가 해 주기를 바라는 특정한 결과에 좀 더 초점을 맞춘다는 점에서만 차이가 있을 뿐이다. 이러한 직무기술(job description)은 자원봉사자가 수행할 업무나 활동에 대한 요약서인 동시에 자원봉사자들에게 평가와 슈퍼비전을 제공하기 위한 도구로서의 기능을 한다.

잘 작성된 직무기술서는 매우 유용하다. 어떤 관점에서 보면 직무기술서는 일반 직원보다 자원봉사자들에게 훨씬 더 중요하다. 급여를 받는 일반 직원들은 자신의 업무를 충분한 시간적 여유를 가지고 천천히 익히게 된다. 즉, 매일 출근해서 어떤 일이 일어나는지를 자연스럽게 관찰한 후, 무슨 일을 해야 하는지를 결정하면 된다. 그러나 자원봉사자들은 업무를 배울 수 있는 기간이 한정되어 있어서 이 과정이 매우 부담스러울 수 있다. 급여를 받는 직원들이 며칠이면 배울 수 있는 업무가 자원봉사자들에게는 몇 달이 소요될 수도 있기 때문이다. 따라서 기관 차원에서 자원봉사자들이 언제든지 일을 시작할 수 있는 여건을 마련해 놓고 구체적인 업무 수행에 필요한 설명과 지시를 즉각적으로 해 줄 준비가 되어 있지 않다면, 자원봉사자들은 일을 시작하기도 전에 실망하게 될지 모른다. 자원봉사자들이 해야 할 (또한 할 수 있는) 업무를 명확하게 기술한 직무기술서는 언제라도 자원봉사자를 활용할 수 있도록 기관을 준비시키는 가장 효과적인 수단의 하나다. 자원봉사자와 함께 일할 직원이나 관리자가 자원봉사자의 직무가 무엇이 되어야 하는지에 대한 정확한 이해를 바탕으로 문서화된 직무기술서를 마련하지 못했을 경우, 확실하게 규정되지도, 존재하지도 않는 자리를 위해서 자원봉사자를 모집하기보다는 직무개발 과정을 처음부터 다시 시작하는 것이 오히려 더 나을 수 있다.

1) 의도된 결과와 측정 방법의 결정

앞에서 언급한 네 가지 게임의 원칙이 자원봉사 업무를 얼마나 흥미롭게 만들 수 있는지 실제적인 예를 통해서 알아보기로 하자. 첫 번째로, 자원봉사자의 도움이 없으면 기관에 수용될 수밖에 없는 장애인이나 노인이 자신의 집에서 지낼 수 있도록 집안일을 대신해 주는 자원봉사 프로그램을 생각해 보자. 이 프로그램은 자원봉사자의 직무 규정을 문서화하지 않고, 사회복지사가 필요하다고 판단할 경우 집 안 청소, 정리, 관리, 보수 등 어떤 일이라도 자원봉사자들이 그때그때 할 수 있도록 하는 체제로 운영되고 있었다. 이 프로그램은 자원봉사자들의 높은 탈락률로 많은 어려움을 겪고 있는데, 주된 원인은 봉사 업무가 봉사자들이 기대했던 것보다 훨씬 지루하고 재미가 없기 때문인 것으로 나타난다.

게임의 원칙에 입각한 바람직한 업무를 위한 네 가지 기준에서 볼 때, 이 프로그램은 자원봉사자들에게 그들 자신의 활동에 대한 주인의식을 허용하는 것으로 보인다. 즉, 자신이 책임을 맡고 있는 '내 이용자'라고 부를 수 있는 장애인이나 노인이 있다. 하지만 사회복지사들의 자의적 판단에 따른 한정된 활동만을 자원봉사자들이 할 수 있도록 만든 업무 체계로 인하여 자원봉사자들은 그들 자신의 일에 대해 어떠한 권한도 가질 수 없었다. 또한 자원봉사자들은 자신의 활동으로 달성될 수 있고, 달성되어야 하는 의도된 결과가 무엇인지 알 수 없었을 뿐만 아니라, 그들의 활동은 단지 사회복지사에 의해 주어진 활동의 이행 여부에 따라서만 평가받는다.

이러한 문제를 해결하기 위해서 자원봉사자 업무를 재설계하는 과정이 시작되었고, 먼저 프로그램 담당 직원들과 자원봉사 관리자가 프로그램을 통해 성취해야 할 바람직한 결과와 자원봉사활동 측정도구를 결정하기 위해 프로그램의 자원봉사자들과 모여 논의하기 시작했다. 이틀간의 심도 있는 회의 끝에 자원봉사활동을 통해 달성되어야 할 두 가지 측정 가능한 의도된 결과에 대한 합의가 도출되었다.

첫 번째 결과는 이용자들이 기관에 수용되어야만 할 정도로 심각한 건강상의 문제가 없는 한 그들 자신의 집에 머무를 수 있도록 하는 것이다. 이러한 결과는 장애인과 노인이 건강상의 문제가 없음에도 기관에서 지내는 날짜를 집계함으로써 쉽게 측정할 수 있었다. 그러나 그러한 첫 번째 결과만으로 자원봉사자들은 만족할 수 없었다. 왜냐하면 이것은 쉽게 달성할 수 있는 일일 뿐만 아니라, 자신의 일이 여전히 재미없고 무의미한 것이라는 생각을 떨칠 수 없었기 때문이었다.

그래서 도출된 두 번째 결과는 이용자의 집이 청결해야 한다는 것이었다. 하지만 개인에 따라 집의 청결함을 판단하는 기준이 상이하기 때문에 집이 청결한지를 어떻게 측정할 것인가의 문제가 있었다. 일련의 논의 끝에, 집의 청결 정도를 판단하는 평가의 주체는 이용자로 하는 것이 바람직하다고 결정되었다. 즉, 두 번째 결과를 기술하는 마지막 문장으로 '이용자들은 자신의 집이 매우 청결한 것에 대해 만족할 것'이 결정되었다.

다음 단계는 두 번째 결과를 어떻게 평가하느냐를 결정하는 것이다. 여기서 두 가지 중요한 질문이 필요한데, 첫 번째는 '주어진 업무를 잘 수행하고 있다고 하는데, 이에 대한 정보(근거)가 무엇인가?'이고, 다른 하나는 '어떻게 그 정보를 얻을 수 있는가?'다. 대부분의 경우에 이에 대한 대답은 결과

보고서 자체에 함축되도록 했다. 필요한 정보는 이용자의 의견을 구하는 것이었으므로, 자원봉사자들이 방문을 마칠 때 이용자에게 질문을 함으로써 비공식적으로 이에 대한 정보를 얻게 했다. 또한 매달 한 번씩의 사회조사를 통해서 더욱 공식적인 방법으로 이용자의 의견을 취합할 수 있었다. 만족을 표시한 이용자들의 숫자를 포함한 조사 결과는 자원봉사자에게 전달되었다.

이러한 바람직한 결과의 설정과 측정의 틀 안에서 자원봉사자에게 그들이 업무를 달성하는 데 필요한 사고를 할 수 있는 권위가 주어진다. 사회복지사가 업무를 수행하는 데 필요한 것이 무엇인지를 결정하는 대신, 자원봉사자가 이용자와 함께 의도하는 바람직한 결과를 이루어 낼 수 있도록 책임을 부여하는 방식이다. 자원봉사자들이 그들 자신의 책임을 성공적으로 이행했는지의 여부는 자원봉사자가 앞에서 서술한 두 가지 결과를 달성한 정도에 의해서 측정되었다. 그 결과 자원봉사자들은 이용자를 만족시키는 데 어려움이 생기게 될 때 자신이 어떻게 활동을 수정 · 보완해야 하는지에 관해 자연스럽게 슈퍼바이저에게 자문과 도움을 요청하게 되었다.

자원봉사자의 업무 규정에 있어서의 이러한 변화는 관련된 모든 사람에게 긍정적인 영향을 끼치게 되었다. 사회복지사는 각각의 이용자에게 어떤 소소한 집안일이 필요한지를 결정해야 했던 귀찮으면서도 엄청난 시간적 부담이 있는 일로부터 자유롭게 되면서, 사회복지사로서의 본연의 임무에 집중할 수 있었다. 이러한 변화는 사회복지사에게 상대적으로 소외된 이용자를 위해 보다 집중적으로 일할 수 있는 여지를 줌으로써 업무 만족도를 더 높일 수 있게 하는 계기가 되었다. 또한 불평불만을 표출하는 행위를 통해서만 자신의 외로움에 대처할 수밖에 없었던 소외된 이용자들이 사회복지사의 관심과 서비스에 만족하게 되면서 이들의 불평불만의 사례가 급격히 감소하는 효과도 동반되었다.

하기 싫은 허드렛일을 해야 하는 부담감이 아니라, 이용자의 요양원으로부터의 탈시설(deinstitutionalization)을 돕고, 그들이 자신의 집에서 지낼 수 있도록 돕는 일에 전적인 책임을 갖게 됨에 따라 자원봉사자들은 자신의 일을 통해 더 큰 만족감을 얻게 되었다. 즉, 자원봉사자들이 이 일을 어떻게 성취해 나갈 수 있을 것인지, 또 이용자들이 만족할 만큼 집을 깨끗하게 유지할 방법이 무엇인지를 고민하고 결정하는 자율적 권한이 주어진 것이다. 이런 모든 일로 인하여 자원봉사자들의 중도 탈락률이 눈에 띄게 감소하였고, 거의 중도 탈락률 제로의 상태에 도달했으며, 기관은 모범적인 이용자 서비스의 개발과 실행으로 전국적인 명성을 얻게 되었다.

자원봉사 관리자의 역할 또한 변했다. 자원봉사자에게 그들의 활동에 대한 자율성을 주고 난 후에 자원봉사 관리자는 그들을 일일이 지도하거나 그들에게 일일이 지시할 필요가 없어졌다. 자원봉사자가 그들의 업무에 만족하지 못해서 찾아올 때만 도움을 주는 자원봉사 관리자 본연의 업무에 충실할 수 있게 되었다. 또한 자원봉사자 중도 탈락률이 감소함에 따라 신입 자원봉사자를 모집하는 데 소요되던 시간이 급격하게 줄었으며, 자원봉사자의 동기 부여를 위해 소모해야 했던 시간 역시 현저히 감소했다.

2) 직무 규정의 요소

바람직한 직무 규정은 다음의 요소들을 포함해야 한다.

- 직위: 직무명 또는 직무상의 지위
- 목적: 직무 규정에 있어서 가장 중요한 요소로서, 직무를 통해서 달성하고자 하는 명시적 결과
- 행위: 강제적 요구의 형태가 아닌 권고적 형태로 제안되는 목적을 달성

하기 위해서 이루어질 수 있는 실례와 사례

- 자격: 직무 수행에 필요한 구체적 기술, 태도, 지식 등
- 기간: 자원봉사활동 시간, 최소한의 활동 기간, 활동 시간의 유연성 등
- 장소: 근무 공간
- 슈퍼비전: 보고서 제출 의무와 슈퍼바이저의 지시사항 등
- 부가적인 혜택: 훈련, 보험, 주차 등

앞의 내용은 그것이 논의되는 형식이 중요한 것이 아니라, 모든 요소가 실제로 명시되어 있는지가 더 중요하다. 특히 자원봉사활동의 목적은 자원봉사자들이 정확하게 이해할 수 있도록 세심하게 정의되어야 한다.

4. 협상과 수정

자원봉사자의 직무 규정은 자원봉사자를 모집하기 전에 정해진 양식과 절차에 따라서 반드시 구성되어야 할 업무이지만, 수정이 불가능한 절대적 규칙과 내용을 포함하는 규정은 아니라는 점을 명심해야 한다. 실제로 직무 규정은 자원봉사자 관리 과정상 수시로 개정되고 변화되는 양상을 보이게 된다. 먼저 자원봉사자 적격심사나 초기면접 시 면접관이 필요한 자원봉사 업무와 잠재적인 자원봉사자의 욕구 혹은 관심에 대해 듣고 서로 맞추는 과정에서 직무 규정이 수정되는 것은 자연스러운 현상이다. 또한 잠재적인 자원봉사자가 자원봉사자로 선발되고 업무를 시작한 후, 자원봉사자가 자신의 업무에 익숙해지게 되고 보다 효과적인 업무 수행을 위해 업무 내용을 변경할 기회를 가짐에 따라 직무 규정은 다시 한 번 바뀌게 된다. 그뿐 아니라 자원봉사자의 활동 기간이 경과함에 따라 자원봉사자의 업무 관련 기술

이 증진되고 새로운 책임이 주어지는 등의 변화에 적절히 대처하는 과정에서 직무 규정은 지속적으로 수정될 수밖에 없다.

결론적으로 직무 규정은 자원봉사자와 기관이 함께 무엇을 성취할 것인가를 나타내는 통합적 속성의 규정이자 자원봉사자와 기관의 개인적 · 환경적 변화에 따른 자원봉사활동의 목적 변화에 능동적으로 대처할 수 있는 유연한 규정이 되어야 한다.

6장

자원봉사 관리의 실제 2: 모집, 선발 및 면접

학습 목표

1. 잠재적 자원봉사자의 욕구를 확인하는 것이 우선되어야 함을 알 수 있다.
2. 자원봉사자 모집 과정을 통해서 그것이 기관에 필요한 자원봉사 업무와 잠재적 자원봉사자의 욕구 간의 균형을 맞추어 나가는 과정임을 알 수 있다.
3. 자원봉사자 모집 계획에 대한 평가의 내용 및 그 필요성에 대하여 알 수 있다.
4. 자원봉사자 모집에 있어서 가장 기본적인 원칙이 무엇인지를 알 수 있다.
5. 선발 및 면접 과정은 기관과 자원봉사자 상호 간의 이해 부합을 견고히하는 과정임을 알 수 있다.
6. 선발 및 면접 과정에서의 고려사항을 확인할 수 있다.

1. 모 집

모집(recruitment)이란 선발을 위해 조직의 목표를 달성할 수 있는 자격과 능력을 갖춘 지원자들을 발굴하여 조직으로 유인하는 일련의 과정이다. 모집은 그 자체가 목적이 아니라 조직에 필요한 사람을 적절하게 선발하기 위하여 행하는 예비 행위다. 이러한 예비적 활동이 성공하여 우수한 능력을 가진 지원자가 많이 모이면 선발되는 사람의 자격은 자연히 상향되어 궁극적으로는 유능한 자격자를 선발할 수 있다. 그러므로 지원자가 많이 모일 수 있도록 동기를 부여하는 환경과 분위기의 조성이 무엇보다 필요하다(김창의, 2001, p. 184).

따라서 선발은 조직에 가장 적합한 사람만을 가려내는 소극적 채용활동인 데 반하여, 모집은 채용 예정 직무에서의 응시자를 증가시킬 목적으로 수행된다는 의미에서 적극적 채용활동이라고 할 수 있다.

1) 잠재적 자원봉사자와의 욕구 확인

자원봉사 관리는 자원봉사자들을 모집하는 것부터 시작된다. 따라서 모집 활동은 자원봉사 관리의 출발점으로서 그 성패를 좌우하는 매우 중요한 부분이다. 구체적으로 모집은 기관이나 이용자의 욕구를 충족시키기 위한 자원봉사자, 그리고 자원봉사자 직무 규정에 명시된 자원봉사활동의 목적과 결과에 공감하는 자원봉사자를 찾는 과정이다.

자원봉사자 모집 과정을 그림으로 설명하면, 첫 번째로 자원봉사자의 욕구를 표현하는 원을 그려 볼 수 있다. [그림 6-1]의 원은 자원봉사자가 관심

이러한 자원봉사자의 욕구를 표현하는 원은 자원봉사자에 따라 차별화된 독자적인 욕구를 가질 수 있기 때문에 자원봉사자마다 개별적으로 그려질 필요가 있다.

[그림 6-1] 자원봉사자 욕구의 원형적 속성

을 갖고 있는 업무의 유형, 업무의 시간적 · 공간적 유연성, 업무에 대한 보상 등 자원봉사자가 기관으로부터 바라는 점으로 구성되어 있다.

그다음 단계의 모집 과정은 기관이 원하고 바라는 것과 일치하는 개별적 욕구를 지닌 자원봉사자를 확인하고 배치하는 것이다. 예를 들어, 개인의 동기 부여 욕구가 기관이 제공하는 자원봉사자 지위와 일치하는 자원봉사자를 확인하고, 해당 지위에 배치하는 경우를 생각해 볼 수 있다. 그러나 자원봉사자 모집 과정은 자원봉사자가 관심을 가질 만한 가치와 매력이 있는 바람직한 자원봉사 업무를 마련하는 것부터 시작한다는 것을 명심해야 한다. 만약 자원봉사 관리자가 잠재적인 자원봉사자에게 무엇이 그들의 귀한 시간과 노력을 자원봉사활동을 위해 기꺼이 쓸 수 있도록 만들었느냐는 질문을 던질 경우, 기대할 수 있는 답변은 자원봉사자 모집 기술이나 과정에 대한 것이 아니라 '기관에서 자신에게 요구하는 자원봉사 업무가 마음에 들어서'라는 답변을 얻게 될 가능성이 크다. 즉, 대부분의 경우 다음과 같은 것이다. "힘들지만 의미가 있는 일이다." 또는 "가치 있다고 느끼는 일이다." 혹은 "내게 필요한 특별한 기술을 배울 수 있는 일이다." 등일 것이다. 가치 있는 자원봉사 직무를 먼저 준비해 놓지 않고 자원봉사자 모집을 시도하는 것은 아직 생산되지 않은, 대부분의 사람이 사려고 할 것 같지도 않은 제품을 팔려고 하는 것과 마찬가지다.

2) 자원봉사자 모집 과정

자원봉사자 모집 과정은 또한 깔때기 모양의 과정으로도 묘사할 수 있다. 이는 그 과정이 잠재적인 자원봉사자라고 할 수 있는 지역사회의 모든 구성원을 대상으로 기관의 필요에 가장 잘 맞는 자원봉사자들을 구별(separating)하고 확인(identifying)하는 과정이기 때문이다.

자원봉사자 모집 과정을 깔때기 모양으로 이해하는 이유는 다음과 같이 설명할 수 있다. 자원봉사기관은 일반적으로 자원봉사자 모집에 있어서 두 가지의 매우 다른 형태의 어려움에 직면할 수 있다.

첫 번째 문제는, 대체로 경험이 일천한 자원봉사 관리자들이 경험하는 일로서 충분한 수의 자원봉사자를 확보하지 못하는 것이다.

두 번째 문제는, 상당히 미묘하지만 매우 일반적인 어려움으로서 '기관에 적합한(right)' 자원봉사자를 충분히 확보하지 못하고 '맞지 않은(wrong)' 자원봉사자를 너무 많이 확보하는 경우다.

효과적인 자원봉사자 모집은 '기관에 필요한' '적절한 수'의 자원봉사자를

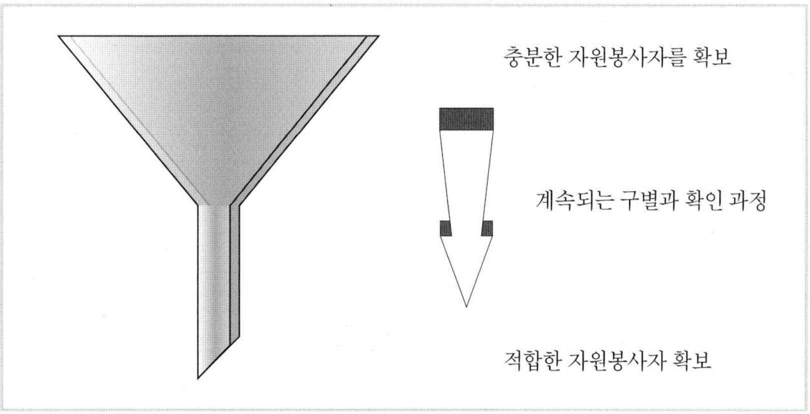

[그림 6-2] 자원봉사자 모집 과정

확보하는 것을 의미한다. 기관에 맞는 자원봉사자와 맞지 않는 자원봉사자를 구별하는 능력은 자원봉사 관리자에게 매우 중요한 의미를 내포한다. 경험이 부족한 자원봉사 관리자는 프로그램 참여에 관심이 있는 잠재적인 자원봉사자를 많이 확보하는 것이 필요하다고 생각한다. 하지만 불행하게도 현실에 있어서는 지나치게 많은 자원봉사자를 확보하는 것이 기관에 오히려 유해한 영향을 끼치는 것으로 나타난다. 만약 2명의 자원봉사자만이 필요해서 광고를 냈는데 20명의 자원봉사자가 지원했다면 어떻게 하겠는가? 먼저 기관에 적합한 자원봉사자를 선정해야 하기 때문에 기관은 적격심사와 면접 과정에 예상치 못한 많은 시간을 소비해야 한다. 또한 필요 이상의 시간을 소비해서 결정한 사항에 관하여 모든 지원자의 이해를 구해야 한다. 이는 선발되지 않은 나머지 대다수의 자원봉사자를 거절하는 것으로, 그들에게서 원망을 들을 위험을 감수해야 하는 것이다.

하지만 적합하지 않은 자원봉사자들을 거절하는 것보다 더 위험한 것은 그들에게 맡길 일이 없으면서 마지못해 그들을 받아들이는 것이다. 이것은 바로 모든 자원봉사자에게 기관이나 자원봉사 관리자가 얼마나 무능한지를 스스로 보여 주는 일이다.

그러므로 자원봉사자 모집 과정은 깔때기를 통해 필요한 것을 적절히 걸러 내는 것처럼, 기관에 필요한 자원봉사 업무와 자원봉사 지망자들의 욕구 간의 균형을 맞추어 나가는 과정에서 기관에 필요한 사람을 그렇지 못한 사람과 분리해 나가는 비율 할당 작업이다.

자원봉사 기관에서 활용할 수 있는 모집 과정은 두 가지의 상이한 형태로 대별할 수 있다. 일반적인 모집과 표적모집이 바로 이에 해당하는데, 이 두 방법은 각각이 추구하는 것이나 성취하는 것에서 효과성이 매우 다르게 나타난다.

(1) 일반적인 모집[1)]

일반적인 방법은 대부분의 사람이 할 수 있는 자원봉사활동을 위한 모집 시 효과적이다. 특별한 기술을 요구하지 않거나 아주 짧은 시간에 필요한 기술을 누구나 배울 수 있는 경우에 사용하는 방법이다. 일반적인 모집 방법에 적합한 직무의 예는 '밑반찬 만들기'나 '도시락 배달' 그리고 '행사안내소의 안내원' 등을 들 수 있다. 일반적인 모집 방법은 '백만인 걷기 운동' 같은 주말행사에서 단순한 업무를 맡을 많은 수의 자원봉사자를 찾을 때 특히 효과적이다.

일반적인 모집 방법으로는 가능한 한 광범위하게 자원봉사자가 필요하다는 사실을 널리 유포하는 방법을 사용한다. 이 방법은 지역사회의 많은 사람 중 이러한 활동에 관심을 갖는 사람이 존재할 것이라는 생각에 근거한다.

일반적인 모집을 위한 가장 중요한 방법은 다음과 같다.

- 기관의 소책자, 전단, 자원봉사 직무 규정 및 내용에 관한 포스터 배포하기
- 대중매체의 사용: 텔레비전이나 라디오의 공공서비스 정보 및 신문 광고 등을 이용하기
- 지역사회 내 소집단의 활용을 전파하기
- 구전(口傳): 직원이나 자원봉사자에게 자원봉사활동에 관하여 널리 알리도록 권장하기

이 방법은 광범위한 지역의 다양한 대상자에게 관련 정보를 일시에 제공

---

1) 미국에서는 따뜻한 마음만 갖고 있으면 할 수 있다는 뜻으로 'Warm Body Recruitment'라고 한다.

할 수 있고, 사회복지기관의 홍보 역할도 겸할 수 있는 장점 때문에 가장 많이 사용되는 방법의 하나다. 그러나 일반적인 모집 방법의 가장 큰 단점은 모집 광고에 필요한 자료를 제작하고 배포하는 경비가 많이 소요된다는 점이다.

(2) 표적모집

모집 과정의 두 번째 형태는 '표적모집(targeted recruitment)'이라고 한다. 표적모집은 수행할 자원봉사 직무가 본질적으로 누구나 할 수 있는 것이 아니고, 일반인이 소유하지 않은 매우 제한된 기술이나 태도가 요구될 때 사용하는 방법이다. 즉, 특별한 교육적인 기술(예를 들면, 컴퓨터 프로그래밍 기술)이나, 시간적인 여유(예를 들면, 주중에 아침 9시부터 오후 5시까지 근무할 수 있는) 또는 특별한 태도(예를 들면, 정서불안 아동과 함께 일할 수 있는 능력 등)를 가지고 있는 사람을 필요로 하는 경우다.

표적모집은 자원봉사 관리자가 지원한 잠재적 자원봉사자들의 범위를 필요한 수준까지 좁혀 가기 위해 고안한 일련의 과정을 통하여 자원봉사자를 모집한다는 점에서 일반적인 방법과는 다른 개념적 과정을 포함하고 있다. 표적모집에 있어서 효과적인 모집 캠페인 개발 과정을 다음의 8단계를 통해 알아보자.

① 수행할 직무는 무엇인가

앞에서 강조한 바와 같이, 자원봉사자의 욕구를 충족시키는 무엇인가를 할 수 있는 기회를 제공함으로써 자원봉사자의 관심을 이끌어 낼 수 있는 가장 중요한 요소는 직무 자체다. '위기 상담소에 자원봉사자가 필요하다'와 같은 일반적인 메시지는 자원봉사자가 그곳에서 무슨 일을 하게 될지에 관해서 알려 주지 않는다. 이러한 메시지는 잠정적인 자원봉사자가 관심을 가질 만한 '무엇'이 있다는 것을 알려 주지 못한다.

이와 같이 일반적인 메시지를 전달하는 자원봉사 관리자는 다음과 같은 이유로 그렇게 하는 경향이 있다. 첫 번째는 기관에 근무하는 모든 사람이 전체 지역사회의 구성원들이 그 기관의 자원봉사활동이 무엇인지를 너무도 잘 알고 있다고 가정하고 있는 경우다. 이는 기관이 유사시 지역사회에 충분한 홍보활동을 함으로써 공신력을 지니게 될 경우에 사용할 수 있는 방법이지만, 이러한 일반적인 메시지를 통한 모집은 가치 있는 잠재적인 자원봉사자들(시간과 특수한 기술이나 태도를 소유한 사람)의 관심을 이끌어 낼 수 있는 요소가 없는 관계로 이들을 모집하는 데 한계가 있음을 부인할 수 없다.

자원봉사 관리자가 일반적인 메시지를 전달하는 두 번째 이유는 자원봉사자가 기관에서 할 일이 아주 다양하고 많을 경우다. 그러나 효과적인 모집이 되기 위해서는 지역사회 전체 주민 중에서 기관에서의 특별한 자원봉사 직무를 수행할 특수한 일부 집단을 표적집단으로 삼아야 한다. 기관에서의 특별한 자원봉사 직무는 그러한 일에 관심이 있는 특수한 집단의 관심을 끌게 된다. 특수한 집단을 타깃으로 설정함으로써 그러한 집단에 호소할 수 있는 특수한 직무를 강조할 수 있으며, 가치 있는 잠재적 자원봉사자의 관심을 이끌어 내기에는 부족한 구체적이지 못하고 무미건조한 메시지의 전달을 피할 수 있게 된다.

② 그 직무에 관심이 있는 잠재적 자원봉사자는 누구인가

대부분의 자원봉사 관리자는 다양한 경력을 지닌 자원봉사자를 대상으로 성공적인 업무를 수행했던 과거 경험으로 인해 이러한 질문에 주의를 기울이지 않는 경우가 많다. 그러나 이러한 질문에 답할 수 있다면 자원봉사자를 모집하는 것이 훨씬 용이해진다. 지역사회 전체를 대상으로 하는 메시지는 일반적으로 모든 사람에게 해당되는 메시지인 것처럼 보이지만, 경우에 따라 어떤 사람에게도 해당되지 않는 메시지로 읽힐 수 있는 위험이 있다. 찾고자 하는 사람이 어떤 유형의 사람인지 스스로에게 물어보라. 특별한 연령층에 속한 사람을 찾고 있는가? 남성이나 여성 중 한 쪽, 혹은 특정 지역의 특별한 배경을 지닌 사람을 원하는가? 특별한 전문적인 기술을 가진 사람을 원하는가? 이러한 질문에 대한 답변은 다중적인 것으로 나타날 수도 있다. 예를 들면, 청년 · 노년 · 중년 집단이 모두 필요한 경우다. 이 경우 단순히 한 연령집단을 선택하기보다 각 연령집단을 대상으로 조금씩 차별화된 모집 전략과 메시지를 가지고 자원봉사자 모집 캠페인을 특화할 필요가 있다.

각 집단에 특화된 모집 메시지를 전달하는 것은 해당 집단의 욕구에 직접적으로 호소할 수 있다는 장점이 있다. 이렇게 다양한 표적집단을 대상으로 차별화된 모집 전략을 사용하는 경우 다른 어떤 방법보다도 가치 있는 잠재적 자원봉사자들을 각 표적집단별로 더 많이 모집할 수 있게 된다.

예를 들면, 지역사회에 새로 전입한 사람들을 잠재적인 자원봉사 표적집단으로 설정할 경우, 지역사회의 새로운 사람들과 함께할 수 있는 직무를 강조하는 방법으로 자원봉사 직무가 팀 활동 방식으로 이루어지는 업무임을 강조하는 것이다. 반면, 매우 바쁜 기업의 임원을 잠재적인 자원봉사자로 인식한다면 자원봉사자 모집 메시지에서 강조되는 직무의 특성은 유연하게 일할 수 있지만(예를 들면, 집에서도 할 수 있는 업무) 정해진 일정이 지나면 종료되는 한시적인 업무임을 강조해야 한다.

③ 잠재적 자원봉사자를 어디에서 찾을 수 있는가

누구를 모집할 것인가를 결정하고 나면, '그들을 어디서 찾을 것인가?'라는 문제를 풀어야 한다. 특정한 유형의 전문가를 찾는다면, 그러한 사람들이 소속된 전문가 사회나 클럽은 존재하는가? 우리가 일정한 연령대의 집단이나 특정 소수집단을 찾는다면, 그러한 부류의 사람들이 모여 사는 지역은 존재하는가? 그들은 어디에서 쇼핑을 하는가? 그들은 어디에서 종교적 활동을 하는가? 어디에서 여가를 즐기는가? 다시 한 번 강조하지만, 단순히 지역사회의 모든 사람을 대상으로 자원봉사자를 모집하려 한다면, 이에 대한 대답은 모든 곳이 될 수밖에 없다. 그러나 모든 곳에 존재하는 사람은 또한 아무 곳에도 존재하지 않는 것과 같다는 사실을 명심해야 한다.

'어디에서 잠재적인 자원봉사자를 찾을 수 있는가?'에 관한 해답은 이 책에서 제시하고 있는 자원봉사자 모집 방법과 관련하여 많은 것을 내포하고 있다. 예를 들어, 여피(Yuppies)[2)]를 모집하려고 한다면, 고소득자들이 주로 이용하는 유기농 고급식품매장의 장바구니에 광고전단을 배포하거나 고급 외제차의 앞 유리에 광고지를 끼워 놓아야 할 것이다. 만약 자유분방한 10대 청소년을 모집하려고 한다면, 해변의 모래사장에 자원봉사자 모집 부스를 설치할 필요가 있다. 실제로 미국의 경우 독신자 자원봉사자를 모집하고자 하는 일부 자원봉사 프로그램은 독신자 전용술집에서 광고를 함으로써 자원봉사자를 모집하는 경우도 있다. 만약 잠재적 자원봉사자가 특수 지역에 살고 있다면, 그들의 집을 직접 방문하여 자원봉사자가 될 것을 요청할 수도 있다. 이 방법은 주로 미국의 소방서에서 자원봉사자들을 모집하거나 기금 모금을 할 때 해당 지역사회에 거주하는 주민을 대상으로 자원봉사자들을 모집하는 데 사용되고 있다.

잠재적인 자원봉사자를 찾는 또 하나의 방법은 집단에 직접 호소하는 것이다. 집단은 공식적일 수도 있고 비공식적일 수도 있으며, 그들에게 전달되는 메시지 역시 공식행사에서의 연설이나 순서를 통해 전달될 수도, 또는 개별적인 만남으로 이루어지는 즉흥적인 대화를 통해 전달될 수도 있다. 지

2) 'Young Urban Professionals'의 약자로 주로 미국 대도시에 거주하는 젊은 전문가들을 일컫는 말이다. 이들의 약 75%는 아이를 갖지 않으며 대부분이 DINK(Double Income, No Kids) 족이다.

역사회의 구성원은 여러 부류의 집단들(예를 들어, 사교집단, 종업원 집단, 동호회, 전문가 조직 등)에 소속되어 있다. 우리가 찾고 있는 사람들을 어디에서 발견할 수 있는지 알아낸 후에는 모집 메시지를 전달하기 위해서 그들이 어떤 집단에 소속되어 활동하고 있는지를 찾아내야 할 것이다.

또한 잠재적인 자원봉사자들은 정보 취득의 선호 수단에 따라 신문 구독 선호층, 라디오 청취 선호층, 텔레비전 시청 선호층 그리고 컴퓨터 사용 선호층 등으로 나눌 수 있다. 따라서 자원봉사자를 모집하는 캠페인에 미디어를 사용할 경우, 각각의 미디어 사용 집단의 특성을 숙고한 후 어떤 미디어를 사용할지를 선택해야 할 것이다. 예를 들어, 군인이나 경찰직에 종사하는 자원봉사자가 필요할 경우, 이 집단이 주로 보는 특수한 신문, 라디오, 텔레비전 유선방송 등을 이용하여 잠재적인 자원봉사자들에게 모집에 대한 정보를 제공한다.

④ 잠재적인 자원봉사자와 어떻게 대화를 시작할 것인가

잠재적인 자원봉사자를 찾을 수 있는 장소를 알아내고 난 후, 네 번째 단계는 '그들에게 모집 메시지를 어떻게 전달할 것인가?'에 관한 것이다. 이 문제는 앞의 세 번째 단계의 성공 여부와 직결되는 것으로, 만약 자원봉사관리자가 어디에서 그들을 발견할 수 있는지를 성공적으로 알아냈다면 그들에게 전달할 메시지를 개발하는 것은 상대적으로 쉬운 일이다.

일반적으로 자원봉사자를 모집하는 가장 효과적인 방법은 양방향 대화법(two-way communication)이며, 대화의 상대자로 가장 좋은 사람은 급여를 받는 직원들보다 지금 현재 봉사하고 있는 자원봉사자나 이사회의 이사들이다. 그 이유는 그들이 급여를 받고 근무하는 직원들에 비해 동기의 순수성을 더 강조할 수 있기 때문이다. 즉, 급여를 받는 직원들은 자원봉사자에게 자신이 해야 할 일의 일부분을 떠넘김으로써 자신의 일을 덜고자 한다는 잠재된 편견과 의심을 항상 받을 수밖에 없다는 점을 고려해야 한다는 것이다.

특정한 잠재적 자원봉사 표적집단의 설정 없이 지역사회의 일반 대중을 대상으로 자원봉사자 모집과 관련한 메시지를 전달하고 대화를 시도하는 것은 양방향 대화 방법이라는 효과적인 방법의 사용을 원천적으로 불가능하게 만든다. 만약에 아무 곳에서나 찾을 수 있는 보통의 지역사회 구성원을 모집하려 한다면, 포스터나 신문 광고, '식품매장 카트에 부착된 광고' 등의 한 방향 대화법(one-way communication)을 사용할 수밖에 없을 것이다. 물론 이러한 방법을 통해서도 자원봉사자를 모집하는 데 성공할 수 있지만, 잠재적인 자원봉사자가 기관이나 그들의 직무에 관해서 질문하고, 기관의 대표자가 답변도 하고 그들의 욕구나 기술에 관하여 직접적으로 대화를 나누는 양방향 대화법을 활용한다면 특정 업무에 보다 효과적이고 헌신적인 자원봉사자를 모집한다는 소기의 목적 달성이 훨씬 용이할 것이다.

사람들은 단지 스스로 원해서 자원봉사를 할 뿐이다. 그들이 하고 싶어 하는 일을 할 수 있음을 보여 줄 수 있는 가장 손쉬운 방법이 양방향 대화법이다. 물론 자원봉사자를 모집할 때 쉬우면서도 비용이 적게 드는 방법을 찾는 것이 중요하겠지만 잠재적인 자원봉사자와 면대면 소통이나 최소한의 효과적인 양방향 대화가 가능한 수준의 소수집단에 초점을 맞춘다면 보다 효과적인 모집이 가능할 것이다.

이러한 방법을 통한 모집은 '한 방향'식 캠페인 형태를 이용하는 것보다 훨씬 더 많은 노동력과 수고를 필요로 한다. 이 방법은 모집 과정에 있어서 다른 사람의 참여와 협조를 요구하는 것으로, 자원봉사 관리자가 모집 과정을 직접 수행하는 것이 아닌, 여러 사람의 참여로 이루어지는 모집 과정을 관리할 책임자로서의 역할을 수행함을 의미한다.

⑤ 잠재적 자원봉사자들의 자원봉사활동 참여 동기 욕구는 무엇인가

자원봉사자 모집 메시지는 잠재적인 자원봉사자의 동기 욕구에 대한 직접적인 반응이 되어야 한다. 다시 말해, 자원봉사자가 그 일을 하고자 하는 이유와 부합하는 메시지의 전달이 되어야 한다. 만약 모집 캠페인에서 지역사회에 새로 전입한 사람들을 목표로 한다면, 그들의 욕구 중 하나는 새로운 친구를 사귀고 싶어 하는 것이라고 추측할 수 있다. 그렇다면 모집 캠페인을 할 때 자원봉사활동은 지역사회에 도움이 되는 가치 있는 일이라는 당위성 외에도, 많은 새로운 친구를 만날 수 있는 기회가 된다는 점을 강조해야 함은 당연하다.

가치 있는 어떤 일을 한다는 당위성 외에 자원봉사활동 참여자들은 개인에 따라 다양한 자원봉사 참여 동기를 지니고 있다. 그러한 동기의 일부를 열거하면 다음과 같다.

- 단순히 집 밖으로 나가기 위해서
- 지역사회의 유명인사들과 교제하기 위해서
- 직업을 얻기 위한 실적을 쌓기 위해서
- 경력을 바꾸기 전 자원봉사활동을 통해 새로운 분야를 경험하기 위해서
- 새로운 친구를 사귀기 위해서
- 기관에서 자원봉사를 하고 있는 친구와 함께 있기 위해서
- 새로운 기술을 개발하기 위해서
- 지역사회의 문제에 관한 지식을 얻기 위해서
- 자원봉사를 하지 않으면 사용할 기회가 없는 특정한 기술을 유지하기 위해서
- 직장 상사에게 좋은 인상을 주기 위해서
- 가족과 함께 자원봉사를 함으로써 '의미 있고 값어치 있는 시간'을 보

내기 위해서
- 자원봉사에 수반되는 지위를 얻기 위해서
- 지루한 일상으로부터 벗어나기 위해서
- 집단에 속했다는 소속감을 갖기 위해서

목표 집단(target groups)이 일단 설정되면, 그 집단에 속한 각 개인에게 가장 중요한 욕구가 무엇인지 추정하는 것이 가능하다. 그러고 나서 그 욕구에 직접적으로 호소할 수 있는 메시지를 전달해야 한다. 사람들은 애국심, 자신의 가족을 지켜야 한다는 욕구, 경력을 향상시키고자 하는 욕구 등 다양한 형태의 참여 동기 중 어떤 동기를 강조하느냐에 따라 상이한 반응을 보인다. 예를 들어, 남자다운 남성 자원봉사자를 모집하는 데 효과적으로 사용할 수 있는 모집 광고 문안을 보도록 하자.

위험한 모험으로 점철된 여행을 원하는 남자 구함.
급여는 매우 적으며, 굉장히 춥고 암흑 같은 어둠 속에서 몇 달을 지내야 함.
끊임없는 위험에 노출되고, 성공적인 귀환은 보장할 수 없음.
다만 성공했을 경우에는 명예를 보장하고, 업적을 인정할 것임.

이러한 문구는 자신을 매우 터프한 사람이라고 믿고 싶거나, 매우 강력한 육체적 도전이 수반되는 극한의 상황에 맞서 보고 싶은 욕구가 큰 사람에게 매우 효과적으로 전달될 것이다. 이와 비슷한 문구가 범죄지역에 위치한 학교로 아이들의 등하교를 도와주는 자원봉사자를 모집하는 데 큰 어려움을 겪었던 자원봉사 관리자에게 매우 유용하게 사용된 적이 있다.

⑥ 잠재적인 자원봉사자에게 무슨 말을 해야 하는가: 효과적인 모집 메시지의 개발

여섯 번째 단계는 효과적인 모집 메시지를 개발하는 것이다. 때때로 자원봉사 관리자들은 아무 생각 없이 메시지를 만든다. 그저 사람들을 내보내서 기관의 성격과 자원봉사자들이 할 일을 대중에게 이야기하게 하는 경우가 많다. 이렇게 함으로써 잠재적인 자원봉사자의 수가 줄어들고, 그들의 관심이 우리로부터 점점 멀어져 간다는 것을 많은 수의 자원봉사 관리자가 인식하지 못하고 있다.

▶ 자원봉사 참여 필요성과 당위성

효과적인 모집 메시지는 세 부분으로 구성되어 있다. 첫 번째는 필요성을 언급하는 것이다. 필요성에 대한 언급은 자원봉사자들에게 왜 그들 자신이 해야 할 일이 중요한지를 설명한다. 대부분의 자원봉사자 모집 메시지는 왜 사람들에게 바로 그 특별한 일을 부탁하는지에 대한 이유를 언급하지 않고, 그저 사람들이 실행해야 할 업무에 관해서만 언급하고 있다. 자원봉사활동이 왜 필요한지를 인식하고 안 하고는 그 일을 수행하는 자원봉사자 당사자에게 달려 있다고 해도 무방한 경우가 비일비재하다.

자원봉사활동이 필요한 이유는 기관 내부에 존재하는 욕구 때문이 아니라, 지역사회에 존재하는, 지역사회 모든 구성원이 공유하는 욕구 때문이라는 점을 강조해야 한다. 예를 들어, '○○노인복지관에서 일주일에 한 번 노인들에게 제공할 식사를 준비하는 일을 도울 수 있는 자원봉사자를 필요로 한다'는 좋은 메시지가 아니다. 이러한 메시지의 문제점은 자원봉사 업무가 뜨거운 부엌에서 흘려지는 자원봉사자들의 땀만을 요구하고 있는 것처럼 보인다는 것이다. 이러한 일을 신나게 할 사람은 거의 없을 것이다. 그러나 노인들이 균형 잡힌 영양섭취를 할 수 있도록 돕는 무엇인가를 할 기회가 주어지는 것에 대해서는 많은 사람이 적지 않은 관심을 보일 것이다. 자원봉사자 모집 메시지에 이러한 욕구를 포함시킴으로써, 자원봉사활동을 통해 수행되는 행위보다는 문제를 해결하는 데 그들이 어떤 도움을 줄 수 있는지를 보여 주어야 한다.

때때로 직접적인 서비스에 관련된 자원봉사자들에게 자원봉사활동이 필요한 이유는 도움을 받는 이용자의 욕구와 일치한다. 모집 메시지의 필요성(욕구)에 관한 언급의 예를 살펴보면 다음과 같다.

• 노인회관 급식 프로그램 자원봉사자

"우리 지역사회의 많은 노인이 균형 있는 식생활을 영위하지 못할 정도로 경제력이 없는 상태이고, 이로 인한 영양실조로 고생하고 있다."

• 병원 자원봉사자

"장기 입원 환자 중 많은 수가 외로움과 우울증에 시달리고 있다."

• 위기 개입 상담소 자원봉사자

"우리 지역에 거주하는 이웃 중 일부가 정신적인 불안과 두려움으로 심하게 고통받고 있다. 이는 그들 자신이나 다른 사람들에게 해를 끼칠 수도 있다."

• 문맹 퇴치 프로그램 자원봉사자

"단지 글을 읽고 쓸 줄 모르기 때문에 이 사회의 많은 사람이 사회가 제공하는 다양한 도움을 받지 못하고 있다."

• 걸스카우트 자원봉사자

"우리 사회의 많은 어린 소녀가 자신감과 능력을 갖춘 성인으로 성장하기 위해 필요한 자아정체감을 확립하지 못하고 다른 중요한 사회적 기술을 습득할 기회를 갖지 못한 채 성장하고 있다."

• 소방서 자원봉사자

"교외에 살고 있는 사람들은 심장마비를 일으켰을 때 구급차가 제때에 도착하지 못해서 목숨을 잃는 경우가 많다."

• 지역사회정신건강센터 접수처 자원봉사자

"센터를 처음 방문하는 것은 누구에게나 부끄럽고 당혹스러운, 쉽지 않은 일이다."

• 미술관 안내 자원봉사자

"미술관을 방문하는 사람들은 전시된 작품에 대해서 더 많이 알고 싶어 한다. 하지만 때때로 그들은 무지로 인하여 전시된 예술품의 아름다움과 의미하는 바의 많은 부분을 간과하게 된다. 이것은 이들이 다시 미술관을 방문하고자 하는 마음을 퇴색시킨다."

• 사회복지관 가정방문 자원봉사자

"영구임대아파트에 사는 적지 않은 수의 노인이 외부세계와 단절된 채 이웃들과의 최소한의 접촉도 없이 살아가고 있다. 그들은 때때로 병들고, 도움을 필요로 하며, 죽어 가기도 한다. 그러나 누구도 그들의 어려움에 귀 기울이지 않는다."

이와 같은 메시지는 잠재적인 자원봉사자로 하여금 '정말 안됐구나. 누군가가 그들을 위해서 무엇인가를 해야만 한다'라고 생각하게 한다. 일단 사람들이 이와 같은 생각을 갖게 되면, 그들을 모집하는 것은 그들이 바로 그 누군가가 될 수 있다는 것을 보여 주는 것만큼이나 쉽다. 이러한 원칙에 입각하여, 사람들의 마음을 끄는 아주 강력한 힘을 갖고 있지만 의외로 단순한 형태의 잠재적 자원봉사자를 위한 모집 메시지를 보기로 하자.

사람들이 굶주리고 있습니다.
그들이 더 이상 굶주리지 않도록 누군가 무엇을 해야만 합니다.
제발 당신이 그 누군가가 되어 주십시오.
전화 바랍니다.

이러한 욕구에 반응한다는 것은 자원봉사자들이 기관의 존재 근거로 작용하는 지역사회(혹은 기관이 대상으로 하는 일부 지역사회 구성원)의 직접적 요구에 응답한 것이나 마찬가지다. 반면, 일부 자원봉사자는 기관의 중심 업무와 직접 관련이 없는 일을 하기 위해서 모집되는 경우가 있다. 예를 들면, 몇몇의 사무보조직 자원봉사자가 지역사회나 이용자의 직접적인 욕구를 충족시키는 업무보다는 기관이나 직원의 사무업무를 보조하는 일에 종사하게 되는 경우다.

이러한 경우 자원봉사활동의 필요성에 관해 이야기할 때, 직원들의 욕구가 지역사회의 욕구를 충족시키는 데 필요한 활동의 맥락이라는 점에서 논의하는 것이 중요하다. 몇 가지 예를 다음에 열거해 본다.

• 자원봉사행동센터의 비서 및 워드 보조업무

"지역사회를 더 바람직하게 만드는 일에 일조하고 싶지만 무엇을 해야 할지 모르겠다는 전화를 받을 때, 기관의 정보가 체계적으로 정리되어 있지 않고 데이터가 입력되어 있지 않기 때문에 직원들의 대응은 매우 제한적일 수밖에 없다."

• 사회복지공동모금회 홍보책자 및 후원모금 봉투 발송 업무

"지역사회의 문제를 해결하기 위해서 노력하는 사회복지기관을 지원하는 가장 중요한 일은 직접적으로 편지를 보내는 일이다. 그런데 직원들이 편지를 봉투에 집어넣고 우표를 붙이는 일까지 모두 하기에는 시간이 부족하다."

• 지역사회 권익옹호기관의 경리 업무

"가난한 사람들의 삶을 증진시키기 위한 우리의 노력이 계속되기 위해서는 기금이 적법하게 관리되어야 하는데, 직원 중 누구도 이런 기술을 갖고 있지 않다."

자원봉사의 필요성(욕구)에 대한 메시지는, 무엇인가가 이루어져야 한다는 결론으로 잠재적인 자원봉사자를 자연스럽게 유도하는 내용을 담아야 한다. 개별 접촉이나 소집단을 대상으로 하는 경우에 모집자는 잠재적인 자원봉사자가 자원봉사활동을 통해 이러한 욕구가 다루어져야 할 가치와 당위성이 있다고 인정하는지의 여부를 점검하기 위해 적당한 시점에서 잠시 여유를 가질 필요가 있다. 그럼으로써 잠재적인 자원봉사자로 하여금 이와 같은 상황이 얼마나 심각한지에 대해 자신의 생각을 스스로 나타내고 말로 표현할 수 있도록 유도할 수 있게 된다.

노인복지관의 예로 돌아가서, 모집자는 잠재적인 자원봉사자에게 노인복지관의 많은 노인이 영양적으로 균형 있는 식사를 하지 못하고 있으며 영양실조로 고생하고 있다는 것을 알고 있는지 물어볼 필요가 있다. 모집자는 이때 실제적으로 어려움을 겪고 있는 노인 이용자에 관한 이야기보다 설득력이 떨어지기는 하지만 관련 일화나 통계치도 함께 제시할 수 있다. 이 경우 잠재적인 자원봉사자가 아무 말도 하지 않는다면 어떻게 생각하는지 물어보는 것도 바람직하다.

▶ 자원봉사자 업무와 규정의 설명

이러한 모든 것이 자연스럽게 효과적인 모집 메시지의 두 번째 요소로 연결된다. 즉, 자원봉사자에게 어떻게 이러한 문제를 해결하는 데 도움을 줄 수 있는지를 보여 주는 것이다. 다른 말로 하면, 자원봉사자 업무 규정과 지침에 관해서 이야기하거나 자원봉사자가 어떤 일을 해야 하는지에 관한 구체적인 이야기를 할 시점이다. 욕구 해결의 당위성과 연결 지어 이러한 이야기가 전달될 때 모집 메시지는 더욱 강력한 힘을 가지게 된다. 자원봉사활동의 필요성과 당위성에 대한 충분한 언급 없이 갑작스럽게 구체적인 자원봉사활동의 내용에 대해 이야기한다면, 물론 그러한 봉사활동이 왜 필요한지를 이해하는 사람들도 있겠지만 많은 경우 사람들은 왜 그것이 중요한지, 그리고 가치 있는 것인지를 알지 못할 것이다. 자원봉사자를 모집할 때 잠재적인 자원봉사자들이 자신이 하게 될 일의 가치를 자연스럽게 알게 될 것이라고 속단하는 자원봉사자 모집자가 있다. 이들은 가치 있는 일에 자신의 시간을 기꺼이 헌신할 준비가 되어 있지만, 그 일이 정말 가치 있는 일인지를 스스로 알아낼 수 없는 사람들을 참여하지 못하도록 하는 우를 범하는 경우가 종종 있다.

노인복지관의 예를 다시 들면, 잠재적인 자원봉사자가 자신이 할 일이 단순히 요리하고, 설거지하고, 식탁으로 음식을 나르는 일이라고 생각한다면 전혀 관심을 보이지 않겠지만, 만약 복지관에 나오는 노인들이 균형 있게 영양섭취를 할 수 있도록 돕는 일이라는 것을 알게 된다면 기꺼이 즐거운 마음으로 주방에서 일을 도울 것이다.

잠재적인 자원봉사자에게 직무에 대한 그림을 그려 줄 때, 자원봉사자를 모집하는 사람은 자원봉사자들이 그들 자신이 할 일을 객관적인 관점에서 구체적이고 실제적으로 그려 볼 수 있도록 도와야 한다. 일반적으로 사람들은 자신이 할 수 있다고 생각하는 일만 하려고 하는 경향이 있다. 따라서 자원봉사 직무기술서는 가능한 한 미세한 부분까지 생생하게 기술되어야 한다. 자원봉사자가 일하게 될 작업환경, 함께 일할 사람들이나 만나게 될 사람들을 포함하여 미세한 내용까지 구체적으로 설명함으로써 그들이 몸담게 될 자원봉사 현장에 대해 전체적으로 이해할 수 있도록 도와야 한다.

자원봉사자의 업무와 환경에 대해 설명할 때 자원봉사자들의 참여를 독려하기 위해서 자원봉사활동의 긍정적인 면을 강조해야 함은 당연한 일이지만, 반드시 정직하고 솔직한 설명이 되어야 함을 명심해야 한다. 자원봉사자를 모집하는 일은 어떤 면에서는 물건을 파는 일과 일맥상통하는 부분이 있지만, 만약 자원봉사자가 봉사를 통해 충분한 만족을 얻지 못할 것이라고 판단된다면 과감히 자원봉사자의 도움을 거절할 수 있어야 한다. 자원봉사자 모집자가 잠재적인 자원봉사자에게 새로 출시된 트럭을 팔려고 한다면 필요에 따라 트럭의 장점을 과장할 수도 있을 것이다. 그러나 자원봉사자를 모집할 때에는 자원봉사자가 봉사활동을 통해 그 자신이 원하는 무엇인가를 할 수 있고, 궁극적으로 자신이 바라는 무엇인가를 성취할 수 있다는 것을 약속하고 실현시켜 주는 것이 가장 중요하다. 헛된 약속에 속아서 자원봉사활동을 시작하게 되면, 그들에게 동기 부여의 기회를 제공하고 업무에 필요한 훈련을 시키는 데 소요되는 많은 경비를 낭비하는 결과만 초래할 것이다. 기관이 약속했고, 자신이 원했던 일이 아니라는 것을 깨닫는 순간 그들은 자원봉사활동을 포기할 것이 명백하기 때문이다.

자원봉사 업무에 대한 그림을 그릴 때 자원봉사자를 그 그림 안에 함께 그려 주는 것 또한 잊지 말아야 한다. 즉, 그 그림 안에서 일반적으로 자원봉사자들이 어떤 일을 하고 있는지에 대한 설명이 아니라 "어떤 상황에 닥친다면 당신은 어떻게 대응하시겠습니까?"라는 질문을 던지는 것이다. 하지만 이러한 질문은 부담스럽지 않고, 손쉽게 대응할 수 있는 즐거운 마음으로 대답할 수 있는 질문이 되어야 한다. "만약 이용자가 당신 앞에서 갑자기 구토를 한다면 어떻게 대응하시겠습니까?"라는 식의 질문은 피해야 할 것이다. 또한 이러한 질문은 잠재적인 자원봉사자가 자원봉사활동을 당연히 할 것이라고 가정하고 던지는 질문이 되어야 한다. "만약 당신이 자원봉사자가 되기로 결심하신다면……" 식의 질문 대신 다음과 같은 질문을 하는 것이 바람직하다.

- 당신이 자원봉사를 하기에 가장 편리한 시간은 언제입니까?
- 이 자원봉사활동의 여러 가지 측면 중에서 가장 당신의 마음에 드는 점은 무엇입니까?
- 자원봉사활동이 정말로 즐거운 경험이 되기 위해서 저희가 할 수 있는 일에는 어떤 것이 있습니까?
- 자원봉사활동을 할 때 저희 기관의 직원 회의에 참석할 의향이 있습니까?

▶ 개별적 동기의 탐색과 충족의 확신

전달되는 모집 메시지가 효과적인 것이 되기 위해서 자원봉사 필요성의 강조, 구체적 직무에 대한 언급이라는 두 가지 요소의 고려와 함께, 자원봉사활동의 개별적 동기들이 봉사 경험 가운데 어떠한 방식으로 충족될 수 있는가에 대한 언급이 있어야 한다는 것이 마지막 요소가 된다.

세 번째 요소가 되는, 자원봉사자가 누리는 급부는 자원봉사자들이 지역사회를 위해 봉사할 수 있도록 자원봉사 기관이 도움으로써 자원봉사자가 자기 스스로를 또한 어떻게 도울 수 있는지 볼 수 있도록 해 주는 것이다.

이러한 세 번째 요소와 관련하여 모집 메시지가 가능한 한 효과적인 것이 되기 위해서는 잠재적인 자원봉사자들이 가지고 있는 욕구라면 무엇이든 기관이 충족시켜 줄 수 있다는 점을 각인시킬 수 있어야 한다. 메시지의 이런 부분은 비서직이나 사무보조업무를 담당해야 할 자원봉사자를 모집하는 데 특히 중요하다. 일반적인 정서를 가진 사람이라면 편지봉투에 편지를 넣고 풀을 바르는 일로 점철된, 그리고 산처럼 쌓여만 가는 편지더미를 바라봐야 하는 일이 너무 좋아서 편지 발송 업무를 하지는 않을 것이다. 이러한 일을 하는 자원봉사자에게는 다른 중요한 동기가 있는데, 예를 들어 사무실에서 함께 일하는 사람들과의 교제가 너무 좋아서 중요하지만 참으로 재미없는 그 일을 하고 있는 경우를 들 수 있다.

만약 모집 메지시가 한 방향 대화법으로 표현된다면 표적집단이 관심을 가질 만한 급부들이 열거되어야 한다. 하지만 잠재적인 자원봉사자들의 욕구, 기술, 바람 등에 관해서 자원봉사자 모집자와 함께 이야기 나눌 수 있는 양방향 대화법의 메시지가 사용된다면 자원봉사자들의 개별적 욕구에 따른 맞춤식 급부의 제공이 가능할 것이다.

자원봉사자들이 자원봉사활동을 하는 배경에는 다양한 형태의 동기가 깔려 있기 때문에, 모집자는 잠재적 지원자를 실제적 봉사자로 만들기 위하여 효과적인 동기 부여에 초점을 맞추어야 하며, 이를 위해 그 사람 개인에 대해서 가능한 한 많은 것을 알아야 할 필요가 있다. 만약 자원봉사를 원하는 사람이 자원봉사활동을 통해서 새로운 사람과 만나는 것을 원한다면, 그 일을 통해서 많은 새로운 사람을 만나고 교제할 수 있다는 점을 특별히 강조해야 한다.

따라서 자원봉사자 모집자가 잠재적 지원자에 대해 잘 알지 못할 경우, 지원자가 특별한 관심을 갖고 있는 급부가 무엇인지를 알아내기 위해서 그 사람과 함께 시간을 보내야 하며, 자신의 능력과 직권이 허용하는 수준까지 최대한으로 이를 맞출 수 있어야 한다. 이런 노력은 잠재적 자원봉사자가 어떤 일에 관심을 갖고 있으며 어떤 일을 즐기는지를 알아낼 수 있는 기회를 제공할 뿐 아니라 그들이 원하는 것이 무엇인지를 밝혀내는 단초가 되기도 한다. 또한 이러한 과정을 통해 새로운 자원봉사 업무의 개발이 이루어지기도 한다.

한 예로, 앞에서 언급했던 노인종합복지관에서 자원봉사활동을 원하는 사람이 우연히 사진 촬영에 취미가 있다고 하자. 자원봉사자 모집자가 그 사람과 기관에서 원하는 업무인 주방보조 자원봉사활동에 대해 이야기를 나눌 때는 별 관심을 보이지 않다가, 사진 찍는 일에 대한 이야기가 나올 때마다 커다란 관심을 보이는 것을 발견했다고 생각해 보자. 이 경우 자원봉사자 모집자는 그 사람과 그의 사진촬영기술을 어떻게 기관을 위해 사용할 수 있을지에 대해 이야기를 나누어야 할 것이다.

모집자는 어떤 종류의 급부가 자원봉사자에게 중요한지를 파악한 다음, 자원봉사 관리자와의 논의를 통해 이러한 기대급부가 자원봉사 과정을 통해 충족될 수 있도록 적절히 조정하고, 이에 대해 자원봉사 지원자에게 확신을 심어 주어야 한다. 자원봉사자들이 약속된 기간을 채우지 않고 중간에 그만두는 가장 큰 이유 중 하나가 그들이 기대했던 것들을 자원봉사활동을 통해 받지 못했기 때문이다.

예를 들면, 친구들과 함께 있기를 원하는 자원봉사자가 혼자 다른 장소에 배치된다든지, 규칙적이고 편안하며 스트레스를 받지 않는 일을 하기 원하는 자원봉사자에게 위험성이 높은 일이 주어진다든지, 새로운 기술을 배우기 위해서 자원봉사를 원하는 사람에게 자신이 이미 알고 있는 기술 이외의 어떤 것도 할 수 있는 기회가 주어지지 않는다든지, 자신의 고용주에게 좋은 인상을 주기 위해서 자원봉사를 하는 사람이 있는데 그를 위해서 고용주에게 감사의 편지 한 번 보내지 않는다든지 하는 것 등으로 인해 자원봉사자는 더 이상 자원봉사를 계속 할 이유를 발견하지 못할 것이다. 자원봉사자 모집 시 획득한 효과적인 정보는 자원봉사자를 성공적으로 자원봉사활동에 유지시킬 때에도 유효하게 사용되어야 한다.

하지만 자원봉사자 모집자가 흔히 범하는 실수 중 하나는, 자원봉사 프로그램의 필요성(욕구)에 대한 언급 없이 직접적으로 자원봉사 업무에 대해 이야기를 먼저 꺼내는 경우와 마찬가지로 급부에 대한 서술도 많은 경우 생략되곤 한다는 점이다. 그 이유는 대략 두 가지인데, 급부에 대한 언급을 생략함으로써 순수한 자원봉사자를 구할 수 있기 때문이거나, 급부에 대한 것은 누구나 아는 것이라는 선입관으로 인해 언급할 필요성을 느끼지 않기 때문이다. 그러나 급부에 대한 언급이 없다면, 기관을 위해서 자원봉사를 하고 싶어 하는 사람의 수 역시 감소할 것이 분명하다.

자격을 갖춘 좋은 자원봉사자를 가능한 한 많이 모집하기 위한 메시지 구성의 세 가지 기본 요소로 자원봉사활동의 필요성과 자원봉사자의 직무, 그리고 자원봉사활동에 수반되는 급부에 관하여 알아보았다. 자원봉사자 모집자가 어떤 모집 방법과 전략을 사용하느냐의 여부와 관계없이, 잠재적인 자원봉사자들에게 문제가 무엇인지(욕구)를 설명하고, 그 문제를 해결하기 위해서 어떻게 도울 수 있는지를 보여 주고(업무), 그 과정에서 그들이 무엇을 얻을 수 있는지(급부)를 보여 줄 수 있어야 한다. 다음은 제한된 공간의 포스터에 사용할 수 있는, 욕구, 업무, 급부를 보여 주는 단 네 문장으로 구성된 모집 메시지다.

학대받는 아이들이 우리 주변에 있습니다.
일시적인 쉼터를 제공함으로써 당신도 이들을 도울 수 있습니다.
동시에 당신도 도움받을 수 있습니다.
당신의 전화를 기다립니다(전화번호: OOO-OOOO-OOOO)

⑦ 누가 모집 업무를 담당할 것인가

효과적인 모집 캠페인 개발의 일곱 번째 단계는 '누가 모집을 담당할 것인가?'에 관한 논의와 결정이다. 이 단계에서 '양방향 대화법을 활용한 모집 방법을 어떻게 적극적으로 활용할 수 있을 것인가?' 그리고 '한 방향 대화법을 활용한 모집의 책임은 누가 맡을 것인가?'의 문제가 결정된다.

앞에서도 언급했듯이 이런 일을 감당하는 데 가장 효과적인 사람은 이미 봉사하고 있는 자원봉사자나 기관의 이사들이다. 하지만 그들의 업무 효과성을 담보하기 위해서 자신이 이 일의 책임자라는 사실을 인지하고 있는지, 모집 대상이 누구인지, 그들을 어디에서 찾을 수 있는지, 어떤 모임 방법을 활용해야 하는지, 무슨 말을 해야 하는지 등을 사전에 확인할 필요가 있다. 간단히 말해, 기존의 자원봉사자나 해당 기관의 이사들은 이 일을 잘 감당해 내기 위해서 직원들에 의해 철저히 준비되고, 완벽하게 점검되어야 한다.

종종 간과되고 있지만 자원봉사자 모집을 위한 자원으로서 가장 효과적으로 활용될 수 있는 사람은 자원봉사자 모집 업무를 위해 모집된 자원봉사자다. 만약 어떤 회사에서 자원봉사자를 찾으려고 한다면, 효과적인 첫 번째 단계는 그 회사 내에서 잠재적인 자원봉사자를 모집하는 업무를 담당할 자원봉사자를 모집하는 것이다. 물론 이 사람과 한 직장에서 근무하는 잠재적 자원봉사자들은 이 사실을 알고 있는 사람이어야 하며, 잠재적 자원봉사자들이 하고 싶어 하는 직무를 위해서 그들을 모집해야 한다. 이 사람은 1년 내내 이 일만을 담당하기 때문에 다른 모집 방법과 비교하여 상당한 유연성이 요구되는 업무를 맡게 되며, 자원봉사 관리자는 특정 프로그램이나 서비스를 위해 자원봉사자가 필요할 때마다 이 사람을 통해 회사 내의 잠재적인 자원봉사자를 개별 접촉함으로써 확보할 수 있게 된다.

따라서 가장 효과적인 자원봉사자 모집 시스템은 지역사회를 구성하고 있는 다양한 집단 유형의 각각의 집단을 책임지는 자원봉사자 모집자들로 구성된 자원봉사자 네트워크를 갖추는 것이다. 이러한 상시적 활동의 네트워크가 일단 갖추어질 경우 자원봉사 관리자는 필요할 때마다 자원봉사자 모집의 가장 효과적인 방법이라 할 수 있는 (이미 알고 있는 잠재적 자원봉사자를 대상으로 한 면대면 접촉에 의한) 양방향식 모집 방법을 체계적이고 손쉽게 활용할 수 있게 된다. 이러한 시스템을 구축하는 가장 좋은 방법은 직원, 이사 그리고 다른 기존의 자원봉사자들로 하여금 지역사회의 다양한 하위 집단별로 이러한 일을 할 수 있는 자원봉사자들을 모집할 수 있도록 독려하여, 모집된 사람들을 대상으로 자신이 속한 집단 내에서 상시적 자원봉사자 모집 업무를 할 수 있도록 훈련시키는 것이다.

물론 면대면 접촉을 통한 효과적인 모집이라는 것이 별다른 준비 없이 그냥 일어날 수도 있겠지만, 체계적인 네트워크를 통해 상시적인 모집이 가능하도록 만든다면 훨씬 많은 수의 자원봉사자를 효과적으로 모집할 수 있을 것이다. 이러한 시스템 속에서 직원, 이사, 자원봉사자를 포함한 기관의 모든 관련 당사자는 자원봉사자 모집 시 자신의 역할과 책임이 무엇인지를 명확히 이해하고 있어야 한다. 새로운 자원봉사 인력이 필요할 경우, 자원봉사 관리자는 일차적으로 자원봉사 직무기술서, 자원봉사 필요성과 그에 수반되는 급부에 대한 개략적 계획을 준비해야 하며, 이러한 내용을 기관 내의 다른 직원, 이사, 기존의 자원봉사자들(특히 자원봉사자 모집의 책임을 지고 있는 자원봉사자들)과 논의해야 한다. 이러한 과정을 통해서 이미 파악하고 있는 잠재적 자원봉사자 중 기관에 필요한 지원자에 대한 선별을 시작할 수 있다.

⑧ 모집 담당자가 해야 할 일은 무엇인가

모집을 준비하는 마지막 단계는 모집 메시지를 전달할 사람들을 훈련시키는 것이다. 지금까지 기술한 원칙을 따른다면, 기관과 관련이 있는 모든 사람을 훈련시켜야 함을 알 수 있을 것이다. 자원봉사 관리자는 물론 기관의 직원과 이사, 자원봉사자 모두가 잠재적 자원봉사자를 직·간접적으로 이미 알고 있는 상태이며, 유사시 언제라도 그들로 하여금 자원봉사 후보자에게 다가가 이미 습득하고 있는 모집 기술과 메시지를 활용하여 자원봉사 활동의 참여를 독려하도록 준비시키는 훈련을 의미한다.

일반적으로 훈련 내용은 모집 과정에 있어서 그들의 역할이 무엇인지를 정확히 인지시켜 주는 것을 포함해야 하며, 가능한 한 역할연습과 같은 효과적이고 실제적인 습득이 가능한 교육 방법을 활용하는 것이 바람직하다.

3) 모집 계획의 평가

지금까지 효과적인 모집 계획을 위한 단계별 특성과 주의사항 그리고 구체적인 내용에 대해 살펴보았다. 향후 당신이 자원봉사 관리자로서 새로운 모집 캠페인을 준비할 때마다 명심해야 할 질문은 다음과 같다.

- 자원봉사자가 수행해야 할 일은 무엇인가?
- 이 일을 하고 싶어 하는 잠재적 자원봉사자는 누구인가?
- 그 사람들을 어디에서 찾을 수 있나?

- 그들에게 어떠한 방식으로 접근하고, 대화를 나누어야 할 것인가?
- 그들의 개별적이고 독자적인 자원봉사 동기는 무엇인가?
- 그들에게 어떤 말(모집 메시지)을 해야 하나?
- 누가 그들에게 말을 하는 것이 좋은가?
- 그들이 해야 할 일을 어떻게 알 수 있는가?

이 질문을 항상 마음속에 담고 더 나은 답을 찾기 위해 노력한다면 당신은 기관과 이용자로부터 인정받는 유능한 자원봉사 관리자가 될 것이다.

자원봉사자 모집의 가장 중요한 핵심은 [그림 6-3]에 나타나는 바와 같이 잠재적 자원봉사자와 기관 간의 공유 욕구(C)를 정확히 파악하고 조화시키는 일이다. 기관에서 필요로 하는 일을 누가 가장 잘 해낼 수 있는지, 그리고 자원봉사활동에 참여함으로써 기대되는 급부를 받을 수 있는 사람은 누구인지에 대한 정확한 분석을 바탕으로 자원봉사자의 직무를 개발하고, 그 장점을 극대화한 모집 계획을 세움으로써 잠재적 자원봉사자의 적극적인 관

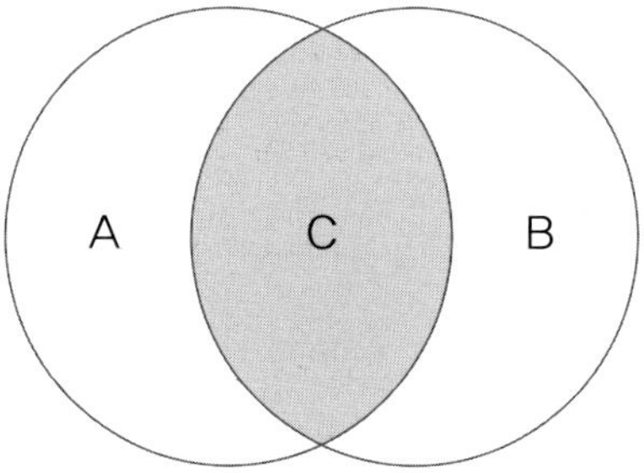

[그림 6-3] 잠재적 자원봉사자와 기관 간의 욕구

심을 유도함은 물론, 성공적인 모집을 이룰 수 있을 것이다.

4) 자원봉사자 모집의 기본 원칙

대부분의 자원봉사 조직은 자원봉사자만 많이 모집할 수 있으면 모든 문제를 다 해결할 수 있다는 착각으로 자원봉사자 모집에 모든 초점을 맞추는 경향이 있다. 그러나 다음의 간단한 두 가지 원칙만 따른다면 자원봉사자 모집에 대한 큰 부담 없이 성공적인 프로그램 운영이 가능할 것이다.

- 자원봉사자의 다양한 잠재적 활용 가능성에 대해서 유연성을 가지고 폭넓게 사고하라. 하지만 그러한 자원봉사자를 모집하기 위한 메시지와 방법에 대해서는 치밀하고 좁게 생각하라.
- 자원봉사자를 위한 좋은 업무를 준비하라. 하지만 이러한 업무를 수행하는 데 요구되는 구체적인 일과 일정은 항상 유연하게 계획하라.

또한 모집은 자원봉사 관리자와 자원봉사자 사이의 관계 전반에 있어서 이루어지는 지속적인 과정이라는 사실을 항상 기억해야 한다. 실제로 자원봉사자들이 봉사활동을 위해 기관에 나타날 때마다 그들을 다시 모집한다는 식의 사고의 전환이 필요하며, 그들이 기관에 계속 남아서 의미 있는 시간을 보내고 원하는 봉사에 전념할 수 있도록 지속적으로 동기 부여의 기회를 제공해야 할 것이다. 다시 말하면, 자원봉사자를 항상 새롭게 대하고, 처음 그들을 모집하고 동기 부여했던 것처럼 조심스럽고 귀하게 여겨야 함을 잊지 말아야 한다.

2. 선발과 면접

선발과 면접 과정은 자원봉사자 관리에 있어서 매우 중요한 과정이며, 이 과정을 성공적으로 수행하기 위해서 충분한 시간적 투자와 특별한 관심을 기울여야 할 필요가 있다. 이 과정은 기관과 자원봉사자가 첫 번째 대면을 하는 기회이기 때문에 자원봉사자들에게 좋은 인상을 남겨야 한다. 즉, 기관이 자원봉사자들에 의해 제공되는 서비스를 필요로 하고 있으며 그들의 관심과 앞으로의 봉사에 진정으로 감사하고 있음을 전달할 수 있어야 한다. 선발을 위한 면접 과정은 또한 창조적인 기회가 되어야 한다. 이 과정의 가장 핵심적인 사항은 자원봉사자와 기관의 상이한 이해와 관심 영역을 비교하여 합치되는 공유 영역을 발견하고 부각시킴으로써, 자원봉사자가 진정으로 하고 싶은 일이 기관에 정말로 필요한 일이 될 수 있도록 만드는 것이다. 기관에 맞지 않는 자원봉사 지원자를 억지로 끼워 맞춰서는 안 되며, 자연스럽게 자원봉사자의 특성 및 관심과 기관의 욕구를 합치시키는 노력을 기울여야 할 것이다. 비록 시간적 · 경제적 비용이 추가적으로 소요된다 하더라도 이 단계에서의 성공은 중요하다. 장기적으로는 이후에 발생할 수 있는 더 큰 비용(슈퍼비전상의 추가 비용, 업무상의 분쟁조정 등)의 발생을 예방하는 비용절감 효과를 기대할 수 있다.

1) 선발의 목적

선발은 충원에 적합한 직무 자격을 소유하고 있는 인적자원을 선택하는 과정 또는 최적의 지원자를 특정 직무에 짝지어 주는 과정으로서 사람을 모으는 모집의 '다음 과정'이며, 응모 자격과 직무 조건을 고려하여 직위에 맞게 안배하는 과정이다. 선발은 업무 수행에 적절한 인적자원을 선택하는 것이지만 동시에 최소의 비용과 시간을 투자하여 최적의 자원을 구하는 전략적 행위다.

다른 모든 조직 활동과 마찬가지로 자원봉사자 선발은 제한된 인적자원을 대상으로 구체적인 직무기술서가 결여된 상태에서 이루어지기 때문에 선발활동을 하기 전에 철저한 사전준비가 필요하다. 준비 소홀과 안이한 선발활동으로 인하여 자질과 능력이 부족한 사람이 선발될 경우 업무 능률이 떨어지고 생산성이 저하되며 미자격자의 중도 탈락으로 인한 물적 · 인적 손실이 초래된다. 따라서 선발의 가장 중요한 사항은 적재적소원칙(principle of the right person for the right job)의 실현이라 할 수 있다(김창의 외, 2001, p. 186).

자원봉사자가 기관에서 일을 시작한다는 것은 모집 과정을 통해서 자원봉사자가 기관에 특별한 관심을 갖게 되고, 기관과 자원봉사자의 이해가 상호 부합하는지의 여부에 관하여 자원봉사자와의 협상이 이루어졌음을 의미한다. 이러한 협상 과정은 선발과 면접의 과정 동안에 시작된다.

이 과정의 가장 중요한 속성은 이해당사자 간의 협상이 전제되는 양방향의 과정이어야 한다는 점이다. 즉, 양쪽의 입장이 고려된 조정을 통해 자원봉사자와 기관 쌍방이 모두 만족하는 결과가 도출되어야 한다. 기관의 입장에서 선발의 목적이 단순히 기관의 조건을 발표하는 것이고, 자원봉사자가 그 조건을 받아들일 것이라는 입장을 견지하는 것은 잠재적 자원봉사자의 요구나 입장을 전혀 고려하지 않고 일방적으로 결정된 업무를 제시하면서 '그 일을 맡든지 아니면 하지 말든지'식의 고압적 협상 태도를 보이는 것과 동일하다. 이럴 경우, 잠재적 자원봉사자는 당연히 그 기관을 떠날 것이며 자신의 입장을 더 고려하는 기관을 찾게 될 것이다.

2) 선발 과정의 고려사항

선발 과정에 있어서 고려되고 결정되어야 할 세 가지 중요한 사항이 있다.

(1) 적합성

'적합성'이란 기관의 욕구와 관심이 자원봉사자의 욕구, 관심과 상호 일치하는 것을 의미한다. 적합성 검토는 자원봉사에 관한 다음의 세 가지 항목의 고려와 결정으로 이루어진다.

- 자원봉사자가 특별한 일에 어느 정도 관심을 갖고 있으며, 그 일을 수행하는 데 요구되는 자격을 어느 정도 갖고 있는가?
- 자원봉사자가 다른 일에는 어느 정도 관심을 갖고 있으며, 그 다른 일을 수행하는 데 필요한 능력은 어느 정도 갖고 있는가?
- 자원봉사자가 특수한 업무환경에서 원만하게 근무하는 데 필요한 '적절성'은 어느 정도 갖추고 있는가?

여러 가지 경우를 통해서 볼 때, 자원봉사자가 기관의 근무환경에 매우 잘 적응할 가능성을 나타내는 '적절성'은 성공을 예측하는 가장 중요한 요소일 것이다. '적절성'은 자원봉사자가 자신이 근무할 기관이나 자신과 함께 일하게 될 직원들과 어떻게 지낼지에 직접적인 영향을 끼치는 개인적 스타일(예: 편안한 또는 열광적인)과 성격(예: 깔끔한 또는 번잡한, 내성적인 또는 외향적인) 그리고 행동(예: 흡연자 또는 비흡연자) 등을 포함한다. 아주 많은 경우 이러한 대인관계상의 요소가 업무 수행과 관련한 기술 자격상의 요소보다 더 중요한 역할을 한다. 사실 기술적인 요소는 자원봉사자가 기관에서 오랫동안 활동하게 되면 익힐 수 있는 요소다. 자신의 근무환경을 즐기는 자원봉사자가 자신에게 맡겨진 소임을 다할 수 있을 것이며, 즐겁지 않은 자원봉사자는 자신의 임무 완수에 힘쓰려고 하지 않을 것이다.

(2) 면 접

면접 과정에 있는 자원봉사자들은 실제적으로 선발이 완료된 사람들은 아니라는 것을 명심하는 것은 매우 중요하다. 이 단계의 자원봉사자는 그저 기관에 특별한 관심을 가지고 있는 잠재적 인적자원일 뿐이다. 선발을 위한 면접의 중요한 목적 중 하나는 기관이 자원봉사자에게 무엇을 제공할 수 있으며, 그들이 원하는 일을 어느 정도 해 줄 수 있을 것인지에 관해서 자원봉사자가 신중하게 생각할 시간을 주는 것이다. 동시에 자원봉사자가 그 일에 적합한지 아닌지, 그리고 왜 그 일이 중요하고 관심을 가질 만한 가치가 있는지에 대해서도 충분히 생각할 시간이 주어져야 한다. 자원봉사자들이 단순히 면접을 보러 왔다고 해서 그 기관의 일부가 되었다고 속단해서는 안 된다. 선발을 위한 면접이 자원봉사자와의 첫 번째 접촉이라면 면접 과정 동안 그들이 환영받고 있으며 기관이 그들을 필요로 하고 있음을 느낄 수 있도록 해 주는 것이 중요하다. 기관이 단지 자신의 노동력만을 필요로 하고 있으며 자신의 개인적인 일에는 관심이 없는 관료적인 조직이라는 편견을 갖게 해서는 안 된다.

(3) 마케팅

선발을 위한 면접 동안에 결정해야 할 마지막 요소는 마케팅 요소다. 선발과정은 모집 과정의 효과성을 평가할 수 있는 좋은 기회다. 잠재적인 자원봉사자로부터 자원봉사 프로그램에 관한 두 가지 핵심적인 마케팅 정보를 얻을 수 있다.

- 잠재적 자원봉사자가 어떻게 기관의 자원봉사활동에 대해 알게 되었는가?
- 잠재적 자원봉사자가 기관의 어떤 요소에 이끌려서 오게 되었는가?

이러한 질문에 대한 대답은 현재의 모집 방법에 대한 검토와 평가를 통해 향후 보다 효과적인 모집 방법의 개발을 위한 중요한 자료로 활용될 수 있다.

3) 면접 장소

면접 과정을 수행하는 장소는 다양할 수 있으나, 면접 동안에 자원봉사자가 개인에 대한 존중과 편안함을 느낄 수 있게 해 주는 것이 중요하다. 이는 공공의 장소나 공유된 사무실에서 면접을 실시하지 않아야 함을 의미한다. 왜냐하면 이러한 장소에서의 면접은 자원봉사자들이 자신의 배경이나 개인적 관심사항에 관해서 깊이 있는 정보를 제공할 수 없게 만들기 때문이다. 자신의 개인적인 삶에 대해 이야기하는 동안 다른 사람들이 엿듣는 것을 좋아할 사람은 아무도 없을 것이다.

일대일 면접이 가장 바람직한 면접 방법이지만, 전화를 통한 사전면접을 할 때도 있다. 이는 잠재적 자원봉사자의 거주지가 너무 멀거나, 그들의 수가 너무 많기 때문에 한 사람 한 사람 직접 만날 수 없는 경우에 이뤄진다. 전화 면접이 적당한지를 결정하는 것은, 첫째, 자원봉사자에게 부탁하는 봉사시간(장기간의 봉사인가, 아니면 일회성 특별행사의 일시적인 업무인가 등), 둘째, 책임의 정도(자원봉사집단의 일원인가, 아니면 특별위원회의 의장인가 등), 셋째, 수행해야 할 일의 민감성 정도(행사장에서의 단순한 안내역인가, 아니면 장애아동에게 일대일로 교육하는 일인가 등)에 따라 결정되어야 한다. 하지만 어떤 경우든 가능하면 직접적인 면접을 하는 것이 바람직하다. 그 이유는 직접 면접을 통한 관찰이 잠재적 자원봉사자에 대한 가장 정확하고, 심도 있는 이해를 가능케 하기 때문이다. 만약 직접 면접을 수행할 수 없는 경우라면 가능한 한 빠른 시간 안에 잠재적 자원봉사자와 사후접촉의 기회를 마련할 필요가 있다.

4) 면접 시 유의할 점

면접을 실시하기 전에 먼저 지원자와 면접자가 서로 신뢰관계를 유지하기 위해서 우호적 분위기를 조성해야 한다. 그렇게 될 때 지원자가 기관과 면접관에게 호의를 갖고 면접에 임하게 될 것이다. 그런 연후에 면접관이 공정하게 적임자를 선발하기 위해서는 다음 사항에 유의해야 한다.

- 면접관은 지원자의 개인적 성격과 존엄성을 존중해야 한다.
- 면접관은 지원자에게 제시할 면접 내용을 사전에 준비해야 한다.
- 질문 내용은 지원자가 쉽게 이해할 수 있도록 간단명료해야 한다.
- 지원자가 편안한 마음을 갖도록 격려하면서 진실을 말하도록 해야 한다.
- 면접 내용은 체계적이고 논리적이어야 한다.
- 지원자의 결점을 지적하거나 비판해서는 안 된다.
- 면접 중에 지원자의 자존심을 상하게 해서는 안 된다.
- 면접관과 지원자 간에 비밀이 유지되어야 하며 면접 내용을 선발 이외의 용도로 사용해서는 안 된다.

또한 면접의 결과를 반드시 공정하게 기록하고 평가해서 적절한 인재가

선발되도록 해야 한다.

5) 면접 과정

선발이 양방향의 과정으로, 자원봉사자와 기관 모두가 만족하는 결과가 도출되어야 한다는 점은 면접 과정에서도 반영되어야 한다. 면접을 통해 기관만이 지원자에 대한 정보를 파악하고 적합성을 판단하는 것은 아니다. 지원자 또한 기관에 대한 정보를 파악하고 자신의 적응성을 가늠해 볼 수 있는 계기가 된다. 실제적인 면접 과정은 다음의 세 단계로 나뉘는데, 이 과정에서도 이러한 양방향성이 반영되어 있다.

(1) 면접 전 준비단계

면접 전 준비단계는 지원자에 대하여 최소한의 자격 요건을 확인하는 과정으로서 지원자의 단점을 발견하여 탈락시키는 데 목적을 두지 않고 응모자의 장점을 발견하는 차원에서 이루어져야 한다(최해진, 2004, pp. 130-131).

선별된 자원봉사 지원자를 위한 면접을 실시하기 전에 면접자는 두 가지 영역에 대한 질문을 준비해야 한다.

첫 번째 영역의 질문은 구조상으로 개방형 질문이어야 하며, 자원봉사자의 개인적 관심이나 동기가 무엇인지에 관한 정보를 이끌어 내기 위한 질문이다.

두 번째 영역의 질문은 특별한 업무를 수행하기 위해 필요한 기술이나 자격 요건과 관련된 질문이다. 이러한 질문은 개인별 자원봉사 업무에 따라 다른 형태로 나타나야 한다. 여기에는 봉사가능시간, 기술, 경험 등의 결정 요인을 포함한다.

(2) 면 접

실제적인 면접은 자원봉사자가 면접과 면접관에 대해 친숙한 느낌을 가지고 편안한 감정으로 대할 수 있도록 한 후 본격적으로 이루어져야 한다. 즉, 선발 과정에 대하여 적절한 설명이 이루어지고, 자원봉사자가 자원봉사 활동을 하면서 기대하는 것이 충분하게 표현된 후에 면접 자체가 시작되는 것이다.

면접 과정은 기관과 면접관의 주도 아래 이루어지는 것이 아니라 기관과 자원봉사자 모두가 주체적 역할을 하는 과정이라는 사실을 명심해야 한다. 면접 과정에는 자원봉사자가 개인적 관심과 이해를 면접관과 나누고 질문할 수 있는 시간이 반드시 포함되어야 한다. 면접은 일방적인 것이 아니라 쌍방적인 행위로서 서로 의사를 교환하는 과정이며, 질문이나 심문 과정이 아니고 협상 과정이라는 사실을 항상 기억해야 한다.

(3) 면접 후 업무

자원봉사자를 배치 확인함으로써 면접 과정은 끝이 나게 된다. 이 과정은 새로운 자원봉사자의 배치와 업무의 위탁을 위해 해당 직원들의 협조를 구하고, 자원봉사자가 제출한 서류를 재검토(추천서 확인 등)하는 과정 등을 포함한다.

이 과정에서 가장 중요한 것은 가능한 한 빨리 이 과정을 끝내는 것이다. 면접과 배치 사이에 시간이 많이 소요되면 소요될수록 자원봉사자는 해당 기관에서 행할 자원봉사활동에 대한 관심이 줄게 된다. 피치 못할 사정으로 면접 후 배치가 지연될 경우, 기관에서 그 사람을 잊고 있지 않다는 것을 확인시켜 주기 위해서 자원봉사자와 꾸준히 연락을 취하도록 해야 한다.

6) 계 약

면접과 배치 과정 동안에 자원봉사자와 자원봉사활동에 대한 계약이 자연스럽게 이루어지게 된다. '계약'은 단순히 형식적인 법적 서류를 작성하는 것을 의미하는 것이 아니다. 자원봉사자와 기관이 상호의 책임에 관한 항목에 서명하는 것만이 계약은 아니다. 계약은 자원봉사자가 실행해야 할 일과 기관이 자원봉사자에게 제공할 급부, 지원 내용 그리고 시간적 틀을 구체화하고, 그 내용에 대해 상호 동의하는 것을 말한다.

계약의 목적은 기관과 자원봉사자가 자원봉사활동을 매개로 공식적인 관계를 시작했다는 것의 중요성과 상징성을 강조하는 것이지, 자원봉사활동에 대한 법적 책임을 표현하려는 의도가 있는 것이 아니다.

7장

자원봉사 관리의 실제 3: 오리엔테이션, 훈련 및 역량강화

학습 목표

1. 오리엔테이션과 훈련의 중요성을 깨닫는다.
2. 훈련의 형태와 내용을 파악한다.
3. 자원봉사자의 역량강화의 중요성을 깨닫는다.
4. 업무권한의 정도에 따른 단계와 그 특징을 배운다.

1. 오리엔테이션

조직에 가입한 초기 단계에서부터 자신의 역할을 정확하게 수행하는 구성원은 없다. 그러므로 구성원들에 대한 오리엔테이션과 훈련은 조직의 목표 달성을 위하여 구성원들이 자신의 역할을 수행할 수 있는 능력을 향상시키도록 하기 위한 필수적인 과정이다. 따라서 모든 조직은 방법이나 기법상의 차이는 있다고 하더라도 반드시 오리엔테이션과 훈련(orientation and training) 과정을 거쳐야 한다.

사회봉사기관에서 자원봉사자들을 대상으로 하는 오리엔테이션은 자원봉사자들로 하여금 기관의 업무를 이해하고 편안하게 일할 수 있도록 도와주는 과정이다. 이 과정에서는 자원봉사자가 할 일이 기관의 전체적인 기능과 특정한 관련성을 가지고 이루어지게 되며, 그것이 기관의 목적 달성에 어떤 기여를 하게 되는지에 대한 이해를 돕기 위하여 기관 및 프로그램의 배경과 실제적인 정보가 그들에게 제공된다. 만약 자원봉사자들이 기관의 체계, 운영 그리고 절차에 대해 더 깊은 이해를 가지게 된다면, 그들은 훨씬 더 생산적인 방향으로 기여할 수 있게 될 것이다.

오리엔테이션의 내용은 기관에 따라 매우 다르나 다음의 내용이 반드시 포함되어야 한다.

- 기관의 현황과 역사
- 기관의 프로그램과 이용자에 대한 설명
- 자원봉사 프로그램에 대한 설명
- 기관의 조직에 대한 개요와 주요 직원들에 대한 소개

- 기관의 중요한 이벤트나 활동에 대한 설명과 일정
- 시설과 장비에 대한 소개(편의사항, 즉 화장실 위치, 주차 장소 등)
- 자원봉사활동에 관한 절차 설명: 기록의무, 급부, 훈련, 슈퍼비전 등

자원봉사 관리자가 오리엔테이션에 사용할 의제(agenda)를 결정하는 가장 확실한 방법은 '이 기관이 어떻게 움직이고, 업무가 어떻게 진행되는지를 보다 잘 이해하기 위해서 내가 알고자 하는 것이 무엇인가?'라는 질문을 스스로에게 던져 보는 것이다. 기관에 대해 정확하고 완전히 이해하고 있는 자원봉사자는 지역사회에 기관의 필요성(가치)을 효과적으로 전달하는 역할을 하게 되지만, 그렇지 못한 자원봉사자의 경우 정반대의 행동을 할 수도 있음을 유념해야 한다. 또한 직원들이 오리엔테이션 모임을 통해 기관의 프로그램이나 부서의 전반적인 상황을 설명할 수 있는 기회를 갖도록 조정함으로써, 자연스럽게 오리엔테이션을 직원과 자원봉사자의 바람직한 관계 형성을 위한 계기로 이용할 수 있다. 이러한 오리엔테이션은 기본적으로 기관 및 자원봉사 업무에 대한 일반적인 사항을 다룬다는 면에서 훈련과는 구별된다. 즉, 훈련은 특수한 자원봉사 업무에 맞추어 준비되고 시행된다는 특징이 있다.

2. 훈련

훈련은 공식적인 훈련, 코치, 카운슬링 등의 세 가지 형태로 제공할 수 있다.

1) 공식적인 훈련

자원봉사자를 위한 공식적인 훈련은 특수한 업무를 위해서 그들을 준비시키는 과정이다. 예를 들면, 위기개입 전화상담소는 자원봉사자에게 최소한 수일에 걸친 훈련을 통해서 정서가 불안정한 전화상담자를 다루는 방법을 교육해야 한다. 비행아동 상담 프로그램의 경우 자원봉사자가 이용자에 대한 상담 업무를 맡기 전 1년 동안 주 1회의 훈련을 요구하기도 한다. 특히 미국의 소방서 자원봉사자들의 경우 자원봉사자로 활동하는 동안 인명구조 기술을 지속적으로 연마하고 새롭게 발전시키기 위해서 최소한 일주일에 한 차례씩 훈련에 반드시 참가해야 할 것을 의무화하는 경우가 많다.

훈련은 강의, 독서, 토론, 현장견학, 비디오, 패널토론, 역할시범, 역할극, 사례분석, 가상체험 등 다양한 방법과 수단을 통해 전달될 수 있다. 또한 훈련 방법으로 다양한 기술과 기법을 사용하는 것이 일반적인데, 그래야만 교육받는 자원봉사자들이 계속해서 집중할 수 있기 때문이다.

자원봉사자의 업무상 성격이나 유형과 관계없이 자원봉사자 훈련 프로그램의 개발에 있어서 필수적으로 다루어야 할 두 가지 주요한 영역이 있다. 첫 번째 영역은 자원봉사 업무의 기능에 관하여 설명하는 것이다. 즉, 다음의 내용을 말한다.

- 자원봉사자들이 업무상 반드시 수행해야 하고 성취해야만 하는 일
- 자원봉사자들이 절대로 해서는 안 되는 일
- 어떠한 상황이 일어난다면 반드시 해야만 하는 일

예를 들면, 병원 진료 약속이 있는 노인 이용자를 돕기 위한 에스코트 서비스를 제공하기 위해 모집된 자원봉사자는 다음의 훈련을 받아야 한다.

- 해야 할 일: 시간에 늦지 않아야 한다. 혹시 늦거나 결석을 할 것 같으면 적어도 3시간 전에 프로그램 코디네이터에게 통보해야 한다. 이용자가 차에 타고 내리는 것을 도와야 한다. 도시 지리에 익숙해야 하며 반드시 보험에 가입되어 있고 점검을 받은 자동차를 사용해야 한다.
- 해서는 안 될 일: 이용자가 해야 할 집 안의 허드렛일을 도와주지 말아야 한다. 사전에 예정되지 않은 다른 약속이나 모임을 위해 이용자에게 서비스를 제공하거나, 이용자의 쇼핑 등을 도와주어서는 안 된다. 이용자에게 다른 사람의 개인적인 신상(예: 건강 상태, 채무여부 등)을 이야기해서는 안 된다.
- 조건부 할 일: 자원봉사활동 중에 의료상의 응급한 문제가 생기면, 기관에서 제공한 지도에 표시된 가장 가까운 응급실로 가야 한다.

훈련은 본질적으로 이전의 자원봉사자들이 경험한 문제나 성공 사례에 대한 다양한 경험을 자원봉사자에게 제공하는 것이라 할 수 있다.

자원봉사 훈련 프로그램 개발에서 반드시 고려해야 할 두 번째 영역은 업무상 역할과 책임에 관한 설명이다.

- 누구와 함께 일하게 될 것인가에 관하여, 그리고 업무상 자원봉사자의 구체적인 역할에 대하여
- 자원봉사자와 함께 일하게 될 사람들의 역할에 대하여

예를 들어, 누가 자원봉사자들에게 슈퍼비전을 주는지, 업무를 수행하는 동안에 누구에게 보고해야 하는지 등을 알려 주어야 한다. 만약 어떤 자원봉사자가 기존의 자원봉사자들과 연합하여 이용자를 위해 일해야 하는 상황이라면, 기존의 자원봉사자에게 새로 온 자원봉사자를 소개해 주고, 이용

자를 위해 기존의 자원봉사자들이 해 온 업무에 관해 알려 주는 것이 필요할 것이다.

자원봉사 훈련의 내용은 자원봉사자가 자신에게 부여된 과업을 수행할 수 있도록 준비시키는 것이다. 그러므로 훈련은 그들이 알아 두어야 할 공식적인 기술은 물론, 자원봉사활동 영역 전반에 걸친 인적 · 조직적 관계망에 대한 교육을 포함해야 한다.

2) 코 칭

코칭의 목적은 자원봉사자에게 자율성을 적극적으로 활용한 학습기회를 제공함으로써 업무 수행 능력을 증진시키고자 하는 데 있으며, 자원봉사자가 필요한 기술을 습득할 수 있도록 3단계의 과정을 거치게 된다. 그 과정은 다음과 같다.

- 습득되고 개선되어야 할 기술의 시범
- 습득된 기술을 실행하는 자원봉사자에 대한 관찰
- 피드백과 분석

자원봉사 관리자는 자신이 직접 기술을 보여 줄 수도 있고, 다른 직원들로 하여금 시범을 보이도록 할 수도 있다. 어떤 경우든 기술을 보여 주는 사람은 자신이 왜 그 일을 하고 있는지를 자원봉사자에게 설명하는 것이 중요하다. 기술 시범의 핵심적 목적은 자원봉사자들에게 시범을 보여 주는 자체에 있는 것이 아니라, 그 일이 무엇이고, 무엇 때문에 해야 하며, 어떻게 이루어져야 하는지를 이해시키는 데 있기 때문이다.

간단한 예를 들어 보자. 자원봉사자에게 기관에 걸려 온 전화에 응답하는 방법에 관한 시범을 보일 경우, 몇 개의 단계를 거쳐서 보여 주는 것이 바람직하다. 첫 번째 단계는 시범을 보이는 직원이나 자원봉사 관리자가 전화에 응답하는 것을 자원봉사자가 지켜보도록 한다. 두 번째 단계는 직원이나 자원봉사 관리자가 지켜보는 가운데 자원봉사자가 전화에 응답하도록 한다. 그리고 마지막 단계는 어느 정도의 기간 동안 자원봉사자로 하여금 걸려 온 전화에 응답하게 하고, 나중에 자신의 경험을 보고하도록 한다.

3) 카운슬링

카운슬링의 목적은 자원봉사자의 문제해결을 돕고, 업무 수행에 대한 그들의 책임감을 증진시킴으로써 자원봉사활동에 있어 보다 바람직한 행동을 증진시키고자 하는 데 있다. 코칭이 자원봉사자에게 바람직한 행동을 증진시키는 방법을 보여 주는 것인 반면, 카운슬링은 자원봉사자 스스로 어떻게 증진시킬 수 있는지를 알아내도록 돕는 것이다. 자원봉사 관리자가 카운슬링에서 사용하는 가장 중요하면서도 효과적인 도구는 질문이다. 역량이 강화된 자원봉사자로부터 가장 좋은 결과를 얻을 수 있음을 잘 알고 있는 자원봉사 관리자는 자원봉사자와의 관계 속에서 수많은 질문을 사용한다. 좋은 질문은 자원봉사 관리자가 의도하고 통제할 수 있는 방향으로 자원봉사자의 역량을 강화시키는 효과적인 수단이 된다.

경험이 부족한 자원봉사 관리자들은 모든 질문에 대한 대답을 갖고 있어야 한다고 생각한다. 많은 수의 관리자가 슈퍼비전 단계에서 자원봉사자의 모든 질문에 답하지 못한다거나, 문제에 대한 즉각적인 해결책을 제시할 수 없다면 자신은 무능하고, 실패한 관리자라고 생각하는 경향이 있다. 그래서 이러한 관리자들은 즉각적인 해답을 줄 수 없는 문제에 직면하게 되었을 때, 자원봉사자에게 거짓을 이야기하거나 일시적인 결정에 따른 대답을 주곤 한다. 혹은 자원봉사자들에게 나중에 대답을 주겠다는 핑계를 대고 그 자리를 회피하는 경향을 보이기도 한다.

이러한 행동의 근간에는 자원봉사 관리자는 자원봉사자들의 믿음과 존경의 대상이 되어야 한다는 자원봉사 관리자에 대한 전통적인 인식이 깔려 있다. 하지만 진정으로 유능한 자원봉사 관리자라면 자원봉사자가 그 자신에 대해 자신감과 믿음을 가질 수 있도록 돕는 것에 일차적 관심을 두어야 한다. 모든 문제에 대한 해답을 갖고 있는 슈퍼바이저와 함께 일하는 자원봉사 관리자는 시간의 경과와 비례하여 슈퍼바이저에 대한 의존심 역시 커지게 된다. 그래서 자신의 능력을 신장시키려 하지 않는다. 게다가 이러한 자원봉사 관리자의 경우 자원봉사자들이 무엇을 해야 하는지, 어떻게 해야 하는지를 지시하는 것이 자신의 임무라고 생각하는 경향이 있어 이용자에 대한 자원봉사자들의 무관심(공감과 대비되는 개념으로서)을 조장함으로써 바람직하지 못한 결과를 가져오기도 한다. 이런 환경에 처해 있는 자원봉사자는 궁극적으로는 침체되고 업무에 의욕을 보이지 않게 되어, 자원봉사 관리자가 아무리 노력해도 바람직한 자원봉사자가 되지 못한다.

(1) 카운슬링 과정

자원봉사자가 업무를 수행하는 과정에서 예기치 못한 문제에 직면했을 때 슈퍼바이저는 자원봉사자가 그 일을 잘 해낼 수 있도록 다음의 질문을 활용할 수 있다.

① 문제의 확인

- 무엇이 잘못되었는가?
- 무슨 일이 일어났는가?

② 문제의 원인에 대한 확인

- 왜 그 문제가 발생했는가?
- 무엇이 그 문제를 야기하고 있는가?
- 그 상황의 어떤 요소가 그 문제를 발생시키고 있는가?

③ 대안의 확인

- 이 상황에서 할 수 있는 대안은 무엇인가?
- 그 외의 무엇을 시도해 볼 수 있는가?
- 이러한 대안을 실행에 옮기는 것을 고려해 보았는가?
- 대안을 실행한다면 어떤 결과가 예상되는가?

④ 보다 나은 대안의 확인

- 대안의 장점과 단점은 무엇인가?
- 지금의 상황에서 문제를 해결하기 위하여 무엇을 할 수 있는가?

⑤ 경험을 통한 학습

- 이러한 문제가 다시 일어나지 않도록 향후 어떤 대비책을 세울 수 있는가?
- 이러한 문제가 다시 발생한다면 어떻게 다르게 대처할 것인가?

(2) 카운슬링의 제공

앞에서 언급한 바와 같이 자원봉사자가 알지 못하고 있었던 유용한 정보나 생각지 못했던 대안을 알려 주는 것은 바람직하다. 하지만 그 과정과 방법의 선택에 있어서 자원봉사자가 무엇을 해야 한다거나 무엇을 하는 것이 올바르다는 식의 지시적 · 일방적 의사소통 방식은 지양해야 한다. 자원봉사자에게 카운슬링을 제공할 때는 자원봉사자가 스스로 그 해결책을 발견하여 실행할 수 있도록 역량강화(empowerment)를 돕는 조력자의 역할을 해야 한다. 이를 위해서 자원봉사 관리자는 의도적으로 드러내지 않는 활용 가능한 대안을 자원봉사자가 그 자신의 노력으로 찾아내고 자신의 생각으로 만들 수 있도록 돕는 고도의 카운슬링 기술을 활용해야 한다. 다음의 대화기법은 자원봉사 관리자가 카운슬링을 제공할 때 사용하는 실례다.

"그렇다면 이런 식의 방법을 생각해 보았다는 것인가요?"
"그렇군요. 그것이 당신이 나한테 원하는 것이었군요."
"글쎄요. 당신은 그것을 생각해 보셨나요?"
"그렇게 한다면 어떻게 되는 건가요?"
"그 방법을 택한다면 어떤 위험이 있나요?"
"아니요, 당신이 생각한 대로 그렇게 하면 되지 않을까요?"
"그게 왜 가능할 것 같아요?"
"그렇다면 당신은 어떻게 생각하지요?"
"아주 좋은 생각인 것 같은데요."
"어떻게 진행되는지 한번 지켜보도록 하죠."

3. 자원봉사자 훈련 후 점검사항 및 훈련의 중요성

공식적인 훈련이나 코칭 혹은 카운슬링 중 어떤 방법이 자원봉사 관리자에 의해 선택되고 사용되느냐의 여부와 관계없이 자원봉사자들의 학습은 직접적인 경험을 통하여 이루어진다는 사실을 명심해야 한다. 어떤 방법을 사용하느냐는 자원봉사자들의 개인적 특성과 고유한 상황에 따라 그 결과가 다른 형태로 나타나며, 자원봉사자의 활동 기간이 길어짐에 따라 기관과의 관계가 변화될 때는 다른 형태의 새로운 훈련 방법이 적용되어야 한다.

자원봉사자의 학습 경험이 성공적인 것이었는가의 여부를 판단하기 위해서 모든 학습과정이 끝난 후 다음과 같은 질문에 대한 답변을 자원봉사자들에게 요구할 수 있다.

> "특별히 마음에 오랫동안 남아 있는 부분이 있다면 무엇인가요?"
> "무엇 때문에 그 부분이 중요하지요?"
> "당신에게 가장 도움이 되었던 질문은 무엇이었지요?"
> "왜 그 질문을 듣고 그런 생각을 하게 되었지요?"
> "새롭게 알게 된 정보와 지식을 어떻게 업무에 활용할 수 있을까요?"
> "이러한 것들이 성공적인 업무 수행을 위한 당신의 능력 향상과 어떤 연관성이 있을까요?"

어떤 종류의 자원봉사자 훈련 방법이 되었든지 자원봉사자의 적극적 참여가 선결조건이 되어야 한다. 기본적으로 모든 자원봉사자 훈련 과정은 자원봉사자들이 그들 자신의 업무를 효과적으로 수행하는 데 필요한 지식, 기술, 정보, 원조를 제공받는 기회가 되며, 대부분의 자원봉사자는 이러한 기회를 의미 있는 것으로 받아들이게 된다. 따라서 자원봉사자에게 훈련에 참여할 것을 요청하는 일에 주저할 필요가 없다. 자원봉사자들은 자원봉사 관리자가 자신의 업무에 관심을 쏟고, 개인적인 카운슬링을 포함한 각종 훈련 기회를 제공하는 것을, 자신이 그동안 기관에 기여한 점을 인식하고, 자신의 중요성을 인정해 주는 배려와 보상이라고 간주할 것이다.

4. 자원봉사자의 역량강화

1) 자원봉사 관리자의 의미와 역할

자원봉사 관리자의 역할은 슈퍼비전을 통해 자원봉사자들이 의도되고 계획된 결과를 성취하도록 돕는 것이다. 다른 말로 하면, 관리자의 업무는 직접 어떤 일을 하는 것이 아니라, 일이 성취되게 돕는 것으로 자원봉사자들이 일할 수 있도록 원조하는 업무다.

이러한 업무가 어려운 이유는 다른 사람들로 하여금 일을 하도록 한다는 것이, 간접적인 방법을 통해 일을 해야 함을 의미하기 때문이다. 이는 오랫동안 자신이 직접 일을 하는 데 익숙해져 있는 자원봉사 관리자에게는 쉽지 않은 일이다. 사회복지 전문가로서, 이용자를 대상으로 한 직접적인 서비스의 제공과 관련하여 전문적인 지식과 경험을 지닌 자원봉사 관리자에게는, 그들 자신이 가지고 있는 이러한 전반적인 특성이 다른 사람을 통한 간접적인 업무 수행에서 역효과와 부작용을 일으키는 주원인으로 작용하기도 한다.

2) 동기화를 돕는 환경의 창출

자원봉사 관리의 일차적인 성공은 자원봉사자들이 일하고 싶어 하는 환경과 조건을 만드는 것에 달려 있다. 이를 위해 이미 여러 차례 언급한 바와 같이 자원봉사자의 욕구에 기반을 둔 업무를 개발하고 배치함으로써, 자원봉사자가 자신이 원하는 업무에 종사할 수 있도록 만드는 것이 첫 번째 단계다. 이어서 자원봉사자들이 자신이 성취해야 하는 구체적 결과물을 스스로 설정할 수 있도록 도움으로써 그들의 성취 욕구를 자극하고, 개인적 만족과 관련한 업무적 책임감을 기꺼이 받아들일 수 있도록 해야 한다. 이 장에서는 자신의 활동에 대한 책임이 자기 자신에게 있다는 자원봉사자의 업무적 책임감의 욕구를 어떻게 강화시킬 수 있을지 알아보고자 한다. 특히 자원봉사자의 역량을 강화하는 중요한 몇 가지 기법을 통해 알아볼 것이다.

자원봉사자의 역량강화는 자원봉사자들을 더욱 자율적이면서 더욱 독립적으로 활동할 수 있도록 돕는 것이다. 의존적인 자원봉사자보다는 역량이 강화된 자원봉사자에 의해 바람직한 결과를 도출해 낼 수 있다는 사실은 이러한 접근법에 당위성을 제공한다. 역량강화 기법은 자원봉사자들에게 일정한 범위 안에서 자신이 책임져야 하는 결과를 어떻게 성취해 나갈 것인지 판단하고 결정할 수 있는 권한을 주는 것으로 시작된다. 이러한 방법을 통해 자원봉사 관리는 자원봉사자를 피곤하게 만드는 감시체계가 아니라 이들에게 필요한 도움이나 자원을 제공하는 역할을 하게 된다. 이것은 자원봉사자가 더욱 편안한 느낌으로 일할 수 있도록 도와줄 뿐 아니라, 자원봉사자가 업무의 시시콜콜하고 세부적인 사항 때문에 불필요한 시간을 허비하는 것을 예방하고, 보다 통합적이고 전략적인 차원에서 자신의 임무를 다할 수 있도록 도움을 주는 기법이다.

자원봉사자에게 자원봉사 업무의 방법을 스스로 결정하도록 하는 권한을 부여함으로써 자원봉사자와 그들의 업무에 대한 효과적인 통제가 어려워지고, 그로 인해 무질서하고 혼란스러운 상태를 야기할 위험성이 있는 것도 사실이다. 자원봉사자를 통해 성취하고자 하는 결과의 효과적인 달성을 위해 자원봉사활동을 통제하는 권한을 자원봉사자에게 어느 정도 부여할 것인가의 문제는 자원봉사 관리 업무에서 해결해야 하는 가장 어려운 딜레마 중 하나다. 이러한 딜레마를 해결하기 위해서 자원봉사자가 행사할 수 있는 업무 결정 권한의 정도를 다음 4단계의 통제 수준으로 나누어 인식하고 적용할 필요가 있다.

(1) 전적인 자기 업무 결정 권한 부여

첫 번째 통제 수준은 자원봉사자로 하여금 자신의 업무에 대해 스스로 결정할 수 있는 권한을 부여하는 것이다. 업무상 '자기결정의 업무(self-assignment)'가 의미하는 바는 자원봉사자가 자신의 업무 결정의 주체가 되고 자원이 됨을 뜻한다. 즉, 자원봉사자의 업무는 타인으로부터 오는 것이 아닌, 자기 자신에 의한 것이다. 이 수준에서 자원봉사자가 활동할 때, 자원봉사자는 수행해야 할 욕구를 알고, 이를 실행하며, 이것이 관리의 목적이 된다. 다수의 관리자는 이러한 권한을 부여하는 데 주저하게 되는데, 그 이유는 자원봉사자가 수행해야 할 욕구를 잘못 인지함으로써 기관과 관리자가 의도하는 바람직한 결과를 달성하는 데 문제가 생길 수 있기 때문이다.

(2) 정기적인 과정 보고가 수반된 자기 업무 결정 권한

업무 결정 권한의 정도를 자원봉사자에게 부여하는 데 있어 고려할 수 있는 두 번째 통제 수준의 관리체계는 자원봉사자가 스스로 결정한 업무가 바람직한 방향으로 수행될 수 있도록 슈퍼바이저가 제한된 담보수단을 행사하는 것이다. 이 단계에서 자원봉사자는 이전 단계와 마찬가지로 자신의 업무를 정확히 알고, 그 업무를 수행할 책임을 진다. 하지만 동시에 업무의 수행 과정을 정기적으로 슈퍼바이저에게 보고해야 할 책임도 부여받는다. 이러한 업무 보고의 의무화는 슈퍼바이저에게 자원봉사자가 하는 일이 결국에는 바람직한 결과로 도출될 것이라는 믿음을 담보하게 하는 수단이 된다. 만약 자원봉사자의 업무 내용이 슈퍼바이저에게 흡족하지 않은 것으로 판명될 경우, 슈퍼바이저는 적당한 시기에 업무 내용과 성격을 바람직한 방향으로 수정하는 조치를 취할 수 있기 때문이다. 슈퍼바이저가 과정에 대한 보고를 얼마나 자주 받을 것인가의 문제는 주어진 책임을 완수하는 자원봉사자의 수행 능력에 대한 슈퍼바이저의 판단과 평가에 달려 있다. 슈퍼바이저가 자원봉사자의 업무 수행에 대해 염려하는 마음이 클수록, 자원봉사자로부터 업무 보고가 보다 규칙적으로 빈번하게 이루어지게 된다.

(3) 업무 추천 권한의 부여

슈퍼바이저가 자원봉사자의 업무 수행 능력에 대한 우려가 아주 큰 경우, 즉 자원봉사자의 활동 과정에 대한 개입과 수정 노력이 기관이나 슈퍼바이저가 참아 내기에 쉽지 않은, 상당한 수준의 지도와 관리가 요구되는 자원봉사자라고 판단될 경우 슈퍼바이저는 자원봉사자의 자기 업무 결정 권한을 보다 제한할 필요가 있다. 세 번째 통제단계에서 활동하는 자원봉사자 역시 자신의 업무를 결정하는 데 있어 주체적 역할을 한다. 그러나 이 경우, 자원봉사자는 활동을 시작하기 전에 슈퍼바이저의 승인을 얻는 과정을 거쳐야 한다. 이 과정에서 슈퍼바이저의 통제권은 이전의 두 단계와 비교하여 보다 강화된 형태로 나타난다. 예를 들어, 자원봉사자가 하고자 하는 활동이나 선택한 업무 방식이 슈퍼바이저의 판단으로는 바람직하지 않은 것으로 생각될 때, 자원봉사자가 활동을 시작하기 전 단계에서 언제라도 그것을 중지시킬 수 있는 권한이 슈퍼바이저에게 부여된다. 또한 두 번째 관리 수준과 마찬가지로 세 번째 관리 수준에서도 자원봉사자는 일단 승인된 업무에 대해서는 과정 보고의 의무를 갖게 된다.

두 번째 관리단계에서 자원봉사자의 업무 보고 횟수가 자원봉사자에 대한 슈퍼바이저의 신뢰 정도에 따라 다양한 형태로 나타나듯, 세 번째 관리단계에서도 다양한 정도의 권한 부여 방법을 활용할 수 있다. 예를 들어, 일을 시작한 지 얼마 되지 않은 초보단계의 자원봉사자에게는 슈퍼바이저가 앞 장에서 제시된 업무의 우선순위 양식에 의거한 일일계획서를 업무 시작 전에 제출하도록 할 수 있다. 자원봉사자의 업무 능력이 향상되고, 이에 대한 자원봉사 관리자나 슈퍼바이저의 신뢰가 높아짐에 따라 월별 계획, 분기별 계획, 프로젝트별 계획 등으로 자원봉사자에게 더 높은 수준의 업무 결정 추천 권한을 부여하게 된다.

(4) 자기 업무 결정 권한의 제한

슈퍼바이저의 자원봉사자의 업무 수행 능력에 대한 염려가 그 정도를 넘어, 자원봉사자의 업무 수행에 대해 전반적으로 신뢰할 수 없는 상태일 경우 자원봉사자의 자기결정 권한은 전적으로 통제된다. 이러한 마지막 권한부여단계에서 자원봉사자는 자신에 의해 수행되어야 할 업무상의 욕구가 무엇인지를 알 필요가 없으며, 다만 자신에게 주어진 일을 수행하는 역할을 할 뿐이다.

업무 결정에 대한 아무런 권한도 주어지지 않는 네 번째 단계에서는 자원봉사자에게 자원봉사를 통해 어떠한 개인적 · 사회적 욕구가 충족되어야 하는지를 결정하기 위한 사고와 판단의 권한이 주어지지 않는다. 이 단계에서 이러한 업무 결정의 권한과 책임은 자원봉사 업무가 실제적으로 이루어지는 현장에서 분리되어 관리자와 슈퍼바이저에게 부여된다. 이 단계에서는 부득이 자원봉사 관리자의 업무가 증가하게 되는데, 이유는 자원봉사자가 그 자신의 업무가 어떻게 이루어지고 있으며, 또한 어떠한 방향으로 어떻게 이루어져야 하는지에 대한 이해가 전무하고, 업무 수행의 모든 단계에서 자원봉사자를 지도하고 업무를 부여할 책무가 관리자에게 주어지기 때문이다. 자원봉사 관리자가 슈퍼비전의 책임을 맡고 있는 자원봉사자의 수가 많아질수록, 또한 그들의 업무가 복잡해질수록, 슈퍼바이저가 매일매일 처리해야 할 업무는 더욱 증가할 수밖에 없다.

자원봉사자 관리에 있어서 이러한 네 번째 권한부여의 단계를 활용하는 것은 앞에서 설명한 것 이상의 심각한 수준의 문제를 야기한다. 그중 하나가 자원봉사자로부터 산출될 수 있는 창조적인 투입이 현격히 줄어든다는 점이다. 업무를 실제적으로 수행하는 자원봉사자가 자신의 일에 대해 생각할 수 있는 기회가 박탈된다면 서비스를 향상시키기 위한 바람직한 아이디어가 좀처럼 나타날 수 없게 된다.

〈표 7-1〉 **자원봉사자의 업무 권한 정도**

단계	내용	자원봉사자의 동기화 / 창조적 투입 정도	기관의 제한 정도
1단계	자원봉사자 주체의 업무 결정	고	저
2단계	자원봉사자 주체의 업무 결정 + 슈퍼바이저에게 정기적 보고(때에 따라 업무 내용과 성격을 수정)		
3단계	자원봉사자 주체의 업무 결정 + 슈퍼바이저의 승인		
4단계	관리자 혹은 슈퍼바이저 주체의 업무 결정 권한 및 책임	저	고

3) 동기부여와 자기 업무 결정 권한

일반적으로 사람들은 자신의 업무에 대한 결정권을 제한받을 때, 그러한 권한을 행사할 능력이 없는 무능한 사람으로 간주되는 경향이 있다. 자원봉사자들은 이렇게 취급받는 상황이 되면 분개한다. 자원봉사자가 이러한 분노를 느낄 때 자원봉사 관리자는 자원봉사자를 통해 의도하는 결과를 도출하고자 하는 고유의 목적을 상실하게 된다. 자원봉사자의 일은 더 이상 그 자신이 원해서 하는 일이 아니며, 원하지 않는 일을 해야 하는 자원봉사자는 기관을 떠나게 될 것이다.

설사 자원봉사자가 사회적 책임이나 의무감 같은 다른 이유로 인해 기관에 남아 있는 경우라 할지라도, 아무런 권한이 주어지지 않은 자원봉사자에게 헌신을 기대할 수는 없을 것이다. 자원봉사자가 업무를 수행할 때, 그들은 열심히 최선을 다해 일을 하는 경향이 있고, 열심히 하는 시늉만 보일 수도 있다. 이러한 측면에서 네 번째 단계에서 자원봉사자를 관리하기보다는 가능하면 나머지 세 가지 수준의 권한부여단계를 활용한 관리 방법을 선택하는 것이 바람직할 것이다.

(1) 업무 결정 욕구 충족의 부정적인 표출

자원봉사자를 네 번째 단계에서 관리하다 보면 유급 직원들이 비슷한 상황에 놓일 때 보이곤 하는 의도적인 업무의 태업행태가 자원봉사자에게서 간혹 발견되곤 한다. 이러한 바람직하지 못한 현상은 자원봉사자가 그들의 관리책임을 맡고 있는 슈퍼바이저보다 그 기관에서 더 오랫동안 활동하고 있을 경우 빈번하게 발생한다.

이러한 경우 자원봉사자는 유급 직원보다 자신이 기관에서 더 중요한 존재라고 느낄 수 있으며, 좌절과 분노의 감정에도 불구하고 기관을 쉽게 떠나지 못하는 경향을 보인다. 하지만 자신이 해야 할 일을 일일이 지시받아야 한다는 점에 분노를 느끼고 교묘하게 왜곡된 방법으로 자신의 업무를 수행함으로써 그 분노를 표출하고자 한다. 예를 들어, 슈퍼바이저에게 지시받은 그대로 일을 처리하기는 하지만 실제적으로 업무가 엉망이 되는 방식으로 일을 하고 나서는 '당신이 원하는 대로 일을 처리했으니, 이제 무슨 일이 일어나는지 한번 지켜보자'라는 식의 감정을 표출하면서 만족감을 느끼는 경우다.

자원봉사 관리에 있어서의 부작용과 비효율성에도 불구하고, 많은 경우 자원봉사자는 4단계의 관리 수준에 처하게 된다. 이것은 자원봉사자의 활동이 비지속적으로, 또한 간헐적으로 이루어지는 경우가 많아 자원봉사자가 봉사 당일 해야 할 일이 무엇인지를 모르는 채 기관에 나오고, 이러한 준비되지 않은 자원봉사자를 대상으로 기관의 직원이 수행할 업무를 그때그때 지시하는 형식으로 자원봉사 관리 업무가 설계되는 경우가 빈번하게 일어나기 때문이다. 이러한 자원봉사자의 경우 열정이 사라지기 쉽고 일찍 그만두는 경우가 많아, 기관 입장에서는 자원봉사자를 믿을 수 없는 사람들이라고 불평하게 된다. 반대로 자원봉사자의 입장에서 자원봉사 업무활동을 통해 자신의 동기를 충족시킬 수 없을 때, 그들의 선택은 기관을 떠나는 것이 될 수밖에 없다. 따라서 5장에서 기술된 바와 같이, 바람직한 자원봉사 프로그램은 자원봉사자가 자율적으로 판단하고, 결정할 수 있는 무엇인가를 가질 수 있도록 하는 프로그램이다. 즉, 자신에게 맡겨진 책임과 업무를 다할 수 있도록 적어도 3단계나 2단계, 경우에 따라서는 드물기는 하지만 1단계의 권한까지 부여할 필요가 있는 것이다. 이와 같은 방식으로 자원봉사자들이 자신의 역량을 다할 수 있도록 원조한다면 자원봉사자는 자신이 누구보다도 효과적으로 업무를 수행할 수 있다는 자신감을 가지게 되고, 자신의 가치를 소중하게 여기게 될 것이다. 이러한 성취감과 자신감은 자원봉사활동의 지속성을 담보하는 주요한 요인으로 작용할 뿐 아니라, 자원봉사자 개인의 삶에서 다시는 맛볼 수 없는 정신적 성취감으로 승화될 수도 있다.

결론적으로 자원봉사자를 활용함으로써 얻는 효과를 극대화하기 위해서, 자원봉사자가 자신의 의도대로 결과를 성취하기 위한 방법을 일정 부분 스스로 결정할 수 있는 권한을 행사하도록 허용해야 한다. 그러나 여기에는 두 가지 예외가 있다. 첫 번째 경우는 자원봉사자가 업무에 처음 임하여 훈련 중에 있을 때다. 자원봉사자는 아직 해야 할 일을 자발적으로 제안할 만큼 업무에 대한 기본 지식과 이해가 충분하지 않다. 두 번째 경우는 응급상황일 때다. 시간이 촉박하다면 자원봉사자의 의견을 구하고 그들의 결정에 관심을 표하며, 충분한 검토를 거친 후 그 내용을 수정하여 새로운 방안을 강구하도록 기다릴 수 있는 시간이 충분하지 않을 수 있다. 이러한 두 가지 경우 외에는 자원봉사자들이 최소한 3단계 이하의 관리 수준에서 자신의 업무에 대한 일정한 결정 권한을 가질 수 있도록 해야 한다.

(2) 자기 업무 결정 권한의 단계적 확대

자원봉사자 관리 수준의 마지막 단계인 자원봉사자의 결정 권한을 전적으로 제한하는 4단계를 제외한 나머지 단계들은 자원봉사자들이 노력을 통해 올라서야 하는 사다리와 같다. 자원봉사자가 최초로 기관에서 자원봉사자로의 업무를 시작하게 되고, 나름대로 자신의 업무에 도움이 되는 방향으로 의견을 개진할 수 있을 만큼 기관과 업무에 대해 이해하고 있다고 판단될 경우, 3단계에서 자원봉사 관리가 이루어지게 된다. 또한 자원봉사자가 자신의 업무를 오랜 기간 해 왔으나 새로운 자원봉사 관리자가 슈퍼바이저 업무를 맡게 되었을 경우 역시 3단계의 관리가 요구된다. 이는 자원봉사자가 서류상으로 그동안 아무리 훌륭하게 업무를 수행해 왔다 하더라도 정말로 그 자원봉사자가 '바람직한 일'을 할 것인지를 확신할 수 없기 때문이다.

자원봉사자에게 권한을 부여하는 것은 자원봉사자들로 하여금 자신이 책임지고 있는 일의 바람직한 결과를 어떻게 성취할 것인가에 대한 그들의 의견과 제안을 가져오게 하는 것으로 시작된다. 이러한 제안에 대해 자원봉사 관리자가 수용하거나, 거절하거나, 수정을 요구함으로써 자원봉사자가 바람직한 일이 무엇인지를 배우게 할 수 있다. 어떤 경우, 자원봉사자가 생각하기에는 매우 훌륭하고 바람직하다고 생각하는 업무나 방식이 관리자의 입장에서는 중요하다고 여길 만한 내용이 거의 없을 수도 있다. 업무의 결과에 대한 일차적 책임이 자원봉사자에게 있기 때문에 자원봉사 관리자가 동의하고 수긍할 수 있는 제안이 이루어질 때까지 자원봉사자는 자신의 의견과 제안을 새롭게 가다듬어야 하며, 이러한 일련의 과정에서 자원봉사 관리자는 무엇 때문에 자원봉사자의 견해를 받아들일 수 없는지를 충분히 설명해 주어야 한다.

마침내 자원봉사자는 관리자가 동의할 수 있는 업무의 수행방식과 내용이 무엇인지를 충분히 인지하게 되고, 시간이 경과함에 따라 자원봉사자가 바람직한 방식으로 업무를 파악할 수 있음이 검증된다. 이때 자원봉사 관리자의 자원봉사자에 대한 신임이 깊어지고 그의 업무 수행 능력에 대해 신뢰가 커지게 된다. 자원봉사자의 업무 수행에 대한 우려가 줄어드는 바로 그때가 자원봉사자에게 보다 많은 권한을 부여할 때이며, 이것을 통해 자원봉사 관리 업무의 효과성 역시 증가하게 된다. 즉, 자원봉사자의 관리 수준이 3단계에서 2단계로 상향조정되며, 자원봉사자는 더 이상 자신이 어떠한 방식으로 업무를 진행시키고 결과를 성취할 것인지에 대한 계획을 자원봉사 관리자에게 사전 보고할 필요가 없게 된다. 다만, 일이 어떻게 진행되고 있는지에 대해 정기적으로 보고할 의무만 갖게 된다.

(3) 자원봉사자에 대한 염려와 결정 권한 부여의 반비례적 관계

2단계 수준의 관리 초기 자원봉사 관리자는 자원봉사자의 업무 수행의 성공 여부에 대한 염려와 불안의 정도에 따라, 일주일에 한 번 정도 자원봉사자의 업무 수행을 점검할 수 있다. 이러한 점검 과정에서 자원봉사자가 잘못된 일을 하고 있는 것으로 나타날 경우, 관리자는 자원봉사 관리 수준을 다시 3단계로 하향조정하여 업무에 대한 실행 계획을 다시 제출하도록 지시할 수도 있다. 다행히도 자원봉사자가 지속적으로 바람직한 방향으로 업무를 수행하고 있을 경우 업무의 점검 수준 역시 지속적으로 낮추어야 한다.

드문 경우지만 최종적으로 자원봉사자 관리의 수준을 1단계로 적용해야 할 시점에 이르는 경우도 있다. 자원봉사자 관리가 이 단계에 이르게 되면, 자원봉사자의 업무에 대한 점검이 완전히 사라진다. 자원봉사자가 이루고자 노력하는 결과에 자원봉사 관리자는 전적으로 동의하고 있으며, 자원봉사자가 무엇을 하고 있는지를 점검받는 데 헛되이 시간을 빼앗기지 않고 자신의 업무에 집중할 수 있도록 배려하게 된다. 이는 충분히 오랫동안 자원봉사자가 기관과 관리자가 원하는 바람직한 업무를 수행하여 왔고, 수행하고 있으며, 앞으로도 수행할 것이라는 확신이 있을 때 가능하다.

실제적으로 자원봉사자에게 전적인 권한을 부여하는 1단계의 관리 수준을 적용하는 것은 아주 드문 일이다. 1단계의 관리를 받는 자원봉사자가 슈퍼바이저에게 보고하는 경우는 업무 수행과 목적 달성에 예기치 못한 어려움이 닥쳤을 경우다. 그렇지 않은 경우에는 자원봉사 관리자는 자원봉사자가 맡고 있는 일이 차질 없이 잘 진행되고 있다고 확신하고 있기 때문에, 이러한 확신을 다시 확인하는 차원의 불필요한 점검이나 보고서를 요구할 필요가 없다.

(4) 관리 수준에 따른 점검

자원봉사 관리자가 책임지고 있는 모든 자원봉사자가 1단계 관리 수준에서 업무를 수행하게 되는 행운은 현실에서 일어날 수 없다. 만약 이러한 행운이 현실이 된다면 자원봉사 관리자는 아주 가끔씩이라도 사무실 창문을 통해 자원봉사자들이 일을 잘하고 있는지를 점검할 필요 없이, 창의적이고 발전적인 사고를 하고, 미래에 어떻게 할 것인지를 전략적으로 생각하는 데 자신의 모든 시간을 쓸 수 있다. 하지만 모든 자원봉사 관리자 사무실에 창문이 있다는 사실은, 이러한 일은 현실에서는 절대 일어날 수 없다는 것을 반증한다.

일반적으로 자원봉사자는 각자의 상황에 따라 다른 수준의 책임성이 수반되는 업무 결정 권한을 가지게 된다. 자원봉사활동을 통해 기관이 성취하고자 하는 각각의 목표에 의거하여 자원봉사 관리자는 각 자원봉사자가 그 자신의 업무에 대해 어느 정도 관리권한을 갖게 되는지를 결정하고 알려 주어야 한다. 자원봉사자 자기 업무 결정 권한의 수준을 결정하는 기준은, 자원봉사자가 별다른 어려움이나 문제 없이 목표를 성취할 수 있을 것인가에 대한 자원봉사 관리자의 염려와 불안 정도에 달려 있다. 만약 불안의 정도가 미미할 경우 자원봉사자의 권한은 그만큼 커지게 된다. 하지만 자원봉사자의 실수에 대한 걱정이 크다면 자원봉사자의 업무 권한을 줄임으로써 기관이 의도하는 자원봉사 업무상의 바람직한 결과를 도출할 수 있을 것이다.

4) 점검사항

자원봉사자에 대한 점검을 하지 않는 관리 수준은 오직 1단계에 국한된다. 하지만 여기서 중요한 점은 자원봉사자 관리 수준을 1단계로 높이기 위해서는 자원봉사자의 업무에 대한 점검을 전혀 할 필요가 없다는 확신이 전제되어야 한다는 점이다. 나머지 모든 관리단계에서는 관리자가 자원봉사자의 업무 수행 과정을 놓치지 않고 점검해야 한다. 이는 관리자가 훌륭한 자원봉사자의 업무 계획을 승인했든, 아니면 자원봉사자에게 구체적으로 업무를 어떻게 수행할 것인지에 대해 세세하게 지시했든 관계없이 자원봉사자의 업무가 바람직한 방향으로 올바르게 진행되고 있는지를 정기적으로 점검해야 함을 의미한다.

자원봉사자의 업무 진행 과정에 대한 보고서를 검토하는 회의의 정례화는 가장 효과적인 관리감독 방법 중 하나일 뿐 아니라, 가장 쉽고 비용도 적게 드는 방법이다. 이러한 자원봉사자 업무 진행 보고서의 검토를 위한 회의의 정례화를 통해 다음과 같은 세 가지 효과를 얻을 수 있다.

① 자원봉사자의 업무 성취 여부를 자원봉사 관리자가 중요시하고 있음을 알게 해 준다.
② 업무 진행 보고서의 정기적인 작성은 마감 직전에 시간에 쫓기면서 일할 때 생길 수 있는 업무의 부실성에 대한 위험을 사전에 예방하는 효과가 있다.
③ 아직까지 수정할 여지와 기회가 있는 자원봉사자의 업무 진행상의 잘못된 문제를 자원봉사 관리자가 사전에 알아낼 수 있다.

예를 들어, 자원봉사자가 관리자의 의도를 잘못 이해하고 엉뚱한 방향으로 업무를 진행시키고 있을 때, 자원봉사자가 너무 많은 시간과 노력을 헛되이 소비하기 전에 그것을 바로잡을 수 있을 것이다. 자원봉사자가 1단계 수준이어서 관리를 받고 있지 않은 상황에서는 다음의 말을 항상 명심해야 한다.

"일이 바르게 진행되기를 바란다면, 항상 진행 과정을 점검하라."

5) 역량강화를 위한 통제와 권한의 부여

지금까지 설명한 네 단계의 자원봉사자 관리 수준을 적절하게 활용함으로써, 자원봉사자의 역량강화를 통한 의도한 결과의 효과적 달성이라는 업무적 목표의 성취와 더불어 자원봉사자의 활동을 자원봉사 관리자의 통제하에 두어야 하는 관리상의 목적을 함께 달성할 수 있다. 비효율적인 관리자의 경우, 자원봉사자를 통제하는 것에 집착하여 자원봉사자가 해야 할 일을 일일이 지시하거나 엄격한 절차를 요구함으로써 자원봉사자를 네 번째 단계에서만 관리하려고 한다.

유연성이 부족한 전통적인 관리자 역시 부분적인 방법에만 고정되어 있다는 점에서 비효율적인 관리자와 맥을 같이한다. 이들은 1단계와 4단계 수준의 관리단계에만 관심을 보이는 경향이 있다. 따라서 이들은 모든 것이 완벽하게 통제되거나, 아니면 자원봉사자들이 아무것도 통제받지 않고 모든 것을 자기 마음대로 하도록 함으로써 오히려 혼란이 야기되는 양자택일의 선택에 놓이게 된다. 효과적인 관리자들은 이러한 양극 단계의 중간에 위치한 2단계, 3단계를 적절히 사용함으로써 자원봉사자에게 업무 권한을 적절하게 부여함과 동시에 필요한 수준에서 통제하여 자원봉사자의 동기를 극대화시키는 역량강화 기법을 활용할 수 있는 것이다.

자원봉사자의 역량을 강화시킴과 동시에 그들을 적절하게 통제하는 기법은 성취하고자 하는 분명한 목표와 결과가 존재할 경우에 보다 효과적으로 사용할 수 있다. 추구하는 목적이 없을 경우 자원봉사자에게 어떻게 일을 할 것인지 스스로 생각하도록 유도하는 것은 업무에 대한 자기 업무 결정 권한의 부여라는 전략적 행위를 추측게임(guessing game)으로 변질시키게 만든다. 많은 경우 자원봉사자들은 자신의 활동을 통해 이루고자 하는 것이 무엇인가에 대한 확실한 이해와 신념이 있을 때 관리자도 생각하지 못했던 기발하고 훌륭한 아이디어를 제시한다.

또한 자원봉사자가 추구하는 목적이 명확할 경우 자원봉사 관리자는 자원봉사자에게 더 많은 결정 권한을 부여할 수 있다. 자원봉사 관리자와 자원봉사자 간에 업무의 궁극적 목적에 대한 공유가 이루어졌을 경우 자원봉사 관리자의 자원봉사자에 대한 업무 수행과 관련한 우려와 염려가 줄어들 것이고, 그만큼 더 큰 업무 관리 권한을 자원봉사자가 가지게 될 것이다. 이는 자원봉사 관리자들이 전문인으로서 자신의 업무를 보다 효과적으로 수행할 수 있도록, 자신이 소속된 기관과 상호 영향을 주고받는 상위체계로서 전략적 사회환경의 변화에 대한 분석과 이해에 더 많은 시간을 사용할 수 있도록 할 것이다. 이러한 투자는 자원봉사 관리자들이 미래의 일을 대비하고, 이에 수반되는 변화에 능동적으로 대처하는 준비된 전문인으로서의 자질을 높이는 데 기여할 것이다.

8장

자원봉사 관리의 실제 4: 슈퍼비전 체계

학습 목표

1. 자원봉사자에게의 업무 위임의 중요성과 지침을 알 수 있다.
2. 지속적 · 지지적 슈퍼비전 체계 확립에 대해 배운다.
3. 평가와 피드백의 원칙에 대해 학습한다.
4. 자원봉사자를 종결시켜야만 하는 경우, 주의해야 할 절차에 대해 알아본다.
5. 슈퍼비전의 주요 원칙에 대해 알아본다.
6. 자원봉사자의 동기와 유지, 인정과 보상에 대해 학습한다.

1. 효과적인 위임

자원봉사 관리자의 업무상 가장 중요한 일 중 하나는 업무의 책임에 대한 위임이다. 자원봉사 관리체계에서, 위임은 상이한 수준에서 다양한 형태로 나타난다. 대표적으로 자원봉사 관리자로부터 자원봉사자로의 위임, 기관의 직원으로부터 자원봉사자로의 위임, 자원봉사자에게서 또 다른 자원봉사자로의 위임 등을 생각해 볼 수 있다.

자원봉사 관계에서 책임의 위임은 시간적 · 공간적 분리로 인해 발생하는 어려움을 어떻게 현명하게 다룰 것인가 하는 문제와 직결된다. 일반적으로 자원봉사자들은 몇몇 특별한 경우를 제외하고는 사무실이 아닌 외부에서 활동하게 된다. 더 나아가 일부 자원봉사자는 대부분의 시간을 자원봉사 관리자가 근무하는 본부 사무실이 아닌 지부 사무실이나 외부에 위치한 근무 장소에서 일하고 있다. 이렇듯 일상적인 점검이 불가능한 자원봉사자 업무환경의 일반성을 고려할 때 효과적인 위임기술의 사용이 얼마나 중요한지는 아무리 강조해도 지나치지 않다.

자원봉사자에게 업무를 위임할 때는 다음의 요소가 위임규정에 반드시 포함되어야 한다.

- 명확한 결과에 근거한 업무의 배정: 단순히 활동의 수준이 아닌, 무엇이 성취되어야 하는가의 관점에서 업무를 규정하고 위임한다.
- 정확한 업무 결정 권한의 명시: 업무 수행과 관련한 의사결정 시 자원봉사자들이 행사할 수 있는 결정 권한의 정도를 분명하게 알려 준다.
- 지침에 따른 의사소통 방식: 업무 수행과 관련하여 이루어지는 관계형

성 및 의사소통(자원봉사 관리자, 직원, 이용자, 후원자, 지역사회 주민 등과의 의사소통을 모두 포함) 시 따라야 할 지침과 제한점을 알려 준다.

- 필요한 자원의 조달: 자원봉사자가 업무의 목적을 성취하고 결과를 도출하는 데 요구되는 자원과 지지를 제공한다.
- 성공 여부의 판단 기준 결정: 자원봉사자 업무 성과의 성공 여부를 어떻게 판단할지와 관련하여 자원봉사자와 합의한다.
- 점검사항의 명시: 정기적 · 비정기적 보고의 의무화와 보고서의 내용, 보고 시점 등을 결정한다.

2. 지지적 의사소통의 유지

지리적 · 시간적 한계를 극복할 수 있는 지속적이고 지지적인 슈퍼비전 체계를 확립하는 것은 무엇보다 중요하다. 이러한 상시 활용 가능한 지지적인 시스템을 구축하기 위한 필요조건으로 다음의 두 가지 요소를 생각해 볼 수 있다.

1) 활용가능성

슈퍼바이저는 자원봉사자가 필요할 때 언제나 만날 수 있는 사람이어야 한다. 사전에 짜인 정기적인 슈퍼비전 일정은 예외적인 응급상황을 제외하고는 반드시 지켜져야 하며, 이러한 일정과 관계없이 자원봉사자의 필요에 의한 요청이 있을 때 언제라도 만날 수 있고, 보고할 수 있고, 이야기할 수 있어야 하는 사람이 자원봉사자의 슈퍼바이저다.

언제나 만날 수 있고, 도움을 요청할 수 있는 슈퍼바이저가 있다는 것은 자원봉사자에게 다음과 같은 중요한 의미를 부여한다. 첫째, 자원봉사자의 업무가 매우 중요한 업무라는 것을 슈퍼바이저가 충분히 인지하고 있으며, 따라서 그들이 요청할 경우 언제라도 만날 용의가 있음을 자원봉사자에게 직접 알려 준다. 둘째, 자원봉사자가 혼자 해결할 수 없거나, 도움이 필요한 문제가 발생했을 때 언제라도 슈퍼바이저에게 조언과 도움을 요청할 수 있도록 배려하고 있음을 인식시킨다.

2) 동등한 위치와 참여 기회

슈퍼비전 제공을 위한 항시적 지지시스템 구축에 필요한 두 번째 요소는 기관 운영에서 동등한 위치와 참여를 보장받고 있다는 느낌을 자원봉사자가 가지게 하는 것이다. 이러한 동등한 처우는 직원회의 참석 등과 같이 의사결정 과정에 참여하는 것은 물론, 기관 직원들에게 공지되는 메모에 이름이 포함되는 것과 같은 기관의 일상적인 업무에 참여하는 것 모두를 포함한다.

공정한 처우를 받고 있다는 생각을 자원봉사자가 느낄 수 있도록 하는 가장 확실한 방법은 그들이 업무상 동반자이며 성공을 위한 협력자라고 느낄 수 있도록 하는 것이다. 이러한 동반자적 관계는 아주 사소한 일에서의 차별(예: 정규 직원만 사용할 수 있는 주차공간을 배정하면서 자원봉사자는 사용하지 못하게 한다거나, 함께 회의를 한 후 정규 직원만 따로 식사를 한다거나 하는 등)부터 중요한 부분에 있어서의 차별(예: 중요한 의사결정이 이루어지는 직원회의에 자원봉사자를 한 번도 참여시키지 않는 것 등)을 모두 포함하며 기관 내에서 일상적으로 이루어지는 다양한 활동 가운데 강화될 수도, 또는 약화될 수도 있다.

3. 평가와 피드백

자원봉사 관리의 마지막 단계로 자원봉사자를 위한 평가와 피드백 과정을 개발하는 것 또한 매우 중요하다. 무엇보다 좋은 평가체계를 갖추는 것은 평가받는 사람들에게 실질적인 도움을 주는 직접적인 원조가 된다. 예를 들어, 자원봉사자들이 지금까지 얼마나 바람직하게 활동해 왔는지, 그들의 업무를 보다 증진할 수 있는 방법은 무엇인지 등에 대한 피드백의 제공은 그들의 수행 능력을 향상시키고, 업무의 효과성을 제고하는 긍정적 영향을 가진다.

자원봉사자 관리에 있어서 평가 과정의 개발에 적용해야 할 두 가지 원칙이 있다.

1) 피드백 일정의 정례화

자원봉사 관리자의 평가 과정이 어떠한 내용으로 구성되었는지에 관계없이, 개별 자원봉사자를 대상으로 하는 모든 평과 과정은 예고된 일정에 따라 정기적이고 지속적으로 이루어져야 한다. 자원봉사 초보자의 경우 처음 얼마 동안은 평가 과정의 주기가 짧아야 하며, 기관에 적응하고 업무가 익숙해짐에 따라 평가 주기를 늘리는 것이 바람직하다. 예를 들어, 기관에서 처음 일을 시작하는 자원봉사자의 경우 처음 6개월 동안은 매달 일정한 날을 정하여 평가회의를 갖는 월례평가 방식을 적용하다가, 차츰 평가 주기를 연장하여 연례평가로 대체하는 방식을 선택할 수 있다.

이러한 정기화된 평가체계의 가장 큰 장점은 슈퍼바이저로 하여금 잘한 부분에 대한 칭찬이 되었든, 아니면 부족한 부분에 대한 지적이 되었든 자원봉사자에 대한 피드백을 정기적으로 제공해야 한다는 책임감을 상시적으로 갖게 만든다는 점이다. 또 다른 중요한 장점은 자원봉사자에게 그 자신이 처한 상황에 대해 슈퍼바이저와 논의할 수 있는 기회를 정기적으로 가질 수 있다는 확신을 심어 준다는 점이다. 자원봉사자에 대한 평가가 지속적·정기적으로 이루어지지 않을 경우, 가장 우려되는 상황은 평가회의를 통해 자연스럽게 다루어질 수 있었던 사소한 문제가 회피되고 숨겨짐으로써 나중에는 해결이 쉽지 않은 심각한 문제로 변질된다는 점이다.

2) 직원 참여

자원봉사자와 함께 일하는 직원들은 반드시 자원봉사자 평가 과정에 포함되어야 한다. 직원들을 참여시켜야 하는 이유는, 첫째, 자원봉사자들이 정해진 직원에게 실질적인 슈퍼비전을 받는다면 그 직원이 자원봉사자의 활동을 평가할 수 있는 실제적인 위치에 있기 때문이며, 둘째, 자원봉사자가 그 직원을 자신의 슈퍼바이저로 받아들인다면 다른 직원이 아닌 그 직원의 의견에 보다 수용적인 자세를 취할 것이기 때문이다.

자원봉사자의 평가 과정에 있어서 직원의 참여 형태는 평가 모임에 직접 참여하는 형태, 혹은 모임에 참여하지는 않지만 자원봉사 관리자를 통해 간접적으로 평가에 도움을 주는 형태로 이루어질 수 있으며, 참여 형태의 결정은 여러 가지 상황과 평가 요인을 고려하여 자원봉사 관리자가 바람직한 형태를 선택하면 된다.

4. 자원봉사자의 해고

자원봉사 관리를 할 때 특별한 상황이 발생할 수 있다. 자원봉사 관리자가 기관과 자원봉사자와의 관계를 강제적으로 종결시킬 것인지 결정해야 할 때다. 음주나 비밀보장의 원칙을 어기는 등의 업무상 태업이나 비행이 적발되었을 때, 또한 상습적인 지각이나 주어진 시간 내에 업무를 수행하는 능력의 부족 등 만족스럽지 못한 수행 능력이 지속적인 문제를 야기할 때 종결이 필요하다.

자원봉사자가 문제를 지속적으로 악화시키는 것을 방지함은 물론 자원봉사자와 함께 일하는 사람들의 윤리성과 책임성을 확립하는 차원에서 자원봉사자를 그만두게 하는 결정이 전적으로 올바른 것이라 할지라도 그러한 결정은 여전히 심사숙고해야 할 일이다. 자원봉사자를 종결시키는 결정을 하기 전에 자원봉사 관리자는 먼저 어떤 다른 가능한 대안이 있는지를 깊이 고려하는 것이 바람직하다.

1) 종결의 대안

자원봉사자를 그만두도록 결정하기 전에 고려할 수 있는 대안으로, 다음의 여섯 가지 방안을 고려할 수 있다.

- 자원봉사자에게 슈퍼비전을 다시 제공한다.
- 자원봉사자를 재훈련시킨다.
- 자원봉사자에게 다시 동기 부여를 한다.
- 자원봉사자를 재배치한다.

- 자원봉사자를 다른 기관으로 의뢰한다.
- 자원봉사자를 명예롭게 은퇴하게 한다.

2) 종결체계의 확립

여러 가지 사유에 의해 자원봉사자를 기관으로부터 종결시킬 필요가 있을 때는 공식적인 종결체계를 수립하고 그 과정을 따르는 것이 현명하다. 그 체계는 다음과 같다.

- 자원봉사자를 대상으로 한 근신, 자격정지, 징계, 해고 등에 대한 구체적인 내용을 담은 성문화된 정책과 내규가 있어야 한다.
- 해고 사유가 되는 업무상의 증거의 수집과, 자원봉사자의 입장을 충분히 고려하고, 객관적 사실의 파악을 위해 충분한 시간을 할애한 공식적인 조사가 이루어져야 한다.
- 경고, 자격정지, 해고 등의 징계 수준과 집행 강도상의 점진적 징계체계를 확립하고, 공정하고 공평한 집행절차를 수립해야 한다.
- 동료 자원봉사자에 의한 재검토 과정을 포함하여, 적절한 항소절차를 검토할 수 있는 기회를 제공해야 한다.
- 해고된 자원봉사자가 더 이상 기관과 아무런 관계가 없는 사람임을 관련 직원, 이용자, 그 밖에 필요한 모든 사람에게 고지해야 한다. 특히 자원봉사자와 연계되어 있던 이용자에게 그 자원봉사자가 더 이상 기관을 대표하거나 기관에서 활동하지 않음을 알려 주는 것은 매우 중요하다.

자원봉사자에 대한 해고를 이렇게 공식적인 체계와 과정을 통해서만 가능하도록 함으로써, 자원봉사자가 이 모든 과정을 거쳐 스스로 기관을 떠날 수 있는 여지를 남기는 부수적 효과를 기대해 볼 수 있다. 이것은 자원봉사자로 하여금 자신의 선택에 의해 기관을 떠났다는 심리적 위안을 갖게 할 수 있을 뿐 아니라, 자원봉사 관리자의 입장에서도 기관을 위해 무보수로 공헌해 온 자원봉사자를 해고해야 하는 심리적 부담감을 더는 효과도 있다.

3) 종결을 위한 면접의 원칙

자원봉사자에 대한 종결은 자원봉사 관리자에 의해 개별적으로 행해져야 한다. 종결면접 시 유의해야 할 원칙은 다음과 같다.

- 빠르고, 직접적이고, 확실하게 한다.
- 논쟁이 아닌 통고다.
- 상담을 시도하지 않는다.
- 해고 통고 후 필요한 사후조치를 취한다.

즐겁지 않은 일이지만, 자원봉사 관리자는 기관에 부정적 영향을 끼치는 상황이 발생했을 때 이의 해결에 대한 적극적 자세를 가지고 그것에 직면해야 한다. 조직을 파괴하는 직원과 마찬가지로 파괴적인 성향의 자원봉사자는 열심히 일하는 다른 많은 자원봉사자의 노력을 헛되이 만들고, 그들의 동기를 약화시킬 수 있다. 열심히 일하는 자원봉사자들을 보호하고 자원봉사에 대한 그들의 권리를 지켜 주기 위해서 문제를 일으키는 자원봉사자들을 적절하게 다룰 수 있는 능력과 기술, 자세를 갖추는 것은 효과적인 자원봉사 관리자가 되기 위한 또 하나의 중요한 자격 요건이다.

5. 슈퍼비전의 주요 원칙

슈퍼비전체계에서 가장 중요한 다음의 두 가지 원칙을 항상 기억하라.

첫째, 긍정적인 측면에 초점을 둔다. 슈퍼비전을 통해 지적되고 시정되는 문제나 부정적 측면은 언제나 사소한 것이어야 한다. 문제가 심각한 수준으로 발전하지 않도록 항상 자원봉사자를 진단하고, 일을 더 잘할 수 있도록 격려하고, 잘한 점을 칭찬하고, 성취에 대해 보상해야 한다. 둘째, 평가를 부정적으로 여겨서는 안 된다. 관리자가 바람직한 피드백을 준다면 자원봉사자들은 항상 승리자처럼 느끼기를 원하고, 또 그렇게 될 것이다. 자원봉사 관리자 업무의 중요한 부분은 자원봉사자들을 동기화하는 피드백 과정이다.

6. 유지와 성취의 인정

1) 동 기

이 책에서 지속적으로 강조하고 있듯이, 자원봉사 프로그램은 기관의 자원봉사자와 직원의 동기에 의해 원동력을 얻는다. 자원봉사자 유지의 문제는 일반적으로 동기의 문제에서 기인한다.

동기화된 자원봉사자는 기관에서 바라는 지침 내에서 열정적으로 일하기를 원하는 사람이다. 사람들은 어떤 행동을 통해 자신의 욕구가 충족될 때 동기화된 방식으로 행동하게 된다. 예를 들어, 생일을 맞은 아이는 대부분 선물상자를 빨리 열어 보고 싶어 안달하는데, 그것은 선물상자를 열어

보는 행위가 자신의 심리적인 욕구를 충족시키는 행위이기 때문이다. 이러한 측면에서 자원봉사자의 동기는 생산적인 일을 하고자 하는 자원봉사자 내면의 욕구로부터 나오는 것이고, 자원봉사 행위는 그러한 욕구를 충족하는 수단이라고 생각할 수 있다.

(1) 동기화되지 않은 행동은 없다

자원봉사자를 어떻게 동기화시킬 것인가를 논할 때, 그것이 그 개인의 내재적인 것을 변화시키려는 논의가 되어서는 안 된다. 또한 새로운 욕구를 창출하려는 논의가 되어서도 안 된다. 자원봉사자를 만족시키고, 기관에는 생산적인 방향으로 자원봉사자에게 동기를 부여하는 욕구를 충족시킬 수 있는 경험을 어떻게 만들어 갈 것인가 하는 논의가 되어야 한다. 다시 말하면, 자원봉사자의 소중한 헌신에 대해 '동기부여적 보상(motivational paycheck)'이 주어졌음을 확인하는 일이 되어야 한다. 이것이 자원봉사자 유지의 핵심이다.

자원봉사자에게 동기를 부여하고, 그들의 욕구를 충족시키는 조건을 조성하는 일은 복잡하고 힘든 업무다. 이는 자원봉사자들이 자신의 업무에 각기 다른 욕구들을 가지고 임하기 때문에 나타나는 어쩔 수 없는 현실이다. 또한 자원봉사자들의 동기부여 욕구는 생활의 변화에 따라 지속적으로 변화하는 속성을 지니고 있어 문제를 더욱 어렵게 만든다.

(2) 기본적인 동기화된 욕구

다음은 현대사회의 자원봉사자들이 많이 제시하는 중요한 동기부여 욕구다.

- 인정의 욕구
- 성취의 욕구
- 자기통제의 욕구

- 다양성의 욕구
- 성장의 욕구
- 소속의 욕구
- 권력의 욕구
- 즐거움의 욕구
- 특별함에 대한 욕구

(3) 동기부여 욕구의 개별성

자원봉사자를 동기화시키는 기술은 주어진 동기의 충족과 유지에 필요한 지식의 보유뿐만 아니라 자원봉사자를 봉사활동에 참여하도록 유도하는 다양한 동기부여의 욕구가 어떠한 방식으로 조합되었는지를 파악해 낼 수 있는 능력의 보유 여부에 달려 있다. 이러한 능력을 갖출 수 있는 방법 중 하나는 주기적으로 자원봉사자에게 질문을 던지는 것이다. 즉, 자원봉사자들이 느끼는 만족감의 정도에 근거하여 다음의 항목에 대한 상대적 중요성을 평가하게 하고, 그 내용을 함께 논의하는 것이다.

- 지역사회 문제에 관한 지식을 구하는 것
- 현재는 활용하고 있지 않은 기술을 유지하는 것
- 자원봉사활동을 함께하면서 가족과 시간을 보내는 것
- 집에서 나올 수 있는 것
- 새로운 친구를 사귀는 것
- 자원봉사를 하며 오랫동안 알고 지낸 친구들과 함께하는 것
- 새로운 기술을 습득하는 것
- 즐겁게 지내는 것
- 도전을 해 보는 것
- 나의 지역사회를 향상시키는 것
- 특정한 이용자 집단과 일하는 것
- 어떤 일에 대한 책임을 지는 것
- 팀이나 집단에 참여하는 것

- 직장을 갖기 위해 경험하는 것
- 지역사회의 중요한 사람들을 만나는 것
- 직장 상사와 친해질 수 있는 기회를 갖는 것
- 지역사회의 인정을 받는 것

이상의 항목에 대한 자원봉사자의 우선순위를 확인함으로써 자원봉사자가 자원봉사활동을 왜 결심하게 되었는지, 동기부여에 대한 보상을 위해서 자원봉사자들에게 어떤 시도를 해야 하는지에 대한 이해가 더해질 것이다.

(4) 주요 동기부여 이론

많은 학자가 자원봉사자들의 자원봉사활동 참여의 동기와 이유를 설명하는 이론을 발달시켜 왔다. 그 대표적인 이론으로 이타주의-이기주의 이론, 사회적 교환이론, 동기이론, 집합행동이론을 들 수 있다.

① 이타주의-이기주의 이론

이타주의적 동기론은 타인의 복지에 대한 비이기적인 배려 또는 헌신으로서 자기 자신의 복지를 위한 이기적인 관심을 배제하는 것을 말한다. 이타주의의 결정 요소는 '주위의 누군가를 돕고 싶다' '지역사회 혹은 국가를 위해 무언가를 하고 싶다' '무엇인가 개선과 변화를 원한다' 등과 같은 사회적 성격을 띠고 있다. 이러한 이타주의적 동기는 최근 들어 자원봉사 동기이론 중에서 과소평가되고 있지만, 여전히 중요한 동기로 자리 잡고 있다.

이기주의적 동기론은 자아실현이나 성취 욕구 등 자아지향적인 동기를 말하는 것으로, 자원봉사에 참여한 봉사자의 참여 동기가 이타적이고 사회적인 책임에 기반을 둔 것이라기보다는 이기적이고 경험추구적인 동기 또는 욕구에 의해 주도되는 특징이 있다. 이기적인 동기론을 주창한 학자들

(Ellis, 1986; Smith, 1981; Van Til, 1988)은 자원봉사활동은 이타적인 동기에 의해서만 이루어질 수는 없으며, 새로운 것을 배울 수 있는 기회를 제공한다거나, 직업적 준비 과정에서 실제적 경험이 된다거나, 도덕적 고결함, 필요한 존재로서의 확인, 누군가에게 도움이 되는 존재로서의 만족감 등 심리적 보상을 포함하여 자원봉사자에게 무언가 직접적인 이익을 제공하는 활동이라고 주장한다.

결론적으로 자원봉사활동은 이타주의적인 동기와 이기주의적인 동기의 혼합으로 볼 수 있다. 모든 자원봉사활동에는 자기 이익(self-interest)의 측면이 포함되어 있으며, 절대적인 이타주의가 아닌 상대적인 이타주의로서 자원봉사활동을 이해해야 한다는 논리가 설득력을 얻고 있다(Gidron, 1983; Smith et al., 1980).

② 사회적 교환이론

자원봉사활동을 보상과 관련시켜 합리적 의사결정의 결과로 해석하는 대표적인 견해로는 사회적 교환이론(social exchange theory)을 들 수 있다. 자원봉사자는 자원봉사활동의 수행 과정에서 나타나는 업무의 보상, 즉 성취감 및 소집단과의 관계 향상 등에 영향을 받게 된다는 것이다. 여기서 보상은 생계수입을 목적으로 하는 물질적 보상이 아니라 인정, 칭찬, 존경 등 사회적 보상을 말한다.

사회적 교환은 반드시 주고 받는 대상이 일치하는 것이 아니라, 제3자를 통한 간접적인 교환도 가능하다. 즉, 자신이 속한 집단 구성원들이 이타적인 행동을 높게 평가하는 경우, 봉사활동을 수행함으로써 수혜자들에게는 아무런 대가를 못 받더라도 자신이 속한 집단에서 사회적 보상을 받기 때문에 봉사활동을 계속 수행하게 된다는 것이다. 사회적 교환이론에서 사용되는 자원봉사활동 관련 보상의 유형은 다음과 같다.

▶ **심리적 보상**

조휘일(2000, p. 15)에 따르면 "자원봉사자의 동기는 다양한 생물학적 · 심리적 · 사회적 · 경제적 · 문화적 요인들로부터 나오고 있으며, 그 성격은 크게 이타적 동기와 이기적 동기 또는 자기지향적 동기(self-directed)와 타인지향적 동기로 나눌 수 있다."고 했다.

타인지향적 동기는 불우이웃을 돕는다는 보람 등 단순한 동정심이나 좀 더 숭고한 평등의식에 의해 동기화되어서 활동에 참여하는 것을 말한다. 어떤 경우에는 죄의식이나 긍정적인 자아상의 보존 욕구(체면) 등에 의해 동기화되기도 한다.

자기지향적 동기는 개인적 성장을 위해서 혹은 미래의 직업이나 사회적 역할을 탐색하기 위한 동기에서 자원봉사활동에 참여하는 것을 말한다.

▶ **사회적 보상**

자원봉사자에게 사회적인 차원에서 직접적인 보상의 형태로 제공되는 것으로 다음의 사항을 들 수 있다.

- 자원봉사 통장제도
- 표창제도
- 회원제도
- 근무시간 인정 및 경력화: 근무시간 면제(trade-off), 사회봉사휴가(social-service leave), 직원대여(loaning personnel)
- 자원봉사 학점의 제도화

▶ **경제적 보상**

가정봉사원제도를 실례로 들 수 있으며, 가정봉사원으로 활동하는 자원봉사자에 대한 주차비 면제나 식사비 할인 등의 실비지급 정도의 수준에서 지급되는 경제적 보상의 형태로 이루어진다. 미국의 경우, 자원봉사활동에 참여하는 청소년에게 최소생계비와 학비 등을 지원하고 있다.

③ 동기이론

매슬로(Maslow)의 욕구계급이론, 허즈버그(Herzberg)의 동기 · 위생이론, 맥클렌드(McClelland)와 앳킨슨(Atkinson)의 성취동기이론[1], 브룸(Vroom)의 과정이론으로서의 기대이론[2] 등 자원봉사활동의 동기에 대한 설명을 제공하는 다양한 이론이 있다(Carrel, Elbert, & Hartfield, 1995).

또한 자원봉사자들을 그들의 참여 동기에 따라 분류하기도 한다. 예를 들어, 앱데어(Abdennur, 1987)는 자원봉사자를 그들의 동기에 따라 다음의 다섯 가지 유형으로 분류하고 있다.

▶ **사회서비스형 자원봉사자**(social service volunteers)

이 유형의 자원봉사자들은 이용자와의 직접적인 상호작용에 의해 동기화된 사람들이다. 병원의 노인병동이나 자원봉사자 교육센터 등과 같이 건강 · 교육 · 여가 관련 프로그램에서 일하는 자원봉사자들에게서 많이 찾아볼 수 있는 유형이다.

▶ **원인지향형 자원봉사자**(cause-oriented volunteers)

인권문제, 유권자 운동, 환경보호, 가족계획 등 특별한 사회적 이슈와 문제에 깊은 관심을 표하는 자원봉사자를 일컫는다. 이들은 사회적 이슈를 공

1) 성취 욕구, 권력 욕구, 친화 욕구로 나뉜다.
2) 자원봉사자는 자원봉사활동 그 자체만으로 동기부여되는 것이 아니고, 기대하는 보상이 어떻게 주어지느냐에 따라 자원봉사활동의 지속 여부가 결정된다고 주장하는 이론이다.

공에 알리고 교육시키는 업무나 사회적 변화를 추구하는 활동 혹은 두 가지 활동 모두에 관심을 보이는 경향이 있다.

▶ **자기표현형 자원봉사자**(self-expressive volunteers)

이 유형의 자원봉사자들은 기본적으로 즐거움을 누리기 위해서 혹은 개인적 표현의 장으로 자원봉사활동에 관심을 갖는다. 스포츠 리그, 환경미화 집단, 문화예술 분야 등에서의 활동을 선호하는 자원봉사자들이 이 유형에 속한다.

▶ **직업적 · 경제적 이익추구형 자원봉사자**
(occupational/economic self-interest volunteers)

산업별 노동조합(trade union), 직능협회(professional associations), 경제인협회(organizations of business people) 등을 위한 자원봉사활동에 종사하는 경우에 해당한다. 이들의 자원봉사활동의 주요동기는 자신의 직업적 경력, 직업상의 지위, 경제적 권력의 유지와 강화 등과 관련된다.

▶ **자선적 · 기금모금형 자원봉사자**(philanthropic/funding volunteers)

자원봉사자들이 직접적인 서비스의 제공에 관련된 영역보다는 자원봉사기관이나 조직을 위한 기금모금활동 및 경제적 기부에 더 큰 관심을 보이는 경우다.

④ 집합행동이론

최근 들어 자원봉사활동을 지역문제를 해결하고 지역복지를 달성하려는 지역복지공동체를 위한 집합노력으로 이해하면서 주장되고 있는 견해다. 여기서는 지역주민 모두를 복지의 공급자이자 수혜자로 보며, 자원봉사를 지역사회 발전이라는 공공의 이익을 추구하는 행동으로 간주한다. 즉, 자원봉사활동을 단지 남을 위한 행동이 아닌, 내가 살고 있는 지역사회 전반적 차원에서의 이익, 그리고 지역주민 한 사람으로서 자기 자신을 위한 행동으로 이해하는 입장이다.

2) 자원봉사자의 유지

자원봉사자가 지속적으로 자원봉사활동에 참여할 수 있도록 돕는 노력의 핵심은, 자원봉사 경험을 통해 개별 자원봉사자의 독특한 욕구가 충족되었음을 자원봉사자가 확신할 수 있도록 하는 것이다. 이러한 개별적 확신이 보다 폭넓은 차원에서 일어날 때, 자원봉사활동을 지속하려는 사람들을 고무시키는 긍정적이며 열정적인 환경이 조성된다.

이와 같이 긍정적인 방향으로 동기를 부여하는 환경을 조성하고자 할 때, 대부분의 자원봉사자가 공통적인 관심을 갖는 두 가지 중요한 욕구가 있다. 하나는 소속감을 느끼고자 하는 욕구이고, 다른 하나는 자율성에 대한 욕구다. 이 두 가지 욕구는 서로 상반된 특성을 지닌다. 실제 일상의 삶 속에서도 양립할 수 없는 상호 충돌적인 욕구들로 표출될 때가 많다. 즉, 둘 중 한 가지 욕구가 뚜렷이 드러나는 상황은 쉽게 찾아볼 수 있으나 두 가지 욕구가 동시에 표출되는 경우는 드물다.

소속의 욕구와 자율성의 욕구는 인간을 동기화시키는 기본적인 욕구다. 대부분의 사람은 소속감을 갖기 위해 자신만의 특별함을 일정 부분 포기하거나, 혹은 보다 자율적이고, 더욱 강력하며, 훨씬 독립적인 특별한 인간이 되기 위해 스스로 자신의 관계망 일부를 기꺼이 포기하기도 하면서, 양립할 수 없는 둘 사이에서 타협점을 모색해 나가는 삶을 살아간다. 대부분의 사람은 살아가면서 자신이 어딘가에 소속되어 있다는 사실로 인해 답답함을 느끼고, 자신의 인생에 대해 스스로 결정을 내릴 수 있는 자율을 갈망했던 경험이 있을 것이다. 또한 대부분의 사람은 무언가에 관련되거나 어떤 단체에 가입하고 싶은 감정 역시 갈망했던 경험이 있을 것이다. 이 두 가지 욕구가 동시에 만족되는 경우는 드물다. 소속감과 자율성의 감정을 동시에 가질 수 있는 자원봉사 환경을 만들 수 있다면, 자원봉사를 열망하는 강력한 동기화된 욕구를 창출해 내고, 활용하며, 충족시켜 나갈 수 있을 것이다.

(1) 소속 욕구의 충족

소속의 욕구를 충족시킬 수 있는 환경의 조성을 위해서 다양한 측면이 고려될 필요가 있다. 소속의 욕구를 충족시키기 위해 활용할 수 있는 방법은 다음과 같다.

- 상호 공동의 목표를 설정한다.
- 비슷한 관심을 가진 자원봉사자를 모집·배치한다.
- 비슷한 가치를 가진 자원봉사자를 모집·배치한다.
- 역량강화를 통해 신뢰할 수 있는 환경을 조성한다.
- 팀의 일원으로서 자원봉사자의 집단의식을 강화한다.

(2) 자율성 욕구의 충족

자율성을 추구하고 특별함을 강조하는 욕구의 충족을 위하여 다음의 방법을 활용할 수 있다.

- 자원봉사자에게 보다 많은 자율권을 준다.
- 자원봉사자의 의견을 구한다.
- 결과의 측면에서 자원봉사자의 업무를 규정한다.

• 조직에 대한 중요한 기여자로서 자원봉사자를 대한다.
• 개별적인 수행에 피드백을 제공한다.
• 결과의 성취에 있어 개별적인 수행을 측정한다.

앞의 두 가지 욕구를 동시에 충족시킬 수 있는 하나의 방법은 자원봉사자에게 업무에 관하여 제안을 구하고 이를 실행하는 것이다. 이는 긍정적인 환경을 만드는 것뿐 아니라, 조직의 효과성을 위해서도 중요하다. 빠르게 변화하는 세상에서, 과거에 행하던 방식을 미래에 사용할 수 없음은 당연하다. 조직은 변화하고, 성장하고 발전해야 한다. 이는 더 나은 방법을 찾기 위해 끊임없이 사고해야 함을 의미한다. 자원봉사자는 혁신적인 사고의 중요한 자원이다.

(3) 창조적이고 혁신적인 사고의 추진

혁신적인 사고가 반드시 근본적이고, 긍정적인 방향으로 세상이 바뀌는 변화로 연결되는 것은 아니다. 오히려 작은 변화들의 축적이 영속적으로 변화하는 세계의 지속적인 도전에 효과적으로 대처하게 만들 수 있다. 다음과 같은 질문을 통하여 자원봉사자들의 의견을 구함으로써, 자원봉사자들이 보다 적극적으로 혁신적인 사고와 행동을 하도록 독려할 수 있다.

• 지금 우리가 하고 있는 일을 더 잘할 수 있는 방법은 무엇인가?
• 만약 당신이 이 일의 책임자라면 무엇을 바꿀 것인가?

또한 집단토론에서 다음의 질문을 던지고 난상토론을 통해 의견을 모아가는 방법 역시 권장할 만하다.

- 만약 길 건너편에 똑같은 기관을 세운다면 다르게 해 볼 수 있는 일은 무엇인가?
- 어떻게 하면 이용자에게 보다 나은 서비스를 제공할 수 있을까?

아이디어를 구하는 것만으로는 충분하지 않다. 만약 자신이 성의를 다해 제안한 아이디어들이 전혀 반영되지 않는다면, 자원봉사자들은 실망하게 되고 더 이상 어떤 제안도 하지 않을 것이다. 자원봉사자의 제안이 실행하기에 충분하지 않거나, 오히려 상황을 악화시킬 여지가 있거나, 혹은 기관이 전체적으로 추구하는 가치나 목표와 일치하지 않을 때 자원봉사 관리자는 자신의 염려를 자원봉사자에게 알리고, 아이디어를 수정할 수 있는 기회를 제공함으로써 혁신적 아이디어의 제안에 대한 자원봉사자들의 열의와 관심이 식지 않도록 해야 한다.

자원봉사자들이 기관에서 자신의 아이디어를 요청하고 있으며, 자신이 제안한 아이디어가 실질적으로 반영된다고 생각할 때, 자신을 스스로 특별하고 영향력 있는 존재로 인식하게 된다. 동시에 조직에 대한 강력한 일체감을 경험하게 된다. 이는 기관에서 일어난 실제적인 변화가 바로 자신에 의해 시작되었다는 느낌을 가지기 때문이다. 이런 경우 자원봉사자들은 개인으로서의 특별함과 전체의 일부로서의 소속감을 동시에 느끼게 된다. 이것은 특별함의 욕구와 소속감의 욕구를 동시에 충족시킬 수 있는 환경이 조성되었음을 의미하며, 이를 통해 기관에 대한 자원봉사자의 충성도를 높일 수 있고, 자원봉사자로 하여금 자원봉사활동을 지속하겠다는 열망을 불러일으킬 수 있다.

3) 인정과 보상

자원봉사자에게는 반드시 그들의 기여에 상응하는 인정과 보상이 이루어져야 한다. 이러한 인정과 보상은 공식적 보상체계와 비공식적 보상체계를 포함하는 몇 가지 과정에 의해 이루어질 수 있다.

(1) 공식적 보상체계

공식적 보상체계는 자원봉사자의 탁월한 성취를 인정하고 널리 알리는 의미에서 상장, 공로패, 감사패를 수여하거나 표창을 하고, 혹은 만찬회를 개최하는 것 등이다. 비영리단체와 기관들은 연례기금모금만찬회나 기념식 등을 개최하면서, 탁월한 성취를 이룬 자원봉사자들에게 공식적인 감사를 표시하는 것이 바람직하다. 이러한 행사는 자원봉사활동을 고취한다. 자원봉사자의 사기를 진작하기 위한 목적으로 지역사회 차원에서 자원봉사주간을 개최하는 것도 고려해 볼 만하다.

공식적인 기념행사의 개최 여부를 결정할 때는 다음의 사항이 고려되어야 한다.

- 행사가 자원봉사자의 성취를 축하하고, 노고를 치하하는 목적으로 진행되고 있는가? 그럼으로써 직원들이 자원봉사자들에게 감사의 마음을 표시하는 기회가 되고 있음을 느끼고 있는가?
- 진부하거나 형식적이지 않고 실질적인가?
- 적절한가? 자원봉사자가 이처럼 성의 없는 점심 대접에 돈을 쓰기보다는 이용자에게 이 비용을 쓰는 것이 더 낫다고 느끼지는 않을까?
- 이 행사를 진정한 축제의 장으로, 그리고 조직의 일원으로서 자부심을 높이는 기회로 만들 수 있을까?

공식적인 보상체계가 유용한 방법이긴 하지만 자원봉사자의 동기부여 욕구를 지속적으로 충족시켜야 하는 일상적인 봉사활동 과정에서 활용하기에는 한계가 있다. 또한 지역사회의 인정을 받고자 하는 자원종사자의 욕구를 충족시키는 데는 유용한 방법이지만, 이용자와 대면하고 원조를 담당하는 자원봉사자에게는 거의 영향이 없거나, 오히려 부정적인 영향을 주는 방법이다. 이러한 자원봉사자들은 자신이 제공한 서비스가 이용자에게 실질적인 도움이 되고, 이 도움이 이용자의 성취에 기여했음을 알게 될 때 더욱 동기부여가 되고 자신이 인정받고 있음을 느끼게 된다.

(2) 비공식적 보상체계

가장 효과적인 보상체계는 자원봉사자가 수행하는 일상의 업무에 대해 직원들이 진심으로 인정해 주고 감사를 표시하는, 자원봉사자와 직원 간의 일상의 상호작용에서 일어난다. 이러한 비공식적 보상체계는 어떤 면에서 공식적인 보상체계보다 훨씬 더 효과적인데, 이는 일상에서 쉽게, 그리고 자주 실행할 수 있기 때문이다. 1년에 한 번 개최하는 저녁만찬행사의 효과가 아무리 좋아도 바람직한 업무관계가 1년 365일 동안 지속되는 효과에 비할 수는 없기 때문이다.

일상으로 일어나는 비공식적 보상은 다음의 내용을 포함한다.

- "고마워요."라고 말하는 것
- 자원봉사자의 업무와 연관된 의사결정에 자원봉사자를 참여시키는 것
- 자원봉사자의 가족에 관해 물어보고, 관심을 보이는 것
- 자원봉사자가 직원과 동등한 대우를 받을 수 있게 하는 것
- 자원봉사자의 가족에게 감사의 편지를 보내는 것
- 자원봉사자가 교육 프로그램에 참여할 수 있도록 허락해 주는 것

- 자원봉사자가 자신의 직장에서 승진할 수 있도록 추천하는 것
- 자원봉사자의 생일을 기억하는 것
- 기관에서 자원봉사자를 기념하는 날을 기억하고 축하하는 것

일상적인 보상은 자원봉사자에 대한 감사의 표현을 생활화함으로써 자원봉사자의 소속감을 유지시키는 것에 그 숨겨진 의도가 있다. 이렇게 작지만 의미 있는 표현은 연례행사에서 공식적으로 전달하는 것보다는 일상생활에서의 수많은 상호작용 속에서 보다 자연스럽게 전달하는 것이 좋다.

(3) 보상의 규칙

자원봉사자에게 이루어지는 보상체계의 유형과 방식에 상관없이 반드시 지켜야 할 규칙이 있다.

① 보상을 반드시 주어야 한다

자원봉사자가 자원봉사 관리자로부터 원하는 보상을 받지 못하면 누군가 다른 사람에게서 그것을 얻으려 할 것이고, 그렇게 되면 자원봉사 관리자가 원하는 행동방식과 의도한 결과를 자원봉사자로부터 유도해 낼 수 없을 것이다.

② 보상은 자주 주어야 한다

사람은 누구나 인정받기를 원한다. 자원봉사자들이 스스로 '승리자'의 이미지를 높일 수 있도록 격려와 칭찬을 자주 해 주도록 한다.

③ 공개석상과 동료집단을 활용한다

보상은 공식적인 자리에서 행해질 때 효과적이며, 특히 동료들이 있는 곳

에서 행해지면 더욱 효과적이다. 예를 들어, 직원회의에서 자원봉사자의 업무를 치하하는 것은 매우 효과적인 방법이다.

④ 보상은 빠른 시간 내에 주도록 한다

보상을 주는 것은 바람직한 행동이나 업무 수행 이후 빠르면 빠를수록 더 큰 효과를 불러온다. 탁월한 성취를 이룬 후 수개월이 지난 다음에 공식적인 상을 주는 것은 업무를 수행한 직후 '훌륭한 업무 수행'이라는 칭찬의 말을 건네는 것의 효과에 미치지 못한다.

⑤ 개별화된 보상 방법을 찾는다

개인에게 맞는 개별화된 보상 방법을 찾기 위해 노력해야 한다. 예를 들어, 자신의 직업상 경력을 위해 자원봉사활동을 하는 사람의 경우, 자원봉사기관의 기관장 명의로 탁월한 자원봉사활동을 치하하는 서신을 그 사람의 고용주에게 보내 주는 것이 최고의 보상이다.

⑥ 지속적이고 진실해야 한다

거짓 성취를 보상해서는 안 되며, 성취의 수준이 동일한 자원봉사자들 가운데 일부만 보상해서도 안 된다. 자원봉사자들이 자신에 대한 보상이 성취에 대한 공정한 고려 없이 무원칙적으로 이루어진다고 생각한다면, 올바른 보상이 이루어질 경우에도 기관과 관리자를 신뢰하지 않는 상황으로 이어질 수 있다.

⑦ 성취에 대해서는 인정을, 자원봉사자에게는 칭찬을!

프로젝트를 완료했을 때 주어지는 것과 같이 특정한 성취를 이루었을 때 보상을 주는 것이 가장 효과적이다. 하지만 그러한 보상과 인정이 업무의 성취가 아닌, 그 일을 이룬 사람을 향할 때 더욱 효과적이다. 예를 들어, 특정한 성취를 이룬 자원봉사자에게 "나는 당신이 언제나 맡은 바 소임을 차질 없이 훌륭히 해낼 것이라는 것을 믿고 있었습니다."라는 말을 건네는 것이다. 다시 말해, 자원봉사 관리자는 '훌륭한 업무'의 측면이 아닌, '훌륭한 업무를 바로 당신이 해냈다'는 방식으로 자원봉사자의 성취를 인정하는 것이다.

4) 유지와 인정의 진정한 의미

자원봉사자의 유지와 성취에 대한 인정은 '작은 것이 아름다운' 활동이라는 생각에 잘 나타나 있다. 자원봉사가 전체 프로그램이 아닌, 특정한 개인과 연관되어 이루어졌을 때 안정적인 자원봉사자의 유지와 효과적인 보상이 가능하며, 대규모의 공식행사를 통한 인정보다는 일상의 업무 가운데 자연스럽게 이루어지는 보상과 인정이 더욱 매력적이다. 그렇다고 공식적인 행사나 시상식을 통해 이루어지는 보상과 인정이 의미가 없다는 것을 의미하는 것은 아니다. 집단적 소속감을 중시하는 자원봉사조직의 경우 공식적인 행사를 통한 보상은 매우 중요한 의미를 가진다. 다만, 공식적인 보상체계가 절대로 일상의 상호작용 속에서 가능한 비공식적 보상체계를 대체할 수 없음을 잊지 말아야 한다.

9장

자원봉사 관리의 실제 5: 자원봉사자와 직원의 관계

학습 목표

1. 자원봉사 프로그램과 관련한 다양한 관계를 파악한다.
2. 자원봉사에 대한 직원의 우려를 해소하고, 지지를 얻는 과정에 대해 학습한다.
3. 상급관리자의 지지를 위한 이해, 정보, 참여에 대해 알아본다.
4. 성공적인 자원봉사 관리를 위한 철학적 신념에 대해 생각해 본다.

1. 영원한 삼각관계

대다수의 경험이 많지 않은 자원봉사 관리자는 자신과 자신의 자원봉사자의 관계를 어떻게 형성할 것인가가 프로그램에서 가장 핵심적인 부분의 하나일 것이라고 믿는 오류를 범한다. 자원봉사 관리자들은 곧게 뻗어 있는 직선관계로 자신과 자원봉사자의 업무관계를 설정한다.

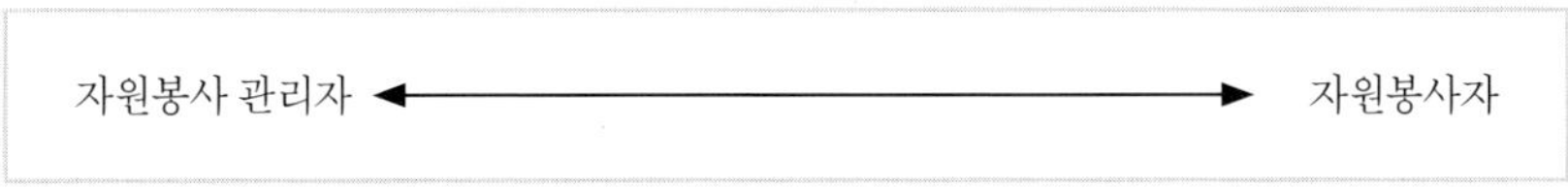

[그림 9-1] 자원봉사 관리자들이 쉽게 착각하는 자원봉사자와의 관계

하지만 이러한 방식으로 업무관계를 설정하는 것은 매우 위험하다. 실제로 대다수의 자원봉사 프로그램에서 업무의 배치는 양방향 배치보다는 세 방향의 배열, 즉 삼각형식 배열과 유사한 형태로 이루어진다.

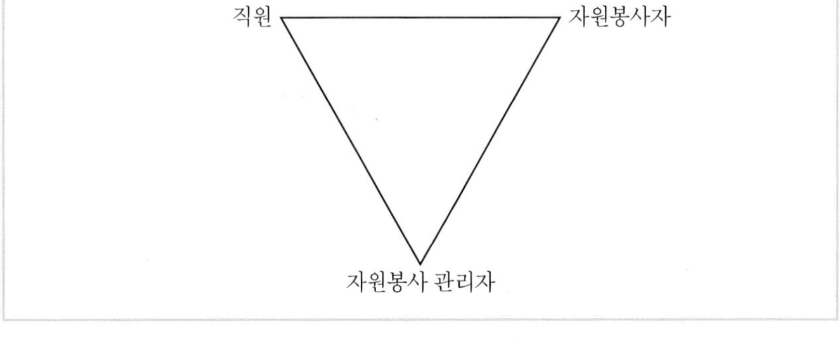

[그림 9-2] 실제 자원봉사 프로그램 배치를 둘러싼 관계

삼각형식 배치는 자원봉사자가 직원이 소속된 부서 내로 배치되거나, 직원이 담당하고 있는 프로젝트를 돕는 역할을 하거나, 직원이 책임지고 있는 이용자를 원조하는 업무를 맡거나, 혹은 직원에게 직접 배치되거나 등의 여부와 관계없이 자원봉사자가 기관에서 유급 직원들과 일할 경우 반드시 따라야 할 배치 방식이다. 따라서 자원봉사 관리자는 이러한 업무관계가 형성되었을 때 3개의 집단으로 이루어진 역학적 관계를 세심히 고려하여 자원봉사자 집단과 좋은 관계를 맺기 위해 투자하는 시간만큼 직원 집단과도 바람직한 관계를 형성하기 위하여 시간을 투자해야 한다.

2. 직원의 관심과 우려에 대한 직면과 대처

유능한 자원봉사 관리자는 직원들이 자원봉사자를 활용하는 것에 대해서 개인적인 면이나 조직적인 면에서 관심이나 걱정을 갖는 것이 당연하다는 인식을 갖고 출발해야 한다.

직원들의 자원봉사자에 대한 조직적인 측면의 관심은 다음과 같다.

- 업무 통제력 상실에 대한 우려
- 서비스의 질적 저하에 대한 우려
- 자원봉사자와 관련한 신뢰성에 대한 우려
- 부가적인 법적 문제와 책임성의 증가에 대한 우려

직원들의 자원봉사자에 대한 개인적인 측면의 관심은 다음과 같다.

- 업무량 증가에 대한 분노

• 실직에 대한 두려움
• 자원봉사 관리 경험이 없는 직원의 경우 관리의 책임에 대한 두려움

자원봉사 관리자의 역할은 직원의 관심과 우려가 무엇인지를 알아낸 후에, 이러한 부정적 걱정과 우려를 '자원봉사자는 기관에 유용하다'라는 긍정적 확신으로 인식의 변화를 가져오게 하는 것이다.

자원봉사자의 유용함을 확신하는 직원들은 다음의 두 가지 감정을 느끼게 된다.

• 어려움보다는 이익이 더 크다는 느낌
• 자원봉사자를 관리할 수 있다는 느낌(통제에 대한 자신감)

직원들은 대체로 다음과 같은 상황에서 자원봉사 프로그램에 더욱 만족해한다. 첫 번째는 자신이 노력한 것보다 더 큰 보상이 있다고 생각될 때이고, 두 번째는 자원봉사자와 함께 일하며 자신의 참여 정도를 결정하는 일에 본인이 깊이 관여한다고 생각될 때다.

자원봉사 관리자가 직원들의 관심과 우려 사항을 다루는 데 있어 명심하고, 또 지켜야 할 가장 중요한 원칙은 직원들과 경쟁하여 이기려는 마음을 가져서는 안 된다는 것이다. 많은 자원봉사 관리자는 기관의 최고관리자에 의해 '모든 직원에게 자원봉사자가 할당된다'는 식의 강제조항이 하달되도록 하는 것과 같은 권위적인 방법으로 직원들의 우려를 잠재우는 방식을 선호하는 경향이 있다. 하지만 이러한 방식은 치명적이다. 직원들은 자신이 강요당한 것에 대한 앙갚음을 하려고 할 것이고, 앙갚음이 가능한 유일한 표적인 자원봉사자에게 이러한 앙갚음을 시도할 것이다.

이 같은 상황에서 자원봉사 관리자는 유쾌하지 않은 정치적 게임에 관여할 수도 있다. 이는 조직의 환경(organizational climate)에 부정적인 영향을 준다. 직원 간에 심한 갈등이 상존하는 '전쟁터' 같은 상황에 노출될 경우 자원봉사자가 이에 실망하고 기관을 떠날 가능성이 커진다. 자원봉사자가 조직 내에 상존하는 긴장과 갈등을 심하게 느낀다면 지속적으로 활동할 필요성과 열정이 감소될 것은 자명하다. 그들에게 자원봉사 시간은 자유재량의 시간이며 대부분의 자원봉사자는 유쾌한 업무환경에서 즐거운 마음으로 자신의 시간을 활용하고자 할 것이기 때문이다.

자원봉사자와 함께 일하는 직원들의 관심을 다루는 데 있어 삼가야 할 또 하나의 부정적인 방법은 비판하는 것이다. 직원과 논쟁하는 것은 무익하다. 예를 들어, 왜 직원들의 생각이 틀렸는지에 대해 논리적인 이유를 명쾌하게 제시하는 행동은 현명한 처세가 아니다. 자원봉사자의 활용에 대한 직원들의 관심 사항은 대부분 논리적이지 않으며, 심지어 자원봉사 프로그램과 직접적인 관련이 없을 수도 있다. 직원들에게 지속적인 압력을 가할 경우 직원들은 더욱 방어적이 될 뿐이며, 이는 다시 적대감만을 조장하게 될 것이다. 직원들의 관심을 다루는 올바른 방법은 직원들에게 자문가 역할을 해 주고, 자원봉사자를 활용하는 것이 어떻게 도움이 되는지를 인식할 수 있도록 상담을 통해 깨닫도록 해 주는 것이다.

3. 직원에 대한 자문 제공: 자문 제공 실례

직원과 효과적으로 일하기 위해서는 독특한 접근법을 취해야 할 필요가 있는데 이른바 자문요법(consulting method)이다. 이 접근법은 직원들이 자신에게 도움이 될 수 있는 방법을 스스로 찾아낼 수 있도록 역량을 강화시킨다는 측면에서 7장의 카운슬링기법 및 자원봉사자 역량강화기법과 유사점이 있다. 즉, 직원에 대한 자문가로서 자원봉사 관리자의 역할은 직원들이 그들 자신의 업무를 더욱 용이하게 하는 방법을 찾을 수 있도록 돕는 것이다.

직원에게 그의 업무에 자원봉사자를 참여시키도록 설득하는 상황을 설정해 보자. 해당 직원은 그런 일로 시간을 낭비하고 싶지 않다고 말한다. 이 상황에서 감정적으로는 그 직원에게 이러한 행동이 얼마나 그릇된 것인지를 지적하고, 기관의 정책은 자원봉사자를 활용하게 되어 있음을 주지시키고 싶을 것이다. 그러나 자문제공기법은 다음에 제시되어 있는 대화를 활용하여 질문하는 것이다.

자원봉사 관리자: 당신이 하는 말은 우리 기관에서 자원봉사자를 활용하는 것에서 큰 가치를 찾을 수 없다는 뜻인가요?

직원: 음, 이론적으로는 맞는 얘기일 수 있어요. 그러나 나는 자원봉사자를 신뢰할 수 없어요. 자원봉사자를 훈련시키는 데 많은 노력과 시간이 들지만, 막상 훈련이 끝나면 그들은 나타나지 않아요.

이 시점에서 자원봉사 관리자는 "우리가 자원봉사자를 잘 대해 준다면 그들도 잘할 거예요."라고 말하고 싶을 것이다. 그러나 입술을 깨물며 "그렇게 생각하는 이유가 무엇이지요?"라고 물어보는 것이 현명한 방법이다.

자원봉사 관리자: 그게 무슨 의미인가요? 왜 자원봉사자가 나타나지 않는 거지요?

직원: 그건 잘 모르겠어요. 아마도 다른 해야 할 일이 있어서겠지요.

자원봉사 관리자: 그렇게 열심히 훈련받은 자원봉사자가 왜 다른 일을 더 좋

아할까요?

직원: 글쎄요, 다른 일이 더 재미있어서 그럴 수도 있겠죠.

자원봉사 관리자: 그렇다면 우리 업무를 더욱 재미있게 만드는 방법은 없을까요?

직원: 말도 안 돼요. 우리 일은 정말 지루한 일이잖아요.

자원봉사 관리자: 왜 그런가요? 우리 업무가 지루한 까닭이 뭐지요?

직원: 글쎄요, 너무 반복적이라서 그런가!

자원봉사 관리자: 그렇다면 우리가 업무를 덜 반복적이고 좀 더 흥미롭게 다시 만들 수 있지 않을까요?

직원: 그 말은 내게 일을 더 많이 하라는 소리로 들려요. 저 혼자 어떻게요.

자원봉사 관리자: 그래서 내가 있잖아요.

바로 이 시점에서 자원봉사 관리자는 직원을 돕는 자원으로 자신을 활용해야 한다. 즉, 자문가에서 조력자로 자원봉사 관리자의 역할이 바뀌는 순간이다. 직원이 "당신이 무엇을 도와줄 수 있나요?"라고 묻는다면, 그것은 직원이 자원봉사 관리자에게 문제를 해결하기 위해 도움을 달라고 요청하고 있음을 의미한다. 이는 직원이 자원봉사자를 활용하도록 자원봉사 관리자가 노력하는 것과는 다른 성격의 관계다. 만약 직원이 이러한 도움을 요청한다면 자원봉사 관리자는 5장에서 기술한 업무설계 동기부여의 원칙을 활용하여 직원을 도울 수 있다.

4. 직원의 지지 구축

자원봉사 관리자는 자원봉사 프로그램에 대한 직원들의 지지를 얻기 위해 다음의 단계를 고려하여 자문하는 접근법을 활용해야 한다. 이 단계는 직원들의 두려움과 우려를 효과적으로 다루기 위해, 그리고 직원들이 자원봉사자를 적극적으로 활용하려고 시도하는 것을 돕기 위해 고안되었다. 구체적으로 자원봉사자를 배치하기 이전의 단계, 직원이 자원봉사자와 함께 일하기를 시도하는 단계, 그리고 자원봉사자를 배치한 이후의 세 단계로 나누고 각 단계에서 해야 할 일을 제시하고자 한다.

1) 자원봉사자 배치 이전 단계

다음은 직원이 자원봉사자를 배정받기 전 단계에서 시행해야 할 내용이다.

(1) 자원봉사자 활용에 관한 기관의 정책 규정(agency policy)의 개발

자원봉사자의 참여에 관한 기관의 정책은 최고정책결정자에 의해 수용되고 지지되어야 하며, 발전과 성장을 위한 기관의 전체적인 계획으로 통합되어야 한다. 또한 자원봉사자의 활동과 관련된 직원의 업무 내용과 업무량에 대한 결정 시기가 포함되어야 한다. 정책은 수용되어야 하지만, 강제 규정으로서 문서화되지 않아야 한다. 모든 직원이 반드시 자원봉사자를 활용해야 한다고 요구해서도 안 된다.

(2) 자원봉사자 활용에 대한 직원 대상 배경조사 실시

5장에서 밝힌 것처럼 설문조사나 사정 과정을 통하여 직원들이 과거에 자원봉사자와 함께 일했던 경험의 정도, 직원들의 두려움과 관심사항, 그리고 추가로 필요한 훈련이나 자료 등에 대한 직원들의 요구사항 등이 파악되어야 한다. 이러한 정보 수집 절차는 직원들이 자원봉사자와 업무를 시작한 이후에도 지속적으로 이루어져야 하는데, 월례평가모임의 활용, 자원봉사자 활용자 모임 운영 등을 통해 구체적인 정보관리체계가 수립되어야 한다.

(3) 업무 개발 과정의 시행

자원봉사 관리자는 기관 내 모든 해당 부서와 직원들이 바람직한 자원봉사 업무를 개발할 수 있도록 돕기 위하여 각 부서 및 각 개인을 개별적으로 접촉하고, 필요한 자문과 원조를 제공해야 한다. 이러한 과정을 실행하는 방법에 관해서는 5장의 '자원봉사자 업무설계'에 제시한 절차와 방법을 참조하기 바란다.

(4) 활용 계획의 수립

자원봉사자를 어떻게 활용할 것인지에 대한 직원 개개인의 계획을 발전시키도록 도와야 한다. 여기에는 다음과 같은 내용이 포함된다. 자원봉사자가 어디에서 활동할 것인가? 자원봉사자들이 필요로 하는 비품은 무엇인가? 누가 자원봉사자를 담당할 것인가? 자원봉사자를 위한 새로운 활동 업무를 누가 계획할 것인가?

(5) 직원에 대한 사전교육 및 훈련의 실시

자원봉사자와 함께 일하게 될 모든 직원은 효과적인 자원봉사 관리에 관한 사전교육과 훈련을 받아야 한다. 직원들은 기관을 위해 자원봉사활동을 하는 사람들이 누구이며, 그들이 자신의 기여와 노력의 보상으로 무엇을 원하고 있는지를 정확히 이해해야 한다. 즉, 자원봉사 관리자는 직원들이 자원봉사자의 슈퍼바이저로서의 임무를 효과적으로 수행할 수 있도록 교육과 훈련을 제공해야 한다.

2) 자원봉사자 배치 단계

자원봉사 관리자는 자원봉사자와 직원을 연결하는 과정에서 다음의 사항을 고려해야 한다.

(1) 자원봉사자의 선발, 면접, 훈련 과정에서의 직원의 참여

자원봉사자로 인하여 서비스의 질이 하락하고, 업무에 대한 효과적 통제가 어려워질 것을 걱정하는 직원들에게 자원봉사자의 선발과 준비 과정에 참여하도록 함으로써 자원봉사자 활용에 대한 부정적 선입관을 줄이고, 수용적 태도를 높이는 효과를 불러올 수 있다. 여기에는 직원들을 자원봉사자 선발 기준을 개발하는 업무에 참여시키고, 자기 부서에 배치될 잠재적 자원봉사자 면접에 동참하게 하며, 자원봉사자 훈련 과정의 개발과 훈련 제공의 업무를 담당케 하는 것 등이 포함된다.

(2) 역할과 책임의 명시

자원봉사자, 직원, 자원봉사 관리자 간의 관계망을 명확하게 해야 한다. 직원은 자원봉사 관리자와 직원 중에서 누가 자원봉사자에 대한 슈퍼비전 제공의 책임이 있는지를 명확하게 이해해야 한다. 또한 직원은 누가 어떤 업무를 담당하게 되는지, 누가 어떤 업무에 대한 책임을 져야 하는지, 일이 잘못되는 경우에 발생할 수 있는 상황이 무엇인지 등에 대해 이해하고 있어야 한다. 예를 들면, 업무 수행의 태만으로 인해 자원봉사자를 해고해야 할 경우 이 역할은 누가 담당하게 되는가? 직원이 할 수 있는가? 아니면 자원봉사 관리자가 할 수 있는가? 이는 단독으로 결정할 수 있는가? 합의로 결정해야 하는가? 등에 관하여 확실하게 알고 있어야 한다.

(3) 자원봉사자 배치 후 점검

자원봉사자와 직원의 첫 연결이 모두 성공할 것이라고 가정해서는 안 된다. 자원봉사자 배치 후 일정 기간 동안 배치 후 과정이 성공적으로 이루어지고 있는지를 자주 점검하는 것이 바람직하다. 업무 수행에 요구되는 자격과 적합한 기술 소유 여부를 점검해야 하고, 자원봉사자와 직원 간의 바람직한 관계 형성 여부 역시 점검해야 하며, 직원이 자원봉사자와 함께 일하면서 실제적으로 느끼는 자신의 능력에 대한 자신감의 정도 등도 지속적으로 검토해야 한다.

(4) 자원봉사자 관리 업무의 직원 참여

자원봉사자의 관리와 슈퍼비전에 직원들을 지속적으로 참여시켜야 한다. 직원들의 참여 수준과 정도는 관리 책임에 대한 각 직원의 개별적 욕구와 편안함의 정도에 따라 다양하게 나타난다. 자원봉사 관리자가 여전히 자원봉사자에 대한 관리 및 슈퍼비전의 책임을 맡는 경우에도, 어떤 형식으로든 직원들이 관리체계에 포함될 수 있도록 노력해야 하고, 직원들은 자신이 슈퍼비전 팀의 일원이며, 자원봉사자에게 일어나는 중요한 일이나 관련 정보로부터 소외되고 있지 않다는 생각을 가질 수 있어야 한다. 이러한 노력은 직원들에게 자원봉사자를 다루는 방법에 대한 조언을 구하거나, 자원봉사자의 활동에 관하여 직원들이 어떻게 생각하고 있는지 질문하는 형식으로 이루어질 수 있다.

3) 자원봉사자 배치 이후 단계

자원봉사자의 배치 이후에 직원들이 자원봉사자를 더 많이, 더 유익하게 활용할 수 있도록 돕기 위하여 다음의 사항을 고려할 수 있다.

(1) 결과에 근거한 피드백 제공

자원봉사자를 효과적으로 활용하고 있는 직원들에게 자신의 업무상 결과를 객관적으로 보여 줄 수 있는 평과 결과를 개발한다. 이러한 평과 결과는 자원봉사자가 자기 부서에서 근무한 자원봉사활동 시간의 보고에서부터 자원봉사자의 노력과 헌신을 칭찬하는 표창장이나 간단한 사례보고 등 다양한 형태로 개발 가능하다.

(2) 자원봉사자의 효과적 활용을 위한 새로운 아이디어의 개발

자원봉사자의 관심을 유발하고, 기관에 도움이 될 수 있는 새로운 업무를 지속적으로 개발할 수 있도록 직원에게 필요한 원조를 제공해야 한다. 창의적이고 모범적인 자원봉사자 활동의 사례는 널리 알리도록 한다. 물론 일부 직원은 자원봉사자 활용에 대해 매우 지지적인 입장과 적극적인 참여 성향을 보인다. 하지만 직원들에 대한 원조의 제공은 자원봉사자 활용에 어려움을 보이거나 부정적인 직원들에게도 동일하게 이루어져야 한다.

(3) 업무를 탁월하게 수행한 직원에 대한 보상

가장 먼저 생각할 수 있는 보상체계는 자원봉사자를 가장 잘 활용한 직원에 대한 공식적인 표창을 하는 것이다. 또한 자원봉사자 관리를 잘 한 것에 대한 상을 제정하는 것도 생각해 볼 수 있다. 직원들의 업무(자원봉사자를 활용하는 일)를 동기화시키고, 다른 직원들도 자원봉사자를 활용하도록 격려하기 위해서는 현재 자원봉사자와 효과적으로 업무를 수행하고 있는 직원들을 인정하는 일이 중요하다.

5. 상급관리자로부터의 지지 창출과 획득

자원봉사 프로그램에 대한 직원들의 지지를 구축하는 과정에서 반드시 다루어야 할 중요한 사항 중 하나는 직원들의 자원봉사자 활용에 대한 결정권자일 뿐 아니라, 자원봉사 프로그램 자체에 대한 최종 승인권자인 상급관리자로부터의 지지를 구축하는 것이다.

기관의 상급관리자의 지지를 얻기 위해 고려해야 할 중요한 세 가지 요소가 있다.

첫째, 이해다. 기관의 상급관리자는 자원봉사 프로그램의 효과적 운영을 위해 요구되는 기관 내 다른 직원과의 관계 설정 문제를 포함하여 자원봉사 프로그램이 구체적으로 무엇이며, 어떻게 운영되어야 하는지 등에 대한 기본적인 이해가 있어야 한다.

둘째, 정보다. 상급관리자는 자원봉사 프로그램을 통해 획득·성취할 수 있는 성과물이 무엇이며, 이러한 성과물의 가치가 프로그램 운영에 소요되는 재정적 비용과 인건비 등 전체 비용의 가치와 비교할 때 상대적 우위에 있음을 이해하고 있어야 한다.

셋째, 참여다. 상급관리자는 프로그램의 효과적 운영과 관리를 위해서 자신이 해야 할 일과 할 수 있는 일을 이해해야 하고, 자원봉사자 및 다른 직원들과 함께 해야 할 일은 무엇인지에 대해서도 정확히 파악하고 있어야 한다.

1) 이 해

상급관리자로부터의 재가와 확고한 지지를 얻는 과정에서 자원봉사 프로그램의 본질에 대한 상급관리자의 정확한 이해는 첫 번째 필요 조건이다.

즉, 자원봉사자가 왜 기관에 필요한지에 대한 이해다. 상급관리자들은 자신이 자원봉사 프로그램을 지원하기로 결정한 이유에 대해 확고한 신념이 있어야 하는데, 이러한 신념은 자원봉사자가 기관의 성공과 사명의 완수에 기여하는 바가 크기 때문이라는 사실에 근거해야 한다.

상급관리자들이 자원봉사 프로그램을 실시하기로 결정한 직접적 동기는 다양한 형태로 나타날 수 있다. 자원봉사자를 지역사회 투입의 자원으로 볼 수도 있고, 지역사회 아웃리치의 수단으로 여길 수도 있으며, 아니면 단순히 비용효과적인 서비스 전달의 수단으로 생각할 수도 있다. 하지만 이러한 직접적인 동기는 자원봉사 프로그램에 대한 보편적인 원리와 신념보다 중요할 수 없다. 기관 내 상급관리자들 사이에서 자원봉사 프로그램에 대한 보편적인 원리가 공유되지 않는다면, 상급관리자들이 공유할 수 있는 원리를 세우기 위해 합의점을 찾아 나갈 수 있도록 유도하고 도와야 한다. 이렇게 하지 못한다면, 자원봉사 프로그램에 대한 상호배타적인 의견이 난립하는 위험에 노출될 수 있으며, 경우에 따라서 자원봉사 프로그램이 존재해야 하는 정당성에 대한 이해를 가진 상급관리자가 한 사람도 없는 위험한 상황에 처할 수도 있다. 완전하게 이해하지 못한 내용을 전적으로 지지하라고 하는 것은 비현실적이고 어려운 일이기 때문이다.

자원봉사 프로그램에 대한 상급관리자의 이해와 관련한 두 번째 조건은 효과적인 자원봉사 프로그램의 운영을 위해 해야 할 일들이 무엇인지를 상급관리자가 이해하는 것이다. 즉, 상급관리자들은 자원봉사 관리 과정의 개요 및 효과적인 자원봉사자 활용을 위해 기관이 투자해야 할 사항들을 이해하고 있어야 한다. 이는 자원봉사 프로그램의 원활한 기능을 위해 필요한 직원들의 시간, 재정적 투자, 권한의 공유 등 갖추어야 할 요건을 명확히 이해하는 것을 의미한다.

2) 정 보

상급관리자의 지지를 얻기 위한 두 번째 요소는 프로그램이 성공적인지를 판단할 수 있는 충분한 정보의 확보이며, 이를 위해 필요한 정보는 다음과 같다.

(1) 자원봉사자 활용 현황

자원봉사자가 어떻게 활용되며, 어디에서 활동하는지에 관한 기록이다. 예를 들어, 이 기록은 참여하는 자원봉사자의 수, 자원봉사 시간, 자원봉사 업무 유형 및 내용에 대한 부서별 보고의 형식으로 작성할 수 있다. 이러한 부서별 보고 형식의 장점은 상급관리자로 하여금 부서별 자원봉사자 활용 현황의 파악은 물론 자원봉사자를 효과적으로 활용하는 부서 및 직원, 또 그렇지 못한 부서 및 직원을 손쉽게 식별할 수 있는 수단을 제공한다는 점이다. 또한 상급관리자는 이러한 기록을 통해 자원봉사자가 기관에 기여할 수 있는 업무의 유형이 무엇인지를 파악할 수 있다.

(2) 자원봉사자 활용 가치

자원봉사자의 기관에 대한 기여의 실제적 가치가 어느 정도인지를 측정・환산하고, 이를 정보화하는 작업은 중요하다. 이러한 작업은 다음의 항목을 측정하는 것을 포함한다.

- 자원봉사 시간의 가치: 개인별 전체 자원봉사 시간을 합산하고, 개별 자원봉사자에 합당한 시간당 임금을 산정하여 곱해 보면 자원봉사자가 기여하는 시간의 가치를 금전적 기여로 환산할 수 있다.
- 물품 후원: 자원봉사자들이 자신의 직장에서 얻어 오는 물품이나 개인

적인 비품의 사용을 포함하여, 자원봉사자들이 기여하는 물품의 가치를 기록하고 금전적 가치로 환산한다.

- 자원봉사 관련 개인적 비용의 가치: 자원봉사자가 기관으로부터 보상을 청구하지 않은 자원봉사활동과 관련한 각종 개인 비용, 예를 들어 자동차 주행거리, 전화 사용, 자료 복사 등의 활동에 소요된 비용을 합산하여 기록한다.

이러한 정보는 이야기(예: 일화, 예화, 흥미로운 자원봉사자에 관한 내용 등)와 사실(예: 통계, 목록 등)을 혼합한 형태로 상급관리자에게 제공해야 한다.

3) 참 여

상급관리자의 지지를 얻기 위한 마지막 요소는 상급관리자가 프로그램에 언제, 어떻게 도움이 되는지를 그들에게 알려 주는 것이다.

상급관리자가 참여하는 방법에는 여러 가지가 있으며, 상급관리자의 프로그램 참여는 자원봉사 프로그램의 효과적인 관리에 있어서 중요한 의미를 가진다. 상급관리자는 자원봉사자 사전교육에 참석하거나, 자원봉사자에게 표창을 수여하거나, 자원봉사자들의 모임에 정기적으로 참여할 수 있다. 상급관리자의 이러한 참여는 자원봉사 프로그램의 지속적인 운영에 있어 중요한 지지 기반 중 하나가 된다.

최고관리자가 자원봉사 프로그램에의 참여를 통해 바람직한 영향을 주는 예를 들어 보자. 어떤 병원의 최고경영자가 매주 화요일마다 자원봉사자와 만나는 시간을 정해 놓고, 매주 각 부서별로 돌아가며 해당 부서의 자원봉사자들과 1시간 동안 함께 이야기를 나누는 모임을 정례화한다. 이러한 모임은 자원봉사자들이 자신의 기여에 대해 병원의 최고책임자로부터 직접적인 감사를 받는 기회가 됨으로써, 더 큰 사명감과 동기부여의 기회로 작용하게 된다. 또한 직원들에게도 자원봉사자와 보다 협력적인 관계에서 효과적인 업무 수행을 할 수 있도록 자극하고 격려하는 순기능을 가져오게 된다.

자원봉사 관리자는 상급관리자가 직원들을 강제하는 것이 아닌, 독려하는 방법을 활용하도록 유도해야 한다. 자원봉사 관리자가 직원들을 격려하고, 직원들에게 자원봉사 프로그램과 자원봉사자의 활동에 대해 납득시키는 데 있어 가장 어려운 점은, 직원들이 자원봉사자를 반드시 활용하도록 상급관리자의 힘을 빌려 강제하고, 불이익을 줄 의도가 없음을 주지시키는 일이다. 자원봉사자 관련 업무를 충실히 수행한 직원에게는 성과에 대해 적절하게 보상하고, 부족한 부분이 있는 직원에게는 스스로 깨달을 수 있도록 보상을 주지 않는 방식을 통해 이러한 환경을 조성할 수 있다.

6. 직원과의 업무 협조 시 주요 원칙

직원과 함께 일하기 위한 계획을 수립할 때는 다음의 세 가지 일반적인 원칙을 준수해야 한다.

- 자원봉사자와 직접 함께 일하는 데 소요되는 시간만큼, 직원들과 함께 일하는 데에도 최대한의 시간을 투자해야 한다. 특히 초기의 프로그램 개발 단계에서는 더욱 많은 시간을 직원과 함께 보내도록 계획한다.
- 발생한 문제는 가능한 한 빨리 다루도록 한다. 상황이 악화되어 상처가 곪을 때까지 기다려서는 안 된다. 또한 좋은 협력관계를 유지하라고 압력을 행사해서도 안 된다. 화합을 강요하기보다는 자원봉사자를

다른 곳으로 이전하는 것이 더 바람직하다.

- 자원봉사 관리자의 궁극적인 목적은 직원들이 자원봉사 관리의 핵심 업무를 수행하도록 하는 데 있다. 직원들이 자원봉사 관리를 실질적으로 책임지고 그 업무를 효과적으로 수행하게 된다면, 자원봉사 관리자는 창의적인 업무 개발과 문제 조정 및 개입 업무에 보다 많은 시간을 투자할 수 있게 된다. 자원봉사 관리자가 기관에 있는 모든 자원봉사자에게 슈퍼비전을 주어야 하는 상황에 처한다면, 매일매일 사소한 업무에 둘러싸여 시간을 허비해야 할 것이다.

7. 제 언

1) 자원봉사 관리의 보편적 원칙

앞 장에서 기술한 자원봉사 관리의 모든 과정과 실제를 성공적으로 수행하기 위해서는 철학적 신념에 근거한 일관성 있는 접근 노력이 필요하다. 이러한 철학적 신념을 기반으로 다음의 두 가지 원칙을 제시하고자 한다.

(1) 작게 시작해서 단계별 성취를 통한 성장을 지향하라

한번에 모든 것을 성취하려고 기대해서는 안 되며, 그렇게 시도해서도 안 된다. 자원봉사 프로그램 운영은 섬세하고 대단히 복잡한 업무다. 이것은 자원봉사 관리업무 고유의 특성에 비추어 볼 때 쉽게 짐작할 수 있는데, 만약 자원봉사 관리자가 일정 단계에서 기대 이상의 성과를 거두었다면(예: 모집단계) 이것은 더 많은 업무가 부가적으로 발생했음을 의미하는 것이기 때문이다. 지속적으로 증가하는 감당할 수 없는 업무와 이로 인한 성공적이지 못한 자원봉사 관리로 인해 좌절하는 것보다, 현실적으로 실현 가능하고 감당할 수 있는 수준에서 작게 시작하고, 점차적으로 성장을 도모하는 것이 바람직하다. 행복한 직원과 행복한 자원봉사자가 프로그램의 가장 확실한 지지자이자 판매자라는 사실을 명심하라. 그러므로 먼저 이들이 정말 행복한지를 확인해야 한다.

(2) 강요하지 말고 설득하라

직원이나 기관에 자원봉사자를 반드시 활용해야 한다고 강요하고 압력을 가해서는 안 된다. 자원봉사자를 활용하는 것은 기관을 돕는 것이나, 이는 기관이 자원봉사자 활용의 필요성을 인식하고 수용해야 가능한 것이다. 자원봉사자 활용에 대한 자신감을 배양시키고, 성공에 대한 확신을 심어 주는 것으로 직원과 기관을 설득해야 한다.

예를 들어, 자원봉사자 활용에 소극적인 직원들이 다른 부서에서 자원봉사자를 효과적으로 활용하여 명시적인 이익을 얻는 것을 보게 되면, 그 직원들은 궁극적으로 자신이 부서에도 동일한 효과를 거둘 수 있을 것이라고 생각하게 될 것이다. 자원봉사 관리자가 자신이 가진 자원의 가치를 확신하게 될 때에만 직원들에게 억지로 부탁하는 것이 아닌, 직원들이 스스로 도움이 필요해서 다가오게 만들 수 있는 것이다. 다른 사람에게 자원봉사자를 활용하라고 강요할 수 있다고 과신하는 오류를 범해서는 안 된다. 작지만 효과적인 자원봉사 프로그램이 덩치만 큰 비효과적인 프로그램보다 훨씬 더 큰 가치가 있음을 명심하라.

2) 자원봉사자 참여의 구조

자원봉사 프로그램 개발 및 관리의 기본 원칙으로, [그림 9-3]에서 소개

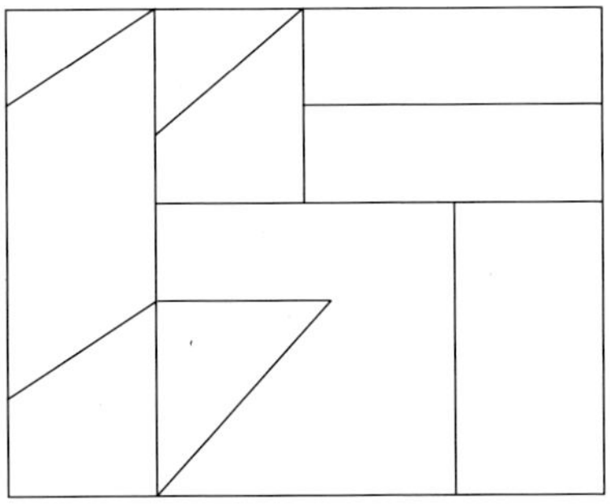

퍼즐 사각형
기관에서 필요로 하는 자원봉사 업무

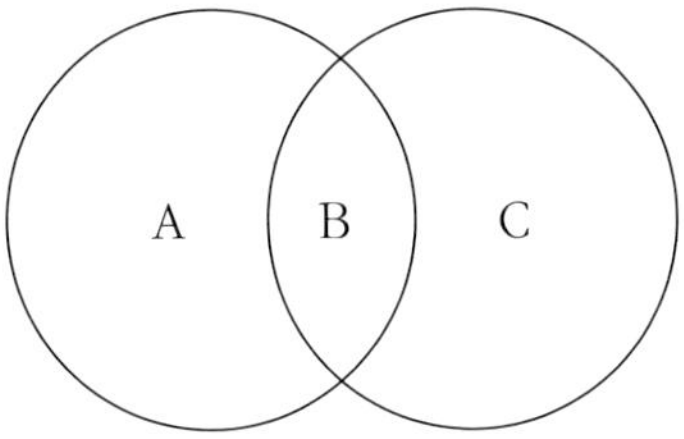

겹쳐서 만나는 두 원형
A: 잠재적 자원봉사자의 참여 동기 및 욕구
B: 기관과 자원봉사자의 공유 욕구
C: 기관(지역사회)의 욕구와 문제

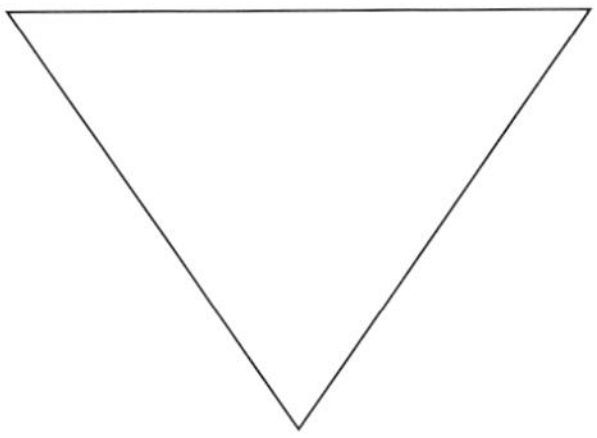

삼각형
자원봉사 관리자, 자원봉사자, 직원 간의 삼각형식 관계망

[그림 9-3] 자원봉사 프로그램 개발 및 관리의 기본 원칙

하는 세 가지 도형을 이용한 원칙을 항상 명심하라.

앞의 3가지 원칙이 모두 고려된 자원봉사 프로그램을 개발한다면, 그 프로그램은 자원봉사자 자원을 가장 효과적으로 활용하는 프로그램이 될 것이다.

3) 도움 구하기

자원봉사 관리자가 프로그램을 개발할 때 실제적으로 가장 필요한 도움은 노동집약적인 업무를 함께할 사람을 찾는 것이다. 프로그램 초기 단계에서 자원봉사자 모집과 배치에 소기의 성과를 거두었다면, 이는 더 많은 계획 과정과 개별적 접촉의 업무가 발생했음을 의미한다. 이러한 딜레마를 해결할 수 있는 실제적이고 비용효과적인 방법은 행정 및 사무 업무를 도울 수 있는 자원봉사자를 모집하는 것이다. 이러한 방법의 활용은 '당신은 자원봉사자를 활용하지 않으면서 왜 나에게만 강요하는 거죠?'라는 생각을 가질 수 있는 다른 직원들에게 일관성 있는 모습을 보여 줄 수 있는 기회가 될 뿐 아니라, 자원봉사 관리자가 전문성이 요구되는 보다 기술집약적인 업무에 자신의 시간을 효과적으로 쓸 수 있도록 허용하는 기회를 제공한다. 일반 자원봉사자를 대상으로 하는 면접과 모집 시, 자원봉사 관리자를 도울 수 있는 이러한 자원봉사자를 함께 찾도록 노력해야 할 것이다.

자원봉사 관리의 황금률

다음의 황금률을 항상 기억하라.

처음에는 자원봉사자의 선의가 그들을 모집할 수 있도록 했으나, 이후에는 자원봉사 관리자의 능력만이 자원봉사자들을 지킬 수 있는 힘이다.

3부

자원봉사의 새로운 경향

10장

국제시민사회의 구성원으로서 국제자원봉사

학습 목표

1. 국제자원봉사의 개념과 역사를 이해한다.
2. 국제자원봉사 유형을 파악한다.
3. 국제자원봉사의 동기와 기대를 살펴본다.
4. 국제자원봉사활동 시 생각해 볼(고려할) 점을 고민해 본다.

세계화는 자본과 상품뿐 아니라 이념과 가치관, 노동 등이 국경을 쉽고 자유롭게 이동하도록 만들었고 더욱 빨라졌으며, 그로 인해 세계는 호모 노매드(Homo Nomad)라고 불리는 이동하는 자들을 주목하고 있다. 즉, 오늘날 70억 세계 인구의 1/7 이상은 관광과 출장, 결혼과 노동이주 그리고 이민과 같은 이유로 국경을 자유로이 넘어 이동하고 있다(한국국제협력단, 2012).

과학기술의 발달로 인해 국가 간 경계는 이미 허물어져 국제적 이동이 어렵지 않게 되었으며 인터넷과 같은 정보통신의 발달로 인해 우리는 국제사회에서 일어나는 다양한 뉴스(자연재해나 인적재해, 국제사회문제 등)를 빠르게 접하고 있다. 이렇듯 정보통신 및 과학기술의 발달은 우리가 국제시민사회 구성원으로서 자원봉사활동에 대한 정보를 빠르게 접할 수 있게 만들었을 뿐 아니라 자원봉사활동을 쉽게 실천할 수 있는 환경을 조성하였다.

이러한 환경과 맞물려 최근 우리나라 대학생들은 국제자원봉사(국제개발협력) 활동을, 과거 대학생들이 해외어학연수를 '졸업하기 전에 밟아야 하는 하나의 과정'으로 여긴 것처럼 졸업하기 전에 혹은 졸업한 후에 경험해야 하는 과정으로 이해하면서 단 · 장기로 국제자원봉사에 참여하고 있다(오단이, 2014).

1. 국제자원봉사의 개념과 역사

1) 국제자원봉사의 개념

최근 한국 사회에서는 국제자원봉사, 해외자원봉사, 국제자원활동 등과 같은 단어를 쉽게 접할 수 있다. 우리나라에서는 최근 들어 이러한 용어를 다양한 이유에서 '국제자원활동'으로 대체하려는 논의가 이루어지고 있다. 그 이유로 시민사회에서는 이미 자원활동, 자원활동가라는 용어를 널리 사용하고 있다는 점, 그리고 같은 한자권 국가들 중에서 자원봉사라는 용어를 한국에서만 사용한다는 점을 든다.[1] 또한 자원활동이라는 용어는 자원봉사보다 시혜적이거나 일방적인 느낌이 덜하기 때문에 점차 우리나라에서 그 사용이 늘어나는 추세다(이선재 외, 2009; 오단이, 2014).

하지만 이 책은 기존 다수의 자원봉사 관련 교과서가 국제자원봉사라는 용어를 가장 많이 사용하고 있으므로 국제자원봉사를 사용하기로 한다. 국제자원봉사는 정치적·종교적·사회경제적 장애를 넘어서 자신의 능력과 시간을 투자하여 사회경제 변화, 환경보호 등을 실천하는 것을 의미한다(Whetter & Pybus, 2001). 비슷하게 국제자원봉사는 이념, 종교, 언어 그리고 인종을 뒤로 하고 사회 변화와 경제 발전뿐 아니라 환경을 위하여 자신의 시간과 능력 그리고 열정을 투여하는 인간애적인 노력으로 정의내릴 수 있으며(배기효, 김한양, 김현수, 남연희, 도기봉, 2008), 주로 저개발 국가에 거주하면서 교육, 의료봉사활동, 지역사회 개발(community development) 등을 통해 현지국의 지역사회 발전에 참여하여 경험을 쌓는 것으로 설명하기도 한다(류기형 외, 2013).

최근 한국 사회에서 국내 자원봉사활동은 금전적 기부로 대체되고 있어 감소 추세인 반면에 국제자원봉사는 점점 증가하고 있다(오단이, 2014). 이는 한국 사회에서의 국제개발협력에 대한 관심의 증가와 관련이 있다. 한국은 국제사회에서 사회경제적 위치가 향상됨에 따라 정부 차원에서도 국제자원봉사활동에 노력을 기울이고 있다. 대표적으로는 한국국제협

1) 자원봉사라는 용어는 일본에서 처음 사용하였으나 지금은 일본어로 '보란티아(ボランティア)'로 사용하고 있으며, 중국은 '지원자(志願者)'라는 용어를 사용한다(이선재 외, 2009, p. 18).

력단(KOICA)을 통해 해외 방방곡곡에 파견하고 있는 '해외봉사단(Korea Overseas Volunteers)'과 국제개발협력민간협의회(KCOC)를 통해 파견하고 있는 국제(해외)자원봉사단 프로그램이 있다.

이를 위해 한국 정부는 2011년 외교통상부 산하 한국국제협력단(KOICA)을 포함한 정부 지원의 해외자원봉사활동단을 통합하여 'World Friend Korea(WFK)'를 발족하였다. 2008년 수립된 '글로벌 청년리더 양성계획'에 따라 한국정부는 매년 장기(2년) 봉사단을 1,800여 명, 중기(3~6개월) 봉사단과 단기(2~3주) 봉사단을 3,000명가량 파견하고 있으며(이창호, 김연우, 2012), 그 수는 계속 증가하고 있는 추세다. 2015년부터는 UN 대표 봉사단 파견기관 UNV(UN Volunteer)[2)]가 협력하여 대학(원) 재학생을 대상으로 6개월 파견 프로그램을 운영 중이다. 이 프로그램은 청년들을 UN 현지기구로 파견하여 개도국에 현지 생활 및 국제무대 경험의 기회를 제공하고, 이를 통해 청년 취·창업, 특히 개발협력 분야로의 청년 진출 확대를 기대하고 있다. KOICA-UNV 대학생봉사단 모집 선발 절차는 1차 전형(KOICA 서류전형 및 면접) 및 2차 전형(UNV 서류전형 및 면접)을 거쳐 신체검사, 국내 교육 후 파견된다(한국 정부 파견 해외봉사단 월드프렌즈코리아 공식 블로그).

선발 절차

• KOICA 서류전형

지원자들은 ① 인적사항, ② 어학능력 및 경력, ③ 지원 기관 및 국가(3지망까지), ④ 자기소개서로 구성된 지원서를 국문으로 작성한 후 KOICA에 온라

2) UNV는 UNDP(United Nations Development Programme) 산하기구로 1970년 12월 설립되어 매년 6,300여 명의 봉사단을 약 130개국 UN 현지기구로 파견하고 있으며 봉사활동을 통한 개도국 개발 지원 및 기술 이전, 개도국 주민, 봉사단원, 정책 결정자 등을 아우르는 포괄적 참여 유도 등을 사업 목표로 하고 있다(한국 정부 파견 해외봉사단 월드프렌즈코리아 공식 블로그).

인으로 제출하게 된다(1기의 경우 총 4개 자기소개서 문항이 있었으며 이 중 일부는 영어로 답을 작성하는 문항이었다).

• KOICA 1차 면접

1차 서류전형 통과자들은 KOICA에서 진행하는 국어 및 영어 면접에 참여하게 된다. 1기의 경우 보통 면접관 3명당 지원자 3~5명이 면접을 진행하였으며, 영어 면접에서는 그룹당 10명 이하의 지원자가 한 가지 주제를 놓고 토론을 진행하였다.

• UNV 로스터 등록 및 최종 면접

KOICA 1차 면접을 통과한 지원자는 UNV 로스터(roster)에 등록하게 된다. 로스터 등록은 UN에 지원서를 제출하는 것으로 UN에서 사용하는 양식대로 지원서를 작성한 후 UN 시스템에 등록시켜서 UN 각 기관 담당자가 지원자의 지원서를 열람할 수 있게끔 하는 것이다. 각 파견기관은 지원자들이 로스터에 등록한 지원서 내용을 우선적으로 검토하여(2차 서류전형), 만약 지원서 내용만으로 파견 자격이 충분하다고 판단될 시 별도 면접 없이 선발을 확정하게 된다. 필요할 경우 지원자와 화상면접을 실시하기도 한다.

• 신체검사 및 파견 준비

UNV측에서 지원자에게 합격통지 메일을 보내고 나면, 선발된 단원들은 각 파견기관 및 UNV측과 협의하여 신체검사 및 파견준비(항공권, 비자발급 등)를 진행하게 된다. 신체검사는 UN Medical Check Report 양식에 따라 영문으로 작성 · 송부되어야 하며, 항공권(출국 날짜) 및 비자의 발급은 기관과 단원이 협의하여 파견 전까지 모든 준비를 완료해야 한다.

• 국내 교육 및 파견

신체검사 및 출국 준비가 완료되고 나면 KOICA 서울교육원에서 4주간 합숙교육이 실시된다. 이 기간에 동기들과의 끈끈한 우정을 쌓을 수 있을 뿐 아니라, 파견을 보다 차분하게 준비할 수 있다. 국내 교육은 참석 시간, 수업 태도에 따라 수료 여부가 결정되며, 국내 교육을 수료한 사람들에 한해서만 최종적으로 파견이 확정된다.

모집 가이드

• 나이 제한

KOICA-UNV 대학생봉사단에 지원하기 위해서는, 파견 시점 기준으로 만 18~29세여야 하고, 남자의 경우 군필자 혹은 군복무 면제자여야 한다. 1기의 경우 파견 기간이 2016년 2~8월이었기 때문에, 2016년 2월 1일부터 8월 31일까지의 기간 동안의 해당자만 지원이 가능했다.

• 학력 제한

KOICA-UNV 대학생봉사단은 대학(원)생들을 대상으로 하는 프로그램이기 때문에, 대학(원) 졸업생의 경우 지원이 불가능하다. 단, 휴학생, 졸업예정자 등 아직 학교에 '학생'으로 적(籍)을 둔 경우 '졸업생' 신분이 아니기 때문에 지원 가능하다.

• 어학 성적

UN에서는 모든 업무가 영어로 이루어지므로 영어 능력은 KOICA-UNV 대학생봉사단원의 필수 역량이라고 할 수 있다. 1기의 경우 TOEIC 950점 이상 등의 높은 점수가 요구되었다고 한다.

이들 해외자원봉사활동단은 상호 의존과 공존의 인류공동체(human community of interdependency and coexistence) 이념, 문화상대주의(cultural relativism)와 호혜성(reciprocity)의 원리, 인도주의(humanitarianism) 사상과 같은 협력이념을 바탕으로(류기형 외, 2013) 아프리카, 아시아, 남미 등 세계 곳곳에서 활동하고 있다. 우리나라는 과거 국제사회에 커다란 빚을 지고 있다는 점에서 과거 도움에 대한 보답으로 국제자원봉사에 적극 참여하고 있다(김동배 외, 2011).

2) 국제자원봉사의 역사

국제자원봉사의 시초를 찾기는 쉽지 않지만, 특정 지역에서 특수한 역사적 맥락에 의해 지역사회 간 혹은 국가 간 협력과 연대가 생존 및 생활을 위한 기본 원리로 자리 잡음으로써 국제자원봉사라는 개념을 탄생시켰다고 볼 수 있다(류기형 외, 2013). 지진, 홍수와 같은 자연재해나, 부족 또는 계층 간 갈등으로 인한 분쟁 · 내전과 같은 인적재해, 그리고 빈곤과 질병 같은 사회적 불평등의 문제는 이제 한 국가만의 문제가 아닌 인류가 공동으로 처한 문제이며, 이러한 문제들에 대해 국제사회에서는 공동 대처와 협력에 대한 공감대가 형성되었다(김동배 외, 2011).

(1) 국제워크캠프에 의한 조직적 국제자원봉사의 시작

조직적이고 본격적인 국제자원봉사의 역사는 주로 국제워크캠프의 활동을 시발점으로 보고 있다(류기형 외, 2013; 배기효 외, 2008). 국제워크캠프는 1920년 제1차 세계대전 종전 당시 전쟁으로 폐허가 된 프랑스 마을을 재건하기 위하여 스위스인 피에르 세레솔(Pierre Cérésole)의 주도로 유럽 각국에서 온 젊은이들이 함께 모여 시작하였다(국제워크캠프 홈페이지). 그 후 전 세계로 확산되어 현재는 다양한 주제와 유형의 워크캠프가 전 세계 75개국에서 약 2,000여 개가 개최되고 있다. 즉, 국제워크캠프는 여러 국가에서 온 자원봉사자들이 함께 공동의 목적을 가지고 봉사활동을 하는 것을 의미한다(류기형 외, 2013; 유네스코한국위원회 홈페이지). 초기의 워크캠프는 전쟁 이후 마을 재건과 같이 지역사회 개발이 주를 이루었으나 점차 대량 실업과 같은 범지구적인 사회문제에도 관심을 확대하여(한국국제협력단, 2012) 지금은 국제자원봉사 전문 국제 NGO로서 민간단체들의 활동력 신장과 국제네트워크 형성을 위해 노력을 기울이고 있다. 한국의 국제워크캠프는 1999년에 설립되어 한국 젊은이들이 세계시민들과 함께 나누며 더불어 사는 장을 제공하고자 노력하고 있다(국제워크캠프 홈페이지).

국제워크캠프와 함께 국제자원봉사의 역사에서 빼 놓을 수 없는 단체가 유네스코(UNESCO)다. 유네스코는 1948년 효율적인 워크캠프 지원과 국제자원봉사를 위한 국제적인 네트워크를 형성하기 위해 국제자원봉사위원회(CCIVS)를 설립하여 현재 전 세계에 250여 개의 회원단체를 두고 있으며, 워크캠프를 비롯한 국제자원봉사 프로그램 개발과 협력 네트워크를 운영하고 있다(한국국제협력단, 2012).

(2) 국가 차원의 국제자원봉사활동

한편, 국가 차원의 국제자원봉사활동의 역사는 1951년 창설된 호주의 해외봉사단 프로그램이 그 시초다. 1950년 인도에서 열린 'World University Service Assembly'에서 인도네시아 대표가 "지식 공유뿐 아니라 신생 독립국에서의 삶에 참가하라."라고 한 연설에 감명을 받은 허브(F. Herb)는 다음 해 인도네시아 정보국의 통역으로 봉사를 시작하게 되었다. 이후 현재 호주해외봉사단 AVI(Australian Volunteers International)까지 이르게 되었다. 미국 평화봉사단은 1961년 케네디 대통령의 뉴프런티어 정책의 일환으로 창설되었다는 것은 너무나 잘 알려져 있다. 미국 문화의 이해 증진, 저개발국가의 교육 및 기술 향상, 미국인의 외국 문화에 대한 이해 증진 등이 임무로, 저개발국가에 도움을 주는 의미와 함께 개개인의 자아실현 및 교류와 같은 개인의 이익뿐 아니라 해외봉사자 파견을 통해 미국적 가치를 전파함으로써 미국의 '소프트 파워'를 전 세계적으로 확산한다는 국가적 이익 측면도 내포하고 있다. 이 외에도 OECD 회원국 가운데 한국을 비롯해서 독일, 룩셈부르크, 일본, 벨기에 정부가 직접 해외봉사단을 파견하고 있다(한국국제협력단, 2012).

(3) 국제개발협력 차원의 자원봉사

이렇듯 국가 차원의 국제자원봉사가 증가하면서 국제개발협력 차원에서의 자원봉사도 자연스럽게 부각되었다. UN은 1995년 코펜하겐에서 열린 세계사회개발정상회의에서 'Voluntary'라는 용어를 언급한 후 자원봉사의 역할을 지속적으로 논의해 왔으며, 1997년 UN 총회에서는 2001년을 '세계 자원봉사의 해'로 선언하였다. 이후 UN은 123개국에 국가위원회를 설치하여 봉사활동의 인식, 봉사활동의 촉진, 봉사활동의 네트워크, 봉사활동의 증진의 네 가지를 국제자원봉사 활성화의 주요 요소로 제시하였다.

2011년에는 '세계 자원봉사의 해' 10주년을 기념하여 봉사에 대한 인지도 강화, 효율적인 봉사활동을 통한 새천년개발 목표의 달성, 인류공영 도모의 기반을 조성할 수 있도록 정부, 민간, 국제기구 등 다양한 계층의 참여를 촉구하는 비전선언문을 선포하였다. 같은 해에는 다음과 같은 두 가지 의미있는 일이 함께 이루어졌다. 첫째, 최초로 '세계자원봉사활동 보고서'가 발표된 것이며, 둘째, 이 해의 12월 5일 '세계 자원봉사의 날'에 자원봉사활동이 '전 지구적 연대의식의 분명한 표현이자, 효과적이고 지속가능한 개발을 위한 원동력'임을 강조하는 결의문을 채택한 것이다.

2. 국제자원봉사 유형과 영역

1) 국제자원봉사 유형

국제자원봉사의 유형은 어디에 체류하고 있는지에 따라 크게 현지 체류형과 국내 체류형 두 가지로 나눌 수 있다. 국제자원봉사는 용어에서 오는 선입견으로 해외 현지에서 활동하는 것이라고 인식되기 쉬우나, 다음과 같이 국내에서 국제 관련 이슈에 대해 봉사활동을 하는 것도 포함한다. 즉, 국내 체류형은 자국 내 난민, 인권, 환경 등을 다루는 단체에서 자원봉사활동을 하는 것을 의미한다(오단이, 2014).

국내에 체류하면서도 국제자원봉사활동을 할 수 있는 곳은 UN 산하 국제전문기구 한국지부와 국제 NGO와 같이 민간차원에서 활동하는 국제단체들이다. 이들 기관에서 주최하는 각종 국제행사나 모금행사에서는 자원봉사자의 도움이 필요하다. 따라서 국내에 체류하면서 이러한 활동을 한다면 국제자원봉사를 하고 있다고 볼 수 있다(배기효 외, 2008).

예를 들어, 한국에서 국제엠네스티(Ammesty International)를 통해 인권운동을 하거나 그린피스(Greenpeace International)의 환경운동에 참여하는 등 국제 NGO에서 자원봉사활동을 하는 것과 컴페션 같은 단체에서 아프리카 어린이를 위한 다양한 모금행사에 자원봉사자로 참여하는 것이 대표적인 국내 체류형 국제자원봉사다(류기형 외, 2013; 오단이, 2014).

이렇듯 국제자원봉사는 해외에서뿐 아니라 국내에서도 참여가 가능하고 참여할 수 있는 분야와 기회가 많다. 국내에 체류하면서 국제자원봉사활동을 시작하고 이러한 경험을 토대로 해외의 활동에 도전하는 것이 어떤 측면에서는 도움이 될 수도 있고 더 효율적인 방법일 수도 있다(최덕경 외. 2013).

휠터와 피버스(Whetter & Pybus, 2001), 류기형 등(2013), 최덕경 등(2013)은 현지 체류형을 워크캠프형, 긴급원조형, 단기형, 정기방문형, 장기 국제개발협력형으로 구분하였다.

(1) 워크캠프 국제자원봉사

워크캠프형은 앞서 국제자원봉사의 시초라 할 수 있는 국제워크캠프와 같이 서로 다른 이념, 인종, 국적의 젊은이들이 2~3주간 공동의 목적을 위해 공동체 생활을 하는 자원봉사 및 국제교류 프로그램이다. 캠프는 주로 여름에 열리는데 10~15명의 참가자가 지역사회 개발, 복지시설 활동, 환경 보호 활동, 문화재 복원 활동 등과 같은 활동을 통해 인간애를 배우고 다른 문화의 체험을 통해 다양성과 상호존중을 배우며, 공동체 생활을 함으로써 상호 이해와 협력을 배우는 것을 넘어 국제화 마인드를 함양할 수 있는 기회를 갖는다. 한국은 사단법인 '더나은세상'이 국제워크캠프기구와 함께 캠프에 파견하는 일을 하고 있다.

(2) 긴급원조 국제자원봉사

긴급원조형은 태풍에 의한 홍수 및 지진 등과 같이 자연재해가 발생하거나 원자력 유출 혹은 분쟁 · 테러 등에 의해 인적재해가 발생하였을 때 재난지역에서 원조 활동을 하는 것을 의미한다. 2015년 네팔대지진이 발생했을 때 세계 각국에서 자원봉사자가 네팔로 응집하여 인명구조를 한 경우가 이에 속한다. 이와 함께 난민원조와 생활원조도 포함된다. 한편, 기후변화로 인해 세계 곳곳에서 긴급원조 국제자원봉사는 점점 더 늘어나고 있다. 분쟁 시의 인권보호활동과 인도적 원조 활동 등도 긴급원조형 국제자원봉사활동으로 간주된다.

(3) 단기 국제자원봉사

단기형은 몇 주에서 몇 개월간 일정 기간 거주하면서 상근이나 비상근으로 활동한다. 일반적으로 식사와 숙박은 제공하지만 대부분 참가비를 내고 참여하며 계획된 프로그램을 가지고 활동하는 경우가 많다. 따라서 휴일에도 활동을 하곤 한다. 주로 교육 및 복지 관련 활동이 이루어지나 자연보호, 야생생물보호와 관련된 활동 등이 다양하게 이루어진다. 우리나라에서는 최근 기업과 학교에서 단기 국제자원봉사활동이 활발하게 이루어지고 있다. 대표적인 예로 서울여자대학교의 'Honors Program'인 '세계문화체험과

봉사'와 현대자동차의 '해피무브' 프로그램이 있다.

(4) 정기방문 국제자원봉사

정기방문형은 해외 현지에 거주 중인 인원이 정기적으로 방문하면서 활동하는 형태와 국내의 인원이 정기적으로 해외봉사지 한 곳을 방문하는 형태로 구분된다. 전자는 유학생 혹은 주재원이 참여하는 국제자원봉사가 대표적이라면 후자는 의료봉사팀이 참여하는 국제자원봉사가 대표적이다. 우리나라의 사례는 건양대학교 김안과병원의 캄보디아 의료봉사활동을 들 수 있다. 이들은 '로터스월드'라는 국제개발협력 NGO와 함께 2007년부터 연간 3회 안과 및 산부인과 진료를 무상으로 진행하고 있다.

[그림 10-1] 김안과병원의 캄보디아 의료봉사활동

(5) 장기 국제개발협력 국제자원봉사

우리나라는 최근 국제개발협력에 대한 관심이 높아지면서 장기 국제자원봉사를 선호하는 자원봉사자가 증가하고 있다. 장기 국제개발협력 국제자원봉사는 최소한 1년 이상 현지에 체류하면서 주로 교육 · 환경 · 농촌개발 활동 등과 같은 지역사회 발전 및 국제개발협력과 관련된 활동을 한다. KOICA 사업은 주로 전문가를 위주로 선정하여 파견하며, 민간협의회(KCOC)에서 파견된 단원들은 현지에서 일을 배우면서 활동을 하기도 한다. 이들은 어느 정도의 현지 생활비를 받고 있으며 항공료 등도 받는다. 활동에 대해 연장도 가능하다.

〈표 10-1〉 국제자원봉사의 유형

국내 체류형		현지 체류형	
단체	활동	유형	활동
UN 산하 국제전문기구 한국지부, 국제 NGO 등	국제엠네스티의 인권운동, 그린피스의 환경운동, 아프리카 어린이를 위한 모금행사 등	워크캠프형	지역사회 개발 활동, 복지시설 활동, 환경보호 활동, 문화재 복원 활동 등
		긴급원조형	재난지역에서의 원조 활동, 난민원조 및 생활원조 활동, 분쟁 시의 인권보호 활동 및 인도적 원조 활동 등
		단기형	교육 및 복지 관련 활동 및 자연보호 활동, 야생생물보호 활동 등
		정기방문형	유학생 · 주재원의 정기적 국제자원봉사, 의료봉사팀의 국제자원봉사 등
		장기 국제개발협력형	최소 1년 이상 현지에 체류하며 교육 · 환경 · 농촌 개발 활동 등 지역사회 발전 및 국제개발협력과 관련된 활동

2) 국제자원봉사 영역

국제자원봉사의 영역은 태풍이나 지진과 같은 자연재해나 테러, 전쟁(내전)과 같은 인재로 형성된 난민촌에서 이루어지는 의료지원, 식량배급, 식수개발, 주택공사, 교육 등 다양한 분야일 것이다(주성수, 2005). 국제구호를 통한 난민과 이재민의 생활보호,[3] 제3세계 개발지원이라 불리는 저개발국가 낙후지역 주민들의 생활 개선, 국내외 외국노동자의 후원 및 보호, 국제적 친선 도모 등의 영역으로도 구분이 가능하다(김동배 외, 2011; 류기형 외, 2013).

한국의 경우는 대학생들이 많이 관심을 가지고 있는 KOICA를 통해 추진되는 저개발국가에 대한 개발사업 분야까지 확장할 수 있다. 한국국제협력단에서 펼치고 있는 사업에는 한국어 교육, 태권도 등 우리 문화를 알리는 사업도 있고, 원예, 작물재배, 농기계, 축산과 같은 영농기술 지원과 관련된 사업, 전기, 전자, 컴퓨터 등과 관련된 사업, 간호 및 공중보건과 관련된 분야 그리고 지역사회 개발 등 다양하다(주성수, 2005).

최근 들어 국제개발협력 분야에서 국제 NGO들은 사회적기업과 같은 사회적 경제조직을 통한 국제개발협력 방식을 수행하려는 노력을 펼치고 있다. 이들은 NGO가 가지고 있는 한계인 외부환경에의 의존성을 극복하고자 현지에서 자립할 수 있는 사회적기업을 설립하고 있다. 따라서 앞으로 국제자원봉사 영역은 더욱 확대될 것으로 예측된다. 실례로 캄보디아에서 활동하는 한국 국제 NGO 로터스월드는 L뷰티라는 사회적기업을 설립하였으며 한국국제개발협력협의회(KCOC)를 통해 국제자원봉사자를 모집하고 있다.

3) 2015년 한 해 100만 명이 넘는 난민이 유럽으로 유입되면서 유럽의 경우 난민문제로 몸살을 앓고 있다. 이는 결국 난민에 대한 국제사회의 연대 강화로 이어졌다(한국보건사회연구원, 2016).

3. 국제자원봉사의 동기 및 기대

우리나라의 경우, 공적개발원조(ODA)[4] 예산이 증가하면서 국제자원봉사자로서는 청년뿐 아니라 은퇴한 사람들 중 전문지식 및 경험을 가진 사람들이 저개발국가에 가서 자문관이나 전문가로 활동하는 경우가 늘고 있는 추세다. 더불어 은퇴한 사람들이 중심이 되는 실버 해외봉사단도 점점 늘어나고 있다. 다시 말하면, 이제는 나이와 상관없이 국제자원봉사활동을 하고 있다. 이러한 현상은 16세기 영국에서 유행한 '그랜드 투어시대'[5]와 유사하다고 볼 수 있다(한국국제협력단, 2012).

그렇다면 이렇게 다양한 사람들이 국제자원봉사활동을 하게 되는 동기는 무엇이며, 자원봉사활동을 통해 무엇을 기대할 수 있는지 알아볼 필요가 있다.

1) 국제자원봉사의 동기

국제자원봉사의 동기는 앞서 살펴본 일반적인 자원봉사활동의 동기와 마찬가지로 매우 다양하다. 즉, 국제자원봉사의 동기는 일반적인 자원봉사활동 동기의 연장선상에 있다고 볼 수 있으나 호주 International Volunteer(1996)에서 조사한 바에 따르면 다음과 같다(Whetter & Pybus,

4) '공적개발원조'는 시혜적 표현이기 때문에 최근에는 국제개발협력이라는 용어로 대체하여 사용하는 추세다.

5) 16세기 영국에서는 유럽대륙으로 떠나는 여행이 유행이었다. 귀족이나 외교관, 예술가, 학자뿐 아니라 문인이나 상인, 신흥자본가와 도제까지도 유럽을 알아야 세계를 안다고 생각했다. 여행이 당시 영국인에게는 자신의 신분을 과시하고 지식과 경험을 확장하며, 진정한 상류층이 되기 위한 필수 조건이었다면, 현재 한국인에게는 세계시민으로서의 책임이기를 바란다.

2001; 류기형 외, 2013; 오단이, 2014; 최덕경 외, 2013).

- 다른 문화를 경험하기 위해
- 기술과 지식을 공유하기 위해
- 무엇인가에 도전하고 빈곤과 불이익을 바꾸기 위한 시도로서
- 여행 및 국제 경험을 통한 학습의 연장선상에서
- 현재와 미래를 위해 지속가능한 자연환경을 지키고 만들기 위한 지역적 · 국가적 · 세계적 프로젝트에 참여하기 위해
- 제3의 교육 혹은 대안교육의 일환으로서 풍부한 경험을 얻기 위해

이와 달리 개인적 동기와 상황적 동기로도 국제자원봉사의 동기를 설명할 수 있다(오단이, 2014). 개인적 동기는 자기만족, 자기발견, 자아실현, 자기발전 등과 같은 목적을 가지고 있다. 사람들은 개인적 동기뿐 아니라 개인이 가지고 있는 특수한 상황에 의해 국제자원봉사에 참여하는 것으로 나타났는데, 대표적으로 부모님의 영향과 대학의 전공이 국제자원봉사의 동기로 작용한다. 개인적 동기로는 다음과 같은 것이 있다.

- 대학생이 되면 하고 싶은 일(버킷리스트)과 같이 자기만족을 실현하기 위해서
- 자기가 가지고 있는 재능을 나누는 것과 같이 자아실현을 위해서
- 취업을 위한 스펙의 일환으로 참여하는 것과 같이 자기이익 등의 편익을 위해서

2) 국제자원봉사에서의 기대

자원봉사자들이 국제자원봉사를 통해 기대하는 것은 다음과 같다(Whetter & Pybus, 2001; 류기형 외, 2013; 최덕경 외, 2013).

(1) 세계시민으로서의 여러 사람과의 만남

우리는 국제자원봉사를 통해 연령, 신분, 국적 등을 뛰어넘어 다양한 사람과 관계를 맺음으로써 자신과는 인생관·가치관이 다른 사람들의 세계와 만날 수 있으므로 그들과 함께 새로운 경험을 하고 이를 통해 인생을 배우게 된다.

(2) 국제사회에 공헌

글로벌 시대가 도래하였다. 우리는 이미 한국인으로서가 아닌 지구시민(세계시민)의 일환으로 살아가고 있기 때문에 국제사회가 접하고 있는 다양한 문제에 귀를 기울여야 하고 국제자원봉사활동을 통해 국제사회에 기여할 수 있어야 한다. 즉, 인류공동체로서의 국제사회가 직면한 다양한 사회문제를 해결하기 위해 보다 적극적으로 국제자원봉사활동에 참여함으로써 보다 나은 세계를 만들 수 있을 것이다.

(3) 자신의 성장

국제자원봉사는 봉사활동을 하면서 견문을 넓히고 자신을 성장시킬 수 있는 기회를 제공해 준다. 이러한 활동을 하는 과정에서 다양한 경험은 나중에 문제를 해결하는 데 도움을 주며, 앞으로 지구시민으로 살아가는 데 있어 편견 없이 세상을 바라보는 현안을 제공한다.

(4) 자기발견

타국에서 활동한다는 것은 자기발견의 기회가 된다. 가족 혹은 친구와 같이 자신을 지지해 주는 사람들보다 자신을 모르는 사람들이 더 많은 곳에서 홀로 남겨져 자신을 돌아봄으로써 자아를 발견할 수 있다. 이때 자신의 성격, 장 · 단점, 흥미, 적성, 가능성 등도 알게 된다.

(5) 경제적 이점

장 · 단기 국제자원봉사에 참여하려는 사람들 중 봉사활동 중이나 종료 후 해외여행을 계획하는 사람도 있다. 특히 장기 국제자원봉사의 경우, 활동 중에 주말을 이용하여 주변국까지 여행도 가능하다. 또한 장기 국제자원봉사활동에는 활동비가 지급되는 경우도 있다. 반면에 참가비를 내고 활동에 참가하더라도 참가단체가 대부분 국제개발 NGO이므로 자신의 부를 사회에 환원한다는 점에서 부수적인 이득이 있다.

4. 국제자원봉사에서의 생각해 볼 점

국제자원봉사는 자국에서도 이루어지지만, 타국에서 이루어지는 대다수의 경우 낯선 사회문화적 환경과 기후, 언어와 같은 문제에 봉착할 수 있다. 또한 국내 자원봉사와 마찬가지로 자원봉사대상자의 인권문제는 특히 신중히 다루어져야 한다.

1) 현지적응[6)]

국제자원봉사자는 장기적으로 국제자원봉사를 할 때 단기봉사와 달리 현지적응에 어려움을 겪을 수 있다. 문화적응 관점에서 본다면, 국제자원봉사를 할 국가의 문화적 특성은 봉사자의 적응 과정에 상당한 영향을 준다. 자원봉사자가 국제자원봉사를 위해 오랫동안 준비했어도 현지 국가의 낯선 사회문화적 환경과 기후, 언어와 같은 어려움을 경험하게 될 가능성이 크다(한국국제협력단, 2012).

따라서 국제자원봉사에 참가할 때 주의할 점은 국제자원봉사가 문화적 배경과 사회·환경이 다른 국가에서 이루어지기 때문에 참가자들은 현지 사회 또는 현지인에 대한 문화적 충격을 받을 수 있으므로 다문화 감수성을 포함한 문화적 이해를 충분히 갖추어야 한다는 것이다(Peterson, 2004; Hammer, Bennett, & Wiseman, 2003: 우수명, 2012).

특히 한국인의 '빨리빨리 문화'는 동남아시아의 '만만디 문화'와 상충하는 경우가 종종 발생한다. 이때는 문화적 차이를 인정하는 것이 현지적응 과정에 더 도움이 되며 이러한 문제를 극복하기 위해서는 솔직한 대화가 도움이 된다(오단이, 2014).

이 외에도 장기 봉사자들은 현지적응 과정에서 다양한 경험을 하게 된다. 현지 생활을 위해 머물 곳을 정하는 일이라든지, 금전적 제약 혹은 관리, 여가활동이나 이웃 간의 관계 형성과 같은 새로운 관계를 맺게 되는 경험 등을 하는데, 가끔은 현지 정보가 부족해서 낭패를 보기도 한다. 주거지를 결정할 때는 임대료, 근무지와의 거리, 임차 방식, 숙소 상태, 주변 치안 상태 등 여러 변수를 생각해야 한다(한국국제협력단, 2012).

6) 현지적응에 관한 내용은 오단이(2014)의 연구를 요약·정리하였다.

현지적응 과정에서의 어려움은 국제자원봉사를 위한 사전교육을 받거나 같은 국가에서 활동한 선배 자원봉사자들의 경험담을 통해 사전에 철저하게 준비한다면 해결하는 데 도움이 된다. 따라서 자원봉사자에게는 현지에 도착해서 소속 단체의 직원 혹은 선배 활동가의 조언을 받아들이는 열린 마음이 필요하다. 또한 현지적응 과정의 어려움을 극복하기 위해서는 다름을 인정하기 위한 노력도 필요하다(오단이, 2014). 즉, 국제자원봉사자들에게는 언어의 장벽, 환경의 차이, 문화적 차이를 통해 다름을 이해함으로써 서로의 차이를 이해하고 이를 바탕으로 다양성 속의 조화, 화이부동(和而不同)을 만들어 나가는 자세가 필요한 것이다.

2) 인권문제

국제자원봉사활동의 증가에 따라 얼마 전 한 인터넷 매체에서는 '볼런티어 관광'[7]에 대한 문제점이 제기되었다. 국제 NGO Friends International 캄보디아 지부는 '어린이는 여행상품이 아니다'라는 슬로건으로 2013년부터 UN 아동기금 UNICEF와 '반(反) 볼런티어 관광' 캠페인을 시작하였으나, 여전히 한국에서는 인기 있는 관광 상품 중의 하나로 투어자원봉사가 이루어지고 있다(오마이뉴스, 2014. 02. 25.). 이로 인해 프렌즈인터내셔널(FI)은 2015년 캄보디아 현지 NGO들과 ChildSafe Network를 결성하여 영어뿐 아니라 한국어로 된 '전 세계 어린이를 보호할 수 있는 ChildSafe의 일곱 가지 여행자 수칙'[8]을 작성 · 배포하고 있다. 내용은 다음과 같다.

7) 모든 볼런티어 투어가 문제가 있는 것은 아니다. 예컨대, 환경보호를 위한 볼런티어 투어의 경우 국립공원의 생태를 체험하면서 여행 지역 일손을 돕고 환경보호 활동을 하는 등 긍정적인 면도 존재한다.

8) 좀 더 자세한 내용은 ChildSafe 홈페이지에서 확인할 수 있다.

- 물건을 파는 아이들에게 무언가를 주거나 사 주기 전에 생각해 주세요.
- 노동 착취를 당하고 있는 아이들을 어떻게 보호할 수 있을지 생각해 주세요.
- 위험에 빠져 있는 아이들은 관광지의 흥밋거리가 아니라는 걸 생각해 주세요.
- 아이들을 어떤 이유에서든 호텔 객실로 데려가기 전에 생각해 주세요.
- 성적학대 위험에 노출된 아이들을 보시게 된다면 생각해 주세요.
- 여러분의 눈과 귀를 열고 관심을 가져 주세요.
- 네트워크 멤버들의 서포터가 되어 주세요.

우리나라의 볼런티어 관광의 경우, 자원봉사 활성화 정책에 따른 학생 봉사활동 점수와 같은 다양한 제도로 인해 나타난 바람직하지 못하게 변질된 사례로 볼 수 있다. 이는 일부 의식 없는 어른 때문에 아이들이 자원봉사를 인류애가 아닌 우월감을 과시하는 것이라고 인식하게 만들 위험성을 지닌다. 해외여행을 하면서 현지 복지시설을 방문하고 그곳에서 자원봉사가 아닌 금전적 기부를 한 후 자원봉사확인서를 받아가는 형태는 현지 아이들에게 부정적인 영향을 미치기도 한다.

UNICEF 소속의 한 아동 전문가는 2011년 AFP 통신과의 인터뷰에서 "새로운 사람들을 만나면서 아이들이 받는 스트레스도 심하며, 사람이 바뀜에 따라 반복되는 감성적 상실감 역시 아이들에게 '트라우마'를 일으키게 할 가능성이 높다."고 한 바 있다. 이러한 문제 때문에 국제 NGO가 운영하는 일부 기관에서는 담장 수리나 페인트칠 등 환경미화 활동에 대해서만 봉사자를 받고 아이들과의 접촉을 금지하는 것은 물론, 일부는 사진 촬영조차 금지시키고 있다(오마이뉴스, 2014. 02. 25.).

11장

기업의 자원봉사

학습 목표

1. 기업의 자원봉사의 개념과 역사를 이해한다.
2. 기업의 자원봉사의 유형과 현황을 파악한다.
3. 기업의 자원봉사의 동기를 살펴본다.
4. 기업사회공헌의 뉴패러다임을 알아본다.

법을 지키려고 하지 않거나 공권력에 복종하지 않으려고 하는 사람은 시민(citizen)이 아니다. 그리고 자신의 손에 있는 수단을 동료 시민과 사회의 후생(복지)증진에 사용하지 않는 자는 좋은 시민(good citizen)이 아니다.

애덤 스미스(Adam Smith, 1723. 6. 5. ~ 1790. 7. 17.)

현재 기업의 자원봉사는 시민사회 구성원으로서의 의무로 받아들여지고 있다. 기업의 자원봉사는 크게 기업 구성원(임직원)이 실천하는 자원봉사와 기업(법인)이 실천하는 자원봉사로 구분된다. 전자의 경우는 기업 구성원들이 아동복지시설이나 장애인복지관과 같은 사회복지조직을 방문하여 봉사하는 것 등을 말한다면, 후자는 기업 차원에서 이루어지는 기업의 사회공헌활동(Corporation Social Contribution: CSC; Corporation Social Philanthropy: CSP)이나 기업의 사회적 책임(Corporation Social Responsibility: CSR)을 의미한다.

최근에는 전 세계적인 관심의 대상으로 자리한, 착한기업이라고 일컫는 사회적기업이나 영리기업에서 공유가치창출(Creating Shared Value: CSV)[1)]을 찾는 등의 새로운 기업의 자원봉사 영역에 관한 논의도 이루어지고 있다.

하지만 이 책에서는 CSV에 관한 논의는 제외하려고 한다. 그 이유로는 한국 사회에서 CSV에 대한 관심이 대단함에도 불구하고 오해되어 확산되었다는 견해가 있기 때문이다. 즉, 우리나라에서 CSV는 '사회공유가치창출'로 오역된 채 재생산되어 저자인 마이클 포터(M. E. Porter) 교수의 개념을 변질

1) CSV는 하버드 대학교의 마이클 포터 교수가 2011년 *Harvard Business Review*에 'The role of business in society: Creating shared value'라는 논문을 통해 제시한 개념이다.

시켰다는 견해가 존재한다. 포터는 자신의 논문에서 사회공유가치창출이 아닌 경제적 가치창출을 강조하였는데, 그가 논문을 발표한 시기가 한국에서 사회적기업에 대한 관심을 갖게 된 시기와 맞물려 변질되었을 것으로 추측된다.[2)]

1. 기업의 자원봉사의 개념과 역사

1) 기업의 자원봉사의 개념

기업의 자원봉사는 기업 구성원의 활동과 기업의 활동으로 구분된다. 구성원의 활동은, 과거에는 주로 기업의 정책적 유도로 이루어졌으나 최근에는 팀 단위 혹은 부서 단위에서 자발적으로 모임이 결성되기도 한다. 임직원과 퇴직자들이 자발적으로 시간과 자신들이 가지고 있는 재능(기술)을 사회복지조직 혹은 지역사회에 제공한다면, 이는 기업의 자원봉사로 볼 수 있을 것이다. 즉, 기업의 자원봉사는 기업의 임직원 혹은 퇴직자들이 자신들이 가진 다양한 영역의 지식(knowhow)을 사회복지조직이나 지역사회에 공식적으로 지원하는 활동이라고 정의내릴 수 있을 것이다(남기철, 2007).

한편, 기업에 의해 이루어지는 사회적 책임이나 사회공헌활동을 기업의 자원봉사라고 칭하기에는 논란의 여지가 있을 수 있다. 그렇지만 기업은 법인이고 법인을 활동 주체로 본다면, 기업의 사회적 책임이나 사회공헌활동은 기업의 자원봉사로 볼 수 있을 것이다. 또한 이는 기업이 사회적 책임을 지고, 구체적이고 적극적으로 참여하는 형태로 볼 수 있다(남기철, 2007). 이

2) CSV에 관한 내용은 개발마케팅연구소 김용빈 소장이 쓴 'CSV는 없다'가 CSV에 대해 잘 정리하였다(개발마케팅연구소 홈페이지).

책에서는 임직원에 의해 이루어지는 자원봉사보다는 기업 차원에서 이루어지는 사회공헌활동을 중심으로 기업의 자원봉사를 다룰 것이다.

한국 사회에서는 기업의 사회적 책임과 기업사회공헌활동을 구분 없이 사용하다가 최근 들어 개념적 차이를 논하기 시작하였다. 다시 말해, 기업의 사회적 책임은 우리가 흔히 이야기하는 기업사회공헌을 가리키는 것이 아니라, 기업의 경영활동 전반에 걸쳐 대사회적으로 책임져야 할 것을 의미하고(유승권의 블로그) 경제적 · 법률적 · 윤리적 · 자선적 책임으로 구분된다(Carroll, 1979; Wood, 1991). 경제적 책임은 경제적 부를 유지하며 소비욕구를 충족시키는 책임을 의미하며, 법률적 책임은 법률적 규제의 범위에서 경제적 사명을 성취하는 책임을, 윤리적 책임은 사회가 적절한 행동의 규범으로 규정한 도덕적 규율을 준수하는 것을 일컫는다. 마지막으로 자선적(재량적) 책임은 사회 변화를 위한 기업의 책임 있는 행동을 의미한다. 이러한 기업의 사회적 책임을 '기업시민으로서의 책임' 혹은 '기업시민정신'이라고도 말한다(주성수, 2003).

그에 반해 기업사회공헌은 기업의 사회적 책임이라는 큰 틀에서 이해하여야 한다. 기업사회공헌은 기업의 본질적 활동인 경제 활동에서 한 걸음 더 나아가, 보다 적극적으로 사회 발전에 기여하고자 하는 일련의 공익활동을 의미한다. 이는 재정적 지원과 비재정적 지원 등 기업의 다양한 자산과

〈표 11-1〉 **기업의 사회적 책임과 기업사회공헌활동**

기업의 사회적 책임				기업사회공헌활동
경제적 책임	법률적 책임	윤리적 책임	자선적 책임	
경제적 부를 유지하고 소비욕구를 충족	법률적 규제의 범위에서 경제적 사명을 성취	도덕적 규율을 준수	사회 변화를 위한 기업의 책임, '기업시민으로서의 책임' '기업시민정신'	경제 활동에서 더 나아가 적극적으로 사회 발전에 기여하는 공익활동

핵심 역량을 사회에 투자하여 사회적 가치를 창출하고 지역사회의 역량을 강화하는 동시에 지속가능한 발전을 도모하는 사회 참여 및 투자 활동을 뜻한다(사회공헌정보센터 홈페이지).

정리하자면, 기업의 자원봉사는 기업을 사회공동체의 한 시민으로 간주하고, 기업시민으로서 기업이 수행하는 자원봉사활동을 의미하며, 넓게는 기업의 사회적 공헌활동을 포함한 사회적 책임까지 의미하고 좁게는 기업 구성원인 임직원에 의해 이루어지는 활동으로 규정지을 수 있다.

2) 기업의 자원봉사의 역사

앞서 이 책에서 다룰 기업 자원봉사는 기업의 사회공헌활동 중심으로 설명하겠다고 제시하였다. 이에 기업의 자원봉사의 역사도 기업의 사회공헌활동을 중심으로 살펴보고자 한다. 여기서는 기업사회공헌실무자 아카데미 Basic 2기 2강 자료를 중심으로 내용을 요약하여 기술하였다(유승권의 블로그).

한국 기업의 사회공헌활동의 역사는 삼양사(현 삼양그룹, 1924년 창업)가 1939년에 설립한 양영재단을 시초로 볼 수 있다. 이와 더불어 우리나라에서 기업사회공헌이나 사회적 책임을 논할 때 대표적인 사례로 제시되는 유한양행은 설립이념, 경영철학, 지배구조, 운영방식, 이윤의 사회환원, 이해관계자와의 관계 등을 고려한다면 사회책임경영의 시초로 볼 수 있다.

한편, 1980년대까지 국내 기업의 사회공헌은 공익법인 중심의 교육 및 장학사업으로 이루어졌다. 이는 경제가 발전하는 과정에서 반드시 필요한 양질의 노동력을 확보하기 위해 기업 입장에서 필요한 인재육성에 관심을 가져 나타난 현상으로 풀이된다. 대표적인 예가 1971년 포항제철에서 설립한 포스코청암재단(구 제철장학회)과, LG그룹(당시 럭키금성)이 1974년 설립하여 운영하고 있는 천안연암대학이다.

1980년대의 사회공헌활동을 정리하자면, 경제 발전과 일자리 창출을 위한 인재육성을 기반으로 한 장학재단이나 학교의 설립과 같은, 교육 중심 활동 및 이웃돕기성금 활동, 구호활동으로 대변되는 지원중심의 활동이 단순하게 이루어졌다.

1990년대는 글로벌 시대의 도래기이자 기업사회봉사단의 태동기로, 1990년대 중반부터 일부 기업이 사회봉사 전담 조직과 부서를 설치하며 사회봉사활동의 제도화를 추진하였다(주성수, 2003). 삼성그룹은 1994년 10월, 과거 기업 외부에 설립되었던 별도의 공익법인이 아닌 국내 기업 최초의 기업 내부 공식 조직으로서 '삼성사회봉사단'을 창단하였다. 삼성사회봉사단은 그동안 우리나라에서 이루어져 온 장학재단, 복지재단, 문화재단 등과 같은 공익재단을 통한 기업사회공헌활동을 탈피하여, 기업 내부의 조직으로서 기업경영과 사회공헌활동이 적극적으로 연계되기 시작하였다는 데서 그 의의를 찾을 수 있다(유승권의 블로그).

한편, 기업사회공헌의 양적 성장이 이루어진 시기는 역설적이게도 IMF 경제위기 이후다. IMF 경제위기가 한국 사회에 많은 변화를 가져왔듯이 기업에서도 구조조정이라는 시련뿐만 아니라 더불어 살아야 한다는 책임의식을 갖게 했다. 따라서 이 시기에 전경련(전국경제인연합회)은 국내 기업들의 사회공헌 현황을 모은 『사회공헌백서』(1999년부터 발간하기 시작하여 2005, 2014, 2015년에는 『주요 기업 · 기업재단 사회공헌백서』를 발간하였음)를 출판하여 기부를 중심으로 하는 기업사회공헌 패러다임을 구축하였다.

경제위기를 지나 도래한 새로운 밀레니엄 시대는 한국 사회의 기업사회공헌활동에 있어 두 가지 변화를 가져왔다. 첫째는 사회공헌활동의 범위를 넘어선 기업의 사회적 책임(Corporate Social Responsibility)[3)]에 대한 요구가

3) 기업의 사회적 책임(CSR)은 기업이 지속적으로 존속하기 위한 이윤 추구 활동 이외에 법령과 윤

부각되었다는 점이고, 둘째는 삼성, 포스코, 현대, LG, SK 등 국내 주요 기업들이 본격적으로 사회공헌팀을 배치하여 홍보 및 마케팅과 연계한 사회공헌활동을 실시하였다는 점이다. 즉, 기존의 기부와 같은 사회복지기관에 대한 지원에서 사회적 가치와 기업적 가치를 모두 고려한 전략적인 사회공헌활동으로 패러다임이 전환되었다.

양적 성장을 해 오던 국내 기업의 사회공헌활동은 2000년대 후반에 들어 정부의 추진 정책의 방향에 편승하는 양상을 보이기도 하였다. 대표적인 사례가 2009년 12월 출범한 미소금융사업이다. 이 사업은 제도권 금융회사와 대출거래를 하기 어려운 저소득자, 신용불량자를 대상으로 소액 대출을 시행하는 것으로 정부 주도로 국민은행, 기업은행, 신한은행, 우리은행, 하나은행 등의 금융사와 롯데, 삼성, 포스코, 현대기아차, LG, SK 등 대기업이 약 2조원을 투자한 협력적 사회공헌이다.

2010년 이후 기업의 사회공헌활동은 대상과 분야가 확장되는 경향이 나타나고 있다. 과거와 달리 최근에는 문화, 예술, 환경, 체육 등 다양한 분야에서 사회공헌활동이 이루어지고 있으며, 해외 진출이 늘어나면서 현지 사회공헌활동이 확대되고 있는 것도 새로운 경향이다. 일부 국가, 예컨대 인

리를 준수하고, 기업의 이해관계자의 요구에 적절히 대응함으로써 사회에 긍정적 영향을 미치는 책임 있는 활동을 말한다. 오늘날에는 기업의 성장과 발전이 사회나 국가의 경제 발전과 경제 사회의 구조를 규정할 수 있을 만큼 대규모화되고 있다. 따라서 기업의 활동은 사회적으로 큰 영향을 미치며, 이로 인해 기업의 사회적 위치가 커지고 그만큼 기업에 요구하는 사회적 책임도 커지게 되었다. CSR은 각국의 경제 · 사회 상황이 상이하고 기업마다 사회적 책임에 대한 인식 차이가 존재해 국제적으로 통일된 정의는 없다. 하지만 일반적으로 다음과 같은 4단계로 구분된다. 제1단계는 경제적 책임으로, 이윤 극대화와 고용 창출 등이다. 제2단계는 법적 책임으로, 회계의 투명성, 성실한 세금 납부, 소비자의 권익 보호 등이다. 제3단계는 윤리적 책임으로, 환경 · 윤리 경영, 제품 안전, 여성 · 현지인 · 소수 인종에 대한 공정한 대우 등을 말한다. 제4단계는 자선적 책임으로, 사회공헌활동 또는 자선 · 교육 · 문화 · 체육 활동 등에 대한 기업의 지원을 의미한다(최진봉, 2014). 한국에서 CSR 경영에 대한 관심은 2000년대 중후반에 지속가능경영보고서나 CSR 보고서 발간으로 이어졌다(유승권의 블로그).

도네시아(2007), 인도(2014), 중국(2015)에서는 자국에 진출한 해외기업에 대해 사회공헌활동이나 CSR을 권장 및 의무화하고 중견기업, 더 나아가 중소기업까지 확장되는 특징을 지닌 법안을 제정하면서 이러한 현상이 지속될 것이다. 또한 최근에는 사회공헌활동이 대기업 중심에서 탈피하여 중견기업, 더 나아가 중소기업까지 확장되는 특징을 보여 주고 있다.

2. 기업의 자원봉사의 유형과 현황

미국의 유명한 학자 피터 드러커(Peter Drucker, 1994)는 제3섹터(사회영역)를 통해 현대화된 사회가 책임 있는 시민, 일하는 시민을 다시 창조해 낼 수 있으며, 개인에게, 특히 지식노동자에게 사회를 변화시키고 지역사회를 재창조할 수 있는 공간을 마련해 줄 수 있다는 확신이 점차 실현되고 있다고 언급하며 기업 자원봉사가 사회에 미치는 영향을 강조하였다(주성수, 2005).

1990년대~2000년대 후반까지 국내 기업이 설립한 공익법인은 대략 100여 개 정도이며, 기업사회공헌에 대한 지출은 1996년 3천 600억 원에서 2014년 약 3조 원으로 지속적으로 증가하고 있다(유승권의 블로그).

1) 기업 구성원을 통한 자원봉사활동

기업 채용 과정에서 자원봉사 경력을 인정하는 인사정책은 미국 등의 국가에서는 보편적인 일이며, 우리나라도 최근 들어 이러한 시스템을 포함한 사회봉사 제도를 도입하였다. 전경련(2003)에 의하면, 한국 기업의 사회공헌에서 자원봉사의 비중은 현금과 현물 중심의 직접지원 다음으로 높은 비중을 차지하고 있으며, 향후 임직원의 자원봉사활동은 높아질 것으로 조사

되었다(주성수, 2005).

기업 자원봉사는 기부, 공익재단의 설립 등의 다양한 종류를 통한 기업사회공헌활동을 넘어 직원의 자원봉사활동을 지원하며 전개하는 것이 가장 적극적 형태의 사회공헌활동이라고도 본다(남기철, 2007).

미국의 경우, 기업은 임직원을 대상으로 기부를 장려한다. 예컨대, 특정한 금액이 급여에서 공제되어 지정된 비영리단체에 제공되도록 하는 방법이 대표적이다(Willson, 2000; 주성수, 2003). 우리나라도 기업이 사회복지공동모금회와 함께 급여의 일부(예컨대, 임금의 만원 이하 단위금액)를 비영리단체에 지원하는 프로그램에 많은 기업체가 동참하고 있다.

2) 지역사회 봉사활동과 지역사회투자

지역사회의 발전을 위해서 지역사회 문제에 참여하는 행위를 기업의 사회공헌활동으로 정의했듯이, 기업은 현물기부, 현금기부, 임직원의 자원봉사활동, 지식공유, 교육 및 컨설팅 등으로 지역사회봉사에 참여하고 있다. 기업은 교육, 의료, 환경, 저소득층 지원 등의 영역에서 사회공헌활동을 펼치고 있는데 이런 서비스 제공은 실제로 많은 지역사회가 당면한 사회문제다. 이에 지역사회는 지역사회에 소속된 기업의 역할을 기대하며 기업에 지원을 요청하거나 압력을 행사하기도 한다(곽대석, 2012; 주성수, 2003).

이에 미국의 촛불재단(POLF, 2003)은 기업의 지역사회봉사활동을 전개함에 있어 직원 사회봉사활동의 필요성을 인식하고, 직원 각자의 참여를 독려하는 직원 사회봉사 프로그램을 개설 · 지원 · 운영하며, 직장 봉사활동이 지역사회의 사회문제 해결에 초점을 맞추도록 하는 것은 중요한 원칙임을 소개한다.

윌슨(Wilson, 2000)과 같은 학자는 지역사회를 이해당사자로 보았던 이해당사자 모델을 넘어 전략적 사회공헌으로 지역사회에 직접 투자하는 '지역사회투자(Corporate Community Investment: CCI)' 모델을 제시하였다. 이는 기업의 사회공헌활동이 기업과 지역사회 모두를 발전시킬 수 있을 때 의미가 있고, 이를 통해 일반 시민의 호응과 지지를 끌어낼 수 있다는 시각의 변화를 반영한다. 즉, 일회성 또는 일시적 사회공헌활동이 아니라 비즈니스를 위해서도 사회공헌활동을 지역사회에의 지속적인 투자로 인식한다는 것이다(주성수, 2003).

뿐만 아니라 세계화와 IT 혁명을 시대적 특징으로 하는 시대의 기업사회공헌은 전 세계적 차원에서 '윤리경영'을 추진 중인 OECD, ILO 등의 국제기구들이 제시하는 이론으로 지역사회투자를 이해하며, 지역사회를 기업의 '이해관계자'로 본다. ILO의 최근 보고서는 지역사회투자의 중요성을 기업이 지역사회에 기여하는 영향과 지역사회가 기업에 기여하는 영향으로 구분하며, 이는 파트너십을 통해 실행 가능하다고 지적한다(전국경제인연합회, 2003; 정무성, 황정은, 2014).

기업의 지역사회봉사활동의 대표적인 예는 '월마트'에서 찾을 수 있다. 세계적인 기업 월마트의 사회공헌은 지역사회를 기반으로 하고 있는데, 거창하게 인류애 등을 내세우지 않고 매장을 찾는 소비자들이 뿌리내리고 있는 그 지역을 대상으로 이익의 일부를 환원하고 있다. 지역사회에 대한 월마트의 개입은 재정적인 면과 자원봉사를 결합한 독특한 형태로 이루어지는데, 월마트재단은 협력기관들이 그들 자신의 지역사회에 개입하고 프로그램을 지원하여 긍정적인 변화를 만들어 내도록 돕고, 각 지점은 지역사회의 필요에 맞는 모금활동을 기획하고 진행한다. 대표적으로 월마트는 문맹퇴치, 어린이병원 설립, 미아 찾기, 여성 건강 캠페인, 빈곤층 식사 보조, 노년층 자립 돕기 등 다양한 '토착형 사회공헌활동'을 하고 있다. 이러한 월마트의 사회공헌은 다음으로 다룰 기업사회공헌 동기에서 마케팅으로 연결된다. 이는 기업홍보를 마케팅과 직접적으로 연결된 것으로 하지 않고, 지역사회에 대한 사회공헌을 내세우는 전략인 것이다.

3. 기업사회공헌의 동기

기업의 자원봉사는 규모나 내용 면에서 급격한 성장이 이루어지고 있다. 이러한 현상은 기업의 입장뿐 아니라 사회적 측면에서도 매우 고무적이다. 과거 기업들이 기부금을 내는 방식을 선호하였다면, 1970년대 이후 미국에서의 기업의 자원봉사는 지역사회에 기부금을 내는 방식을 탈피하여 기업 구성원들이 능력과 기술, 시간을 들여 직접 지역사회 문제해결을 위해 활동하는 방식을 제도적으로 뒷받침해 주면서 등장하게 되었다(류기형 외, 2014).

기업의 자원봉사(사회공헌활동) 동기는 기업의 이미지 개선과 경쟁력 개선 같은 마케팅 차원에서의 접근으로, 이러한 활동을 통해 기업은 사회적 자본을 획득한다. 즉, 기업은 사회의 신뢰를 얻어 장기적인 이윤 창출에 기여하기 때문에 사회공헌활동에 참여한다는 것이다. 한편, 사회복지공동모금회(2003)에 의하면, 영리조직인 기업이 즉각적인 이윤으로 환수될 가능성이 없는 사회공헌에 참여하는 이유는 다음의 세 가지로 설명할 수 있다(남기철, 2007).

첫째, 이타주의 모델은 기업의 기부를 비전략적 차원에서 설명하며, 기업사회공헌은 다른 사람들을 돕고자 하는 목표에서 기업사회공헌을 한다. 이러한 이타적 · 자선적 동기에 의한 사회참여는 기업 차원에서 이루어지기보다는 기업의 최고 의사결정권자인 경영자의 개인 차원에서 이루어지기 쉽다. 따라서 기업가의 성향이나 욕구에 따라 기업의 사회공헌활동이 좌우될 수 있다. 여기서는 모델만으로 기업사회공헌을 설명하기는 부족하다는 평가가 이루어진다.

둘째, 이윤극대화 모델(전략적 모델)은 가장 강력한 동기라 볼 수 있다. 기업은 마케팅이나 직원의 사기증진 등의 경영전략상의 이유로 사회공헌활동을 함으로써 매출 신장이나 소득공제뿐 아니라 마케팅 효과에 초점을 맞춘다. 따라서 금전적 이득을 얻기 위해 사회공헌활동이 이루어진다. 예컨대, 기업은 사회공헌활동이 기업활동에 이득이 없다고 판단한다면 사회공헌활동을 해도 그만이고 하지 않아도 그만일 것이다. 그러나 사회공헌활동이 기업활동에 도움이 되고 단기 혹은 장기적으로 기업의 이윤 창출에 영향을 주기 때문에 기업들은 기업시민의 역할 등을 참여 이유로 들면서 사회공헌활동을 하게 된다.

셋째, 정치적 · 제도적 권력 모델(전략적 모델)에서는 기업이 혜택을 극대화하기 위해 사회공헌활동에 참여하지만, 이는 앞서 설명한 이윤극대화 모델에서와 같이 투자에 대한 반대급부를 형성하기 위해서가 아니라 정치적 · 제도적 관점에서 권력을 잡고 정통성을 얻기 위해서라고 보는 관점이다. 이 모델은 기업의 사회공헌활동의 목표가 정치적 환경에서 문제가 있는 행위자들을 포섭하여 기업 편으로 끌어들이기 위한 것일 뿐 아니라, 정부의 간섭이 증가하는 데 있어 사적 주도력을 세움으로써 기업의 자율성을 보호하기 위한 것이라고 본다.

반면에 주성수(2003)에 따르면, 윌슨(Wilson, 2000)은 기업들이 사회공헌에 열성적인 동기가 이타주의(altruism)에서부터 자기봉사(self service)에 이르기까지 다양하다고 주장한다. 첫째, 이타주의는 CEO가 특정한 대의에 강하게 동화되어 사회 변화와 행동의 매개체로 기업을 조직화하기 때문에 사회공헌을 하게 된다는 관점이다. 대표적인 예로 'Ben & Jerry'라는 미국 버몬트 주의 아이스크림 제조업체와, 영화배우 폴 뉴만이 설립한 'Newman's Own'을 들 수 있다. 이 외에도 아홉 가지를 좀 더 자세히 살펴보면 다음과 같다(주성수, 2003).

- **기업시민정신:** 기업들이 지역사회 활동을 하는 이유는 그 지역과 자신의 직원 및 고객에게 자신이 지역사회를 위해 공헌하고 있다는 것을 인지시키려는 목적 때문이다. 지역사회 지원 프로그램으로 지역 주민들에게 긍정적인 의도를 확인시켜 줄 수 있다는 점이 사회공헌 동기로 작용한다는 것이다.
- **임직원 사기:** 기업사회공헌은 임직원의 관심사이며 또 욕구라는 이유에서 원인을 찾기도 한다. 임직원이 살고 있는 지역사회를 지원하는 일은 이들의 사기를 증진시킬 수 있다.
- **기업 정체성:** 기업사회공헌을 하는 것은 기업 이미지 제고와 정체성 강화에 그 목적이 있기도 하다. 기업 정체성을 구축하기 위해 광고나 언론매체에 투자하는 기업들은 이런 목표를 달성하기 위해 자체 기부 프로그램을 이용하게 된다.
- **테크놀로지와 인적자원:** 기업은 학교(대학 포함)에 대한 지원을 점점 더 늘리면서 잘 교육받은 미래의 노동력을 제공받을 수 있도록 노력하고, 과학과 테크놀로지 프로그램을 지원함으로써 미래의 연구개발의 수준을 유지하고자 한다. 예컨대, 일본의 도요타재단은 미국에서 유치원부터 고등학교 3학년에 이르기까지 과학 및 수학 교육에 중점적으로 투자를 하고 있다.
- **마케팅:** 많은 사람이 기업사회공헌을 마케팅의 일환으로 인식하기도 한다. 즉, 기업의 마케팅 필요성 때문에 기업사회공헌이 추진된다고 보는데, 기업이 필요로 하는 특정 인구층을 갖고 있는 이벤트나 비영리단체 활동을 지원하는 일은 다른 방법으로는 접근하기 어려운 대상자들에게 접근할 수 있는 훌륭한 기회를 제공해 준다. 또한 사회공헌이

사실상 광고가 불가능한 이벤트에 브랜드 혹은 회사를 관련짓도록 이용될 수 있다는 점에서 마케팅 효과를 낼 수도 있다. 미국에서는 담배 광고를 텔레비전에서 할 수 없지만, '슈퍼볼' 같은 스포츠 이벤트를 통해 후원사인 담배 회사들의 이름과 로고를 드러낼 수 있으므로 후원을 하는 것이다.

- **정치적 후원**: 기업사회공헌의 정치적 차원은 무수해서 일반적으로 기업의 의사결정을 정치인과 일반인의 정서에 맞도록 하는 방법과 관련되기 마련이다. 정치단체와 그들의 정책 연구 노력을 직접적으로 지원해서 기업의 목소리가 전달되도록 하기도 한다.
- **리더십 이해관계**: 기업이 사회공헌에 열중하는 것은 기업 경영과 리더십 차원에서 관심을 갖고 있기 때문이다. 따라서 기업 리더십의 관심사와 선호에 의해 기업이 지원하는 비영리단체에 대한 지원이나 활동이 선택되기도 한다.
- **세금인센티브**: 기업은 비영리단체에 기부하고 일정한 세금공제를 받는다. 미국의 경우 납세 이전 소득 전체의 10%까지 세금공제를 받는데, 이러한 세금공제 제도는 조세정책을 통해 기부에 따른 비용을 정부가 일부 부담함으로써 전체 기부에 드는 비용을 낮춘다.
- **지역사회 개발**: 캐나다 사회공헌센터(Canadian Center for Philanthropy)의 기업사회공헌에 관한 보고서는 지역사회를 돕는 일은 기업이 숙련된 사람들을 충원해서 재교육시키는 일부터 임직원의 사기, 충성심, 동기유발 및 생산성을 구축하는 일에 이르기까지 다양한 인적자원 관리 목표를 충족시키는 데 도움을 준다고 본다. 임직원이 지역사회활동에 참여하면서, 그들은 동시에 직장 일에 가치가 있는 기술을 개발하게 된다고 보고하고 있다.

이 외에도 학자마다 다양하게 기업사회공헌 동기를 보고하고 있는데, 일본 기업의 사회공헌 동기를 조사한 일본 경단련(경제단체연합회)은 가장 두드러진 동기로 '사회 일원으로서의 책임'과 '이익의 일부를 사회에 환원'한다는 사회적 책임을 보고하고 있다(주성수, 2003).

최근에는 기업의 사회적 책임에 대한 사회 구성원들의 인식이 높아지고, 사회공헌활동에 대한 기업 내부의 인식이 개선되며, NGO의 급속한 성장과 기업-NGO의 협력적 관계 모색 등의 요인이 작용하여 이타적 관점에서 전략적 관점으로 이전되었다는 것이 일반적인 평가다. 한편, 아시아 기업은 통상적으로 낭만적 · 이타주의적 접근에서 경영 전략적 접근 그리고 지역공동체 참여적 접근의 순으로 발전하기도 하고 세 가지 수준이 혼재되기도 하여, 상황에 따라서는 일시적으로 역방향으로 진행되기도 한다고 설명하는 학자도 있다(남기철, 2007).

기업 자원봉사는 기업 자체가 가지는 경제적 · 사회적 목적을 달성하고 소비자, 지역사회, 기업 구성원과 같은 이해당사자의 기대에 부응하는 데 가장 효과적인 도구로서 역할을 하며, 기업의 구성원들이 가진 기술과 전문성을 통해 지역사회의 각종 문제를 해결하는 데 있어서 기술과 에너지를 공급받을 수 있는 근원이 되기 때문에 중요하다. 또한 기업에는 많은 사람이 관계되어 있으므로 임직원의 자원봉사는 이해당사자들이 자원봉사에 참여하도록 하는 효과가 크므로 중요하다. 즉, 기업이 무수한 직장인의 봉사활동 경로가 된다는 점에서 자원봉사에 있어 기업의 역할은 중요하다고 볼 수 있는 것이다. 개스킨과 스미스(Gaskin & Smith, 1997)에 따르면, 유럽의 경우 자원봉사활동 경로에 있어 직장의 역할은 자원봉사센터의 역할보다 강하고 신문, 라디오, 텔레비전 등과 같은 언론미디어의 역할보다 더 많은 영향력을 지니고 있다(류기형 외, 2013; 주성수, 2003).

4. 기업사회공헌의 뉴패러다임: 벤처와 인터넷 그리고 글로벌 사회공헌

미국의 경우 사회공헌을 형성하는 많은 변화 가운데 특히 두드러진 두 가지 동향이 벤처사회공헌(venture philanthropy)과 인터넷이다. 전자는 기업이 자원과 전문성을 이용해서 비영리단체를 지원하는 방법이고 후자는 인터넷을 이용하여 임직원, 비영리단체 및 대중이 사회공헌에 쉽게 접촉하는 방법이다(주성수, 2005).

또한 최근에는 기업이 자국 내 사회공헌을 넘어 글로벌 사회공헌활동을 위해 노력하고 있다. 예컨대, 국내 항공사들은 취항지를 기반으로 한 글로벌 사회공헌활동을 전개하고 있는데, 이러한 활동의 배경에는 마케팅적 요소도 작용하지만 현지 국가의 제도적 변화도 무시할 수 없다. 예를 들면, 중국, 인도네시아 등과 같은 국가에서는 자국에서 경제활동을 하는 글로벌 기업에 사회적 책임을 법적으로 요구하기 시작하였다.

기업사회공헌활동의 새로운 패러다임은 다음과 같이 논의되고 있다. 먼저, 기존의 시혜적 활동에서 전략적 사회공헌활동으로의 변화다. 이는 역할 전환으로도 볼 수 있는데, 기업이 자선을 베푸는 기관(Corporate Philanthropist)에서 사회투자자(Social Investor)로 전환되고 있음을 말해 준다(정무성, 황정은, 2014).

사회공헌활동 범주로 본다면, 지역적으로 기업이 속한 공동체 중심에서 전 세계로 영역이 확산되고 있는 점도 새로운 패러다임으로 볼 수 있다. 또한 참여 방법은 전통적인 자선적 의미의 활동에서 투자 개념, 가치창출 개념의 활동으로 변화하여 사회적 일자리 창출을 위한 사회적 기업의 형태로 발전하는 것도 새로운 추세로 간주된다.

	과거의 성향		현재의 동향
사회공헌 의미	방어, 대응, 기부	→	사회 투자
사회공헌 전략	사업과 사회공헌활동의 분리	→	사업과 사회공헌 전략의 통합
	전략 부재 혹은 불명확	→	선택과 집중, 통합과 참여
	투입(주는 것에 초점)	→	투입 · 절차 · 성과 관리 수행
사회공헌 운영	직접 운영	→	민 · 관 파트너십(public-private partnership)
	일방적 · 내부 의사결정	→	이해관계자가 의사결정에 참여
	사회공헌활동의 운영 시스템 부재	→	사회공헌활동도 경영시스템에 통합

[그림 11-1] 사회공헌 패러다임의 변화

출처: 전경련(2010), 정무성, 황정은(2014).

〈표 11-2〉 한국 기업의 글로벌 사회공헌활동

기업	사회공헌활동
삼성전자	• 베트남 학술교수사업: 1995년 베트남의 학술 발전을 위한 장학사업, 차세대 대표 초청사업 • 유네스코 교육기금사업: 아프리카, 동남아시아 등 최빈국 교육 지원 • 우크라이나 심장병 아동 돕기 Chestnut Run 행사 및 2,000여 명의 심장병 어린이 수술
현대자동차	• 미국 태풍 카트리나 피해 복구기금 지원 • 현대자동차 인도재단 설립: 첸나이 지역 보건, 교육, 직업훈련, 환경, 교통안전, 예술, 과학, 기술 분야 지원
한국전력	• 필리핀 농어촌 전화사업 지원(2006년까지 262개 마을에 전기 공급) • 필리핀 순회 의료봉사활동
LG전자	• 태국의 마약퇴치 프로그램 지원 • 베트남 불우 환자 성금 기부 및 무료 개안수술 지원 • 중동 지역 선천성 상구순열 환자 무료 시술, 중고 컴퓨터 이집트 고아원 기증 등 • 중남미 지역 현지 아동시설 및 사회복지단체 후원

포스코	• Beautiful Change 2006: 아시아 지역 안면기형 수술 지원 • 인도 헤비타트 지원 및 참여 • 해외 재난 지역 지원활동: 파키스탄 강진 피해지역 지원, 인도네시아 지진 피해지역 지원
대한항공	• 몽골 식림 행사: 신입직원 대상 몽골 나무심기 친환경 해외 연수 • 말레이시아 밀림마을 자원봉사활동
아시아나 항공	• 아름다운 교실: 캄보디아 프놈펜 소재 '썸라옹톰 초등학교'에서 직원봉사단이 참가하는 결연 활동을 진행 • 베트남 저소득층 여성의 사회 진출을 돕기 위해 한국국제협력단(KOICA)과 비영리단체 굿피플과 함께 운영하는 취업 지원 교육 프로그램 운영
SKT	• 베트남 도서관 및 학술 지원, Operation Smile의 안면기형 수술 지원 • 몽골 축산시범 농장사업 진행
SK 네트워크	• 몽골에 의류 기증 및 빈곤층 국가를 대상으로 155억 원 상당의 의류 및 원단 지원
하이닉스	• 미국 유진공장 지역 봉사활동 • 중국 우시 지역 환경보호 캠페인 및 마라톤 활동
SC 제일은행	• 베트남, 라오스, 중국 빈농지역 안과 의료봉사활동 실시
하나은행	• 해외 Happy Sharing 이벤트 및 클래스 실시 • 국내 다문화 및 탈북자 지원 사업
우리은행	• 중국 북경 근로자 학교 기능보강사업 지원
신한은행	• 몽골 및 캄보디아 우물 설치 지원(환경재단 연계 진행)

출처: 유네스코한국위원회 홈페이지: 기업사회공헌 현황과 전망, 별첨 내용을 재구성.

12장

새로운 자원봉사 패러다임

학습 목표

1. 자원봉사에 대한 새로운 개념을 살펴본다.
2. 새로운 자원봉사 패러다임인 버추얼 볼런티어를 이해한다.
3. SNS를 통한 자원봉사 사례를 살펴본다.

1. 새로운 개념의 자원봉사

1) 프로보노

프로보노란 'Pro Bono Publico(For the Public Good, 공공의 이익을 위하여)'라는 라틴어의 줄임말로 특정 분야의 전문가가 자신의 전문성을 이용하여 보수 없이 자발적으로 사회를 위해 봉사하는 활동을 의미한다. 프로보노의 특징으로는, 첫째, 사회 문제를 해결하기 위한 사회적·공공적 목적을 지니고 있다는 것이다. 둘째, 직업을 통해 익힌 기술이나 지식을 제공한다는 것이다. 셋째, 프로보노는 자발성과 무보수성에 근거한 자원봉사활동이라는 것이다(嵯峨生馬, 2012).

〈표 12-1〉 **목적에 따른 비교**

	자원봉사	프로보노	비즈니스
목적	사회적·공공적 문제해결		영리
방법	다양한 방법	전문지식이나 기술 활용	
대가	기본적으로 무보수 (실비 지불 혹은 삼자 지불)		이익 추구

출처: 嵯峨生馬(2012) 표를 요약 정리.

2) 볼런투어리즘

전통적인 의미의 자원봉사활동(volunteerism, 볼런티어리즘)은 국민의 경제수준 및 의식수준 향상, 주5일 근무제 도입에 따른 여가시간 증가 및 생활패턴 변화 등으로 관광(tourism), 여가(leisure), 휴가(holiday), 오락

(entertainment) 등과 융합되어 가며 그 영역 역시 확대되어 가고 있다(이정석, 2010). '볼런투어리즘(Voluntourism)'이란 자원봉사활동을 뜻하는 볼런티어(volunteer)'와 관광을 의미하는 '투어리즘(tourism)'이 합성된 신조어로서 장기간의 휴가 동안 저개발 국가에 가서 현지인과 함께 봉사활동을 하는 것을 의미한다. 하지만 볼런투어리즘은 자원봉사활동보다는 관광에 좀 더 초점을 둔 개념으로, 관광을 즐기는 일정 중에 시간을 내어 자원봉사활동에 참여하는 것을 의미한다. 한편, '볼런티어 투어리즘(Volunteer tourism)'은 주로 자원봉사활동을 하며 일부 시간을 이용해 관광을 하는 것을 의미한다(이원희, 2011).

"Children are not tourist attractions! 아이들은 관광 대상이 아닙니다."

저개발국가을 여행하며 단시간 봉사를 하거나 원주민 마을을 돌아보는 것이 하나의 상품이 되어 가고 있다. 이에 대한 부작용의 하나로 선진국의 여행객들이 저개발 국가를 여행하며 마을이나 학교, 보육원 등을 동물원 구경하듯이 둘러보고 원주민 학생들은 거리로 나와서 구걸하는 일들이 자주 발생하자, 국제단체들이 계몽 포스터를 만들었다. 이 포스터는 한국어로도 번역되어 한국인들이 자주 들르는 관광지에 게시되어 있다. 순수한 동기의 볼런티어리즘이 왜곡되고 현지인들의 인권이 무시되는 행동은 삼가해야 할 것이다.

3) 볼런테인먼트

'볼런테인먼트(Voluntainment)'란 '볼런티어리즘(volunteerism)'과 '엔터테인먼트(entertainment)'의 합성어로서 시민들의 주체성을 극대화하고 흥미와 자발성을 자극하여 자원봉사에 참여하도록 이끌 수 있는 효과적인 개념으로 탄생하였다. 나눔과 봉사를 의미하는 볼런티어리즘과 놀이, 몰입, 재미를 의미하는 엔터테인먼트의 두 단어가 합쳐진 볼런테인먼트는 자원봉사가 가지고 있는 내적·외적 즐거움을 강조한다(볼런티어21, 2006).

4) 문화자원봉사

문화자원봉사는 문화적 소통으로 사회에 기여하는 활동을 의미한다. 예술적 혹은 인문학적 공감을 기반으로 한 문화자원봉사활동은 봉사자나 봉사를 받는 사람의 문화감수성을 증진시키고 사회적으로는 사회 전반의 창의성과 활력을 띤 문화공동체를 가꾸는 것을 목적으로 한다. 문화자원봉사는 일반적 의미의 자원봉사 정신을 공유하고 있지만, 문화적 감수성이 만들어 낼 사회적 변화에 초점을 맞추고 있다(문화체육관광부, 2014).

5) 마이크로 볼런티어

자원봉사의 새로운 패러다임 중 가장 주목할 만한 것이 바로 작은 단위를 의미하는 마이크로(micro)와 자원봉사를 의미하는 볼런티어(volunteer)의 합성어인 '마이크로 볼런티어(micro volunteering)'다. 이것은 인터넷 접속이 가능한 기기만 있으면 언제 어디서든 짧은 시간 동안 참여할 수 있는 자원봉사활동을 의미한다. 해외에서는 이미 자원봉사활동의 한 영역으로, '작은 노력, 적은 시간이 모여 큰 사회적 가치를 만드는' 봉사활동으로 인정받고 있다(김은영, 2011).

〈표 12-2〉 **다양한 마이크로 볼런티어 프로젝트 사례**

액션	내용	접속 주소
원클릭으로 광고 수익 기부	웹페이지에 보이는 광고들을 클릭하기만 하면 자동으로 광고 수익이 발생하고, 이를 기부함	http://www.oneclickatatime. org
기부하는 인터넷 검색 엔진	검색 엔진 방식의 광고 모델을 이용하여 해당 링크로 웹 검색 시 발생하는 광고 수익을 기부함	http://www.everyclick.com
우범지대 감시	마약밀매와 같은 범죄가 자주 발생하는 국경지역에 설치된 CCTV 화면을 공개하여 접속자가 이상 징후 발견 시 즉시 신고함	http://www.blueservo.net/vcw.php
에너지 절약	링크된 소프트웨어를 다운받으면 접속한 컴퓨터의 전력 사용량을 자동으로 줄여 주는 프로그램이 설치돼 탄소배출량을 줄여 줌	http://co2saver.snap.com
기부하는 게임	게임 결과에 따라 획득한 아이템을 기부함	http://www.freerice.com
외국어 발음 교정	자신의 모국어를 배우는 외국인이 헛갈려하는 발음을 단어별로 직접 녹음하여 줌	http://www.forvo.com
연구 조사 참여	연구비가 부족한 학생들의 연구프로젝트 조사에 참여함	http://www.onlinepsychresearch.co.uk
소아 환자 위문	웹사이트에 올라온 소아 환자의 사진과 이야기를 읽고, 이들이 입원한 병원의 주소로 위문의 손 편지를 발송함	http://www.postpals.co.uk
E-멘토 되기	자신의 경험을 공유하고, 방황하는 사람들에게 멘토 역할을 해 줌	http://www.horsesmouth.co.uk

출처: 김은영(2011) 재인용.

슬랙티비즘(slacktivism)

1995년 등장한 슬랙티비즘이라는 용어는 게으름뱅이(slacker)와 사회운동(activism)의 합성어로서 온라인 버전의 사회운동을 일컫는 유행어다. 이는 사회 변화 및 문제해결을 위해 직접적으로 행동하거나 기부하지 않고 사회운동을 하는 행위를 가리킨다(Christensen, 2011). 최근 들어 슬렉터들의 행위가 단지 사회문제에 대한 자기만족적 행동이라는 부정적 평가도 있으나, 한편으로는 어느 정도 사회에 긍정적인 영향을 미치기도 했다는 상반된 견해 역시 있다.

6) 재능기부 자원봉사

재능기부 자원봉사란 금전적인 보상 없이 공익성을 띠고 자신의 지식이나 기술을 사회에 공유하는, 재능기부 차원에서 참여하는 새로운 형태의 자원봉사활동을 일컫는 용어다. 오늘날 다양한 기술과 지식 및 경험을 가진 사람들이 다양한 기관과 프로그램을 통해 각자의 재능을 기부하고 있다. 재능기부는 스스로 의미가 있고 만족스러운 시간을 보내기 위해 자발적으로 참여하는 활동이므로 여가로 이해될 수도 있으나, 관계성과 사회적 가치를 가지는 활동이라는 점에서 자기만족만을 목적으로 하는 다른 여가활동과 차이가 있다. 또한 단순 노력봉사나 육체적 봉사활동에 비해 개인의 역량을 확인하는 과정을 통해 의미와 만족감을 얻을 수 있는 한 단계 진화된 기부 형식의 자원봉사활동이라는 특징이 있다(김현나, 2014; 조찬식, 2014).

휴먼 라이브러리(Human Library)

휴먼 라이브러리는 2000년 덴마크의 비영리 기관이 'Stop the Violence(폭력예방)' 캠페인을 위해 시작한 새로운 형태의 도서관 운동으로, 책이나 인쇄매체가 아닌, 사람이 책이 되어 직접 이용자와 면대면 방식으로 상호작용함으로써 정보를 제공하는 도서관 서비스의 개념이다. 휴먼 라이브러리는 전 세계 70개국 이상에서 운영되고 있으며 우리나라에서도 2010년 이후 다양한 형태로 파급 · 운영되고 있다(Kudo et al., 2011; 조찬식, 2014).

2. 새로운 패러다임: 버추얼 볼런티어

자원봉사 분야에서도 ICT(Information and Communications Technologies)의 발달과 함께 패러다임의 변화가 일어나고 있다. ICT 혁명으로 지역사회 현장뿐 아니라 온라인에서도 봉사활동을 하는 자원봉사자들이 점차 늘고 있다. 버추얼 볼런티어(virtual volunteering)는 인터넷을 통한 온라인 자원봉사(online volunteering)를 의미하며 e-volunteering이라고도 한다. 이는 자원봉사활동이 시간과 공간에 대한 제약을 받지 않고 언제 어디서나 자유롭게 이루어지므로 자원봉사활동의 자유도를 극대화해 주고 있다.

버추얼 볼런티어는 자원봉사자가 거리나 공간의 제약 없이 자원봉사에 참여할 수 있으며, 시간이 날 때 틈틈이 인터넷이나 다양한 SNS(Social Network Service) 채널을 통해 비교적 적은 시간에 집중적으로 참여할 수 있다는 장점을 지닌다. 따라서 현대사회의 특징을 잘 대변하듯 빠르게 실시간 소통이 가능하여 젊은 층의 자원봉사 참여를 유도할 수 있다. 청년층의 경우 사이버 봉사활동을 선호하기 때문에, 청소년단체뿐 아니라 직장의 봉사활동 프로그램들 역시 사이버공간을 점차 이용하는 추세에 있다. 하지만 노인의 경우 인터넷 이용률이 상대적으로 떨어지므로 세대 간의 격차가 있다는 점은 단점으로 작용한다.

한편, 버추얼 볼런티어는 온라인을 이용하여 자원봉사를 원하는 사람과 자원봉사 기회를 연결해 주는 역할에서 시작되었는데, 실제로도 고베대지진이나 아이티지진 당시 재난구호에서 큰 힘을 발휘했다. 미국적십자는 각종 재난에 대비하여 'Disaster Digital Volunteer Training'을 운영하고 있다(미국적십자 홈페이지).

이 외에도 버추얼 볼런티어의 활용 영역은 자료 정리, 번역, 교육자료 개발, 예술 창작, 상담, 정보 관리, 자원봉사자 교육 및 관리 등 무궁무진하다고 볼 수 있어, 세계적으로 점점 더 많은 기관이 인터넷이나 이동통신기기를 통한 자원봉사 기회를 확대하고 있다. 인터넷 관련 인프라가 잘 구축되어 있는 우리나라에서 버추얼 볼런티어 활용의 효과는 더욱 증대될 것이다(Conroy & Williams, 2014; Murray & Harrison, 2002; 김동원, 2005).

3. SNS를 통한 자원봉사 사례

인터넷이 자원봉사활동의 1차 혁명이었다면, 스마트폰의 확산은 자원봉사 관리에 있어 또 다른 새로운 패러다임을 제공하고 있다. 왜냐하면 SNS를 활용한 자원봉사는 SNS 속 대화는 물론 SNS를 사용하는 불특정 다수도 메시지를 보고 자원봉사에 관심을 갖게 만드는 계기가 될 수 있기 때문이다. 따라서 기관의 입장에서는 자원봉사 프로그램의 진행과 홍보 측면만이 아니라 프로그램의 평가 또한 SNS를 통해 이끌어 낼 수 있다.

앱은 위치기반 서비스가 가장 큰 특징이므로 스마트폰 사용자의 증가는 지역 특성을 반영한 자원봉사 프로그램의 개발 및 홍보, 팔로워와의 소통, 정보 교류 등이 가능한 SNS 기반 사업도 구상할 수 있게 만들었다. SNS를 통한 자원봉사의 사례는 자원봉사 관련 정보제공 및 재능기부 등 자원봉사에 참여할 수 있는 실천의 장을 만들어 주는 것을 핵심으로 한다. 이와 함께 자원봉사에 관심을 갖고 참여할 수 있도록 하기 위해서는 SNS를 어떻게 운영할 것인지에 대한 기준이 마련되어야 할 것이다.

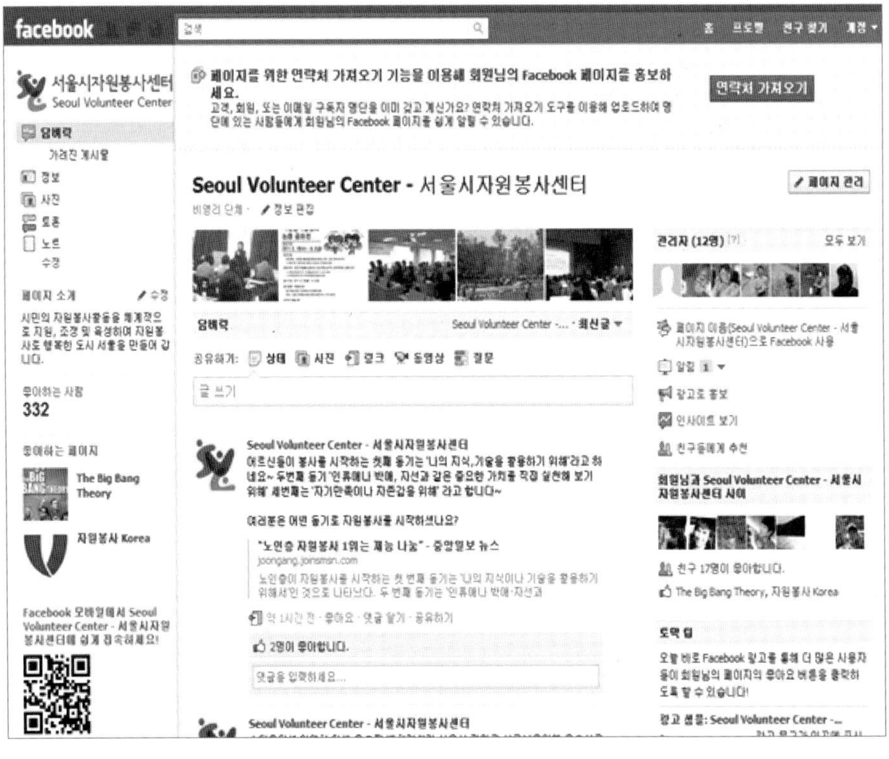

[그림 12-1] 서울시자원봉사센터 페이스북

[그림 12-2] 자원봉사 관련 트위터 계정들

참고문헌

곽대석(2012). 기업기부에 대한 사회복지실무자들의 공정성 인식이 친기업적 자발행위. 숭실대학교 대학원 박사학위논문.

구재관, 권향임, 김근아(2013). **자원봉사론**. 서울: 창지사.

구혜영(2012). **자원봉사론**. 서울: 신정.

권순종, 김병, 김병찬, 김봉순, 김종표, 배은영, 원요한, 유용식, 이상주, 이은혜, 이태희(2008). **자원봉사론**. 파주: 양서원.

김경동, 이창호, 송민경, 신정애(2011). **사회통합을 위한 나눔과 배려문화 제고방안: 공생발전을 위한 노블레스오블리주 실천과 재능나눔을 중심으로**. 세종: 경제인문사회연구회.

김경동, 이창호, 주성수, 구혜영(2010). 국격제고를 위한 한국의 자원봉사 활성화방안 연구. 서울: (사)한국자원봉사협의회.

김동배(2005). **시민사회와 자원봉사**. 서울: 학지사.

김동배, 김선아, 이서원, 장신재, 조학래, 홍영수(2011). **자원봉사의 이해**. 서울: 학지사.

김동원(2005). 사회복지단체에 있어서 온라인 자원봉사관리의 효과성. **한국행정논집**, 17(1), 37-58.

김범수, 권선진, 손영희, 신승연, 이종복, 전종숙, 정옥희, 정용충, 최은숙(2015). 자원봉사론(3판). 서울: 학지사.

김성호(2015). 기독교 사회복지의 정체성과 나아갈 방향 연구: 미래 지역사회 공동체 개념을 중심으로. 기독교사회윤리, 31, 121-149.

김승용, 김순안, 김오복, 김은묵, 김재중(2012). 자원봉사론. 파주: 양서원.

김승용, 김순안, 김오복, 김은묵, 김재중, 박은주, 오준심, 이경순, 이미영, 이현심(2011). 자원봉사론. 파주: 양서원.

김영호, 김정배, 백종섭, 이강현, 이선우, 이성록, 이성철, 이창호, 최종혁(2004). 자원봉사제도 개선방안 연구. 서울: 교육인적자원부. (http://library.moe.go.kr/viewer/MediaViewer.ax?cid=115421&rid=5&moi=7202에서 검색).

김은영(2011). 소셜 미디어를 활용한 자원봉사 활성화 방안. 자원봉사활성화 논문공모전 수상작 논문집. 서울특별시자원봉사센터. (http://svc1365.tistory.com/250에서 검색).

김종숙, 이동우, 김종환(2008). 사회복지 자원봉사 지원체계 개선방안. 서울: 한국사회복지협의회. 사회복지연구원. (http://kncsw.bokji.net/kncc/s03/view.jsp?boardId=researchReport&boardidx=5686&depth1=0&depth2=0&depth3=0&pTitle1=&pTitle2=&pTitle3=&command=READ에서 검색).

김창의(2001). 신인사관리론. 서울: 두남출판사.

김태룡, 안희정(2011). 사회자본과 자원봉사. 서울: 집문당.

김헌숙(2014). 영국 자선문화 전통의 변화, 1870-2000. 서양사론, 121, 5-34.

김현나(2014). 재능기부 자원봉사의 여가적 의미와 가치 탐색. 한국여가레크리에이션학회지, 38(3), 54-65.

남기철(2007). 자원봉사론. 파주: 나남.

류기형, 남미애, 박경일, 홍봉선, 강대선(2013). 자원봉사론. 파주: 양서원.

문화체육관광부(2014). 문화자원봉사활동 매뉴얼 활동가용. 세종: 문화체육관광부.

박선영(2010). 한국에서의 실천적 시민교육 재구성을 위한 영국 시민교육과 자원봉사활동 고찰. 청소년학 연구, 17(2), 87-108.

박차상(2014). 자원봉사론. 서울: 창지사.

박훈, 이상신, 문예영(2010). 기부방식별 세제혜택 현황과 개선방안 연구. 서울: 한국지방세연구원. (http://academic.naver.com/openUrl.nhn?doc_id=39812261&linkType=doclink에서 검색).

박희봉(2002). 조직 내 사회자본 형성에 관한 연구. **지방정부연구**, 6(1). 221-239.

배기효, 김한양, 김현수, 남연희, 도기봉(2008). **자원봉사론**. 고양: 공동체.

볼런티어21(2006). **볼런테인먼트 프로그램 실천 매뉴얼**. 서울: 볼런티어21.

사회복지공동모금회(2003). **기업의 사회공헌활동에 대한 실태조사**. 서울: 사회복지공동모금회.

송민경(2015). 자원봉사활동법 관련 쟁점과 이슈. **제8회 전국자원봉사컨퍼런스 자료집**. 47-56.

오단이(2014). 국제자원활동 동기 및 현지적응과정에 관한 탐색적 사례연구: 국제개발협력민간협의회(KCOC)에서 파견한 캄보디아 L단체 단원을 중심으로. **한국사회복지행정학**, 16(3), 373-399.

우수명(2012). 네팔룸의 국제 지역사회복지 실천 사례 연구: 베시마을의 행복한 마을 만들기를 중심으로. **한국지역사회복지학**, 40, 31-58.

유경문, 이선정, 박기백(2010). **기부금 세제의 개선방안 연구**. 서울: 한국재정학회. (http://kodaf.or.kr/board/print.asp?bid=22&v=policy&show=v&id=16858에서 검색).

이민창, 사공영호, 주영신(2006). 자원봉사 진흥을 위한 국가기본계획 의제선정 연구용역. 서울: 행정자치부. (http://www.prism.go.kr/homepage/researchCommon/retrieveResearchDetailPopup.do?research_id=1310000-200600073에서 검색).

이병순, 김효정, 오효근, 박미혜, 민승화, 김화진, 강정희(2015). **자원봉사론**. 고양: 공동체.

이선재, 강종안, 김동훈, 한재광, 양진아, 하재웅(2009). **자원활동은 자원봉사가 아니다**. 서울: 유네스코한국위원회.

이성록(2007). **자원봉사활동관리 이론과 실제**. 서울: 미디어숲.

이성철, 송민경, 김선아, 신정애(2011). 자원봉사 및 나눔 활성화를 위한 법 · 제도 개선 연구. 서울: 행정자치부. (http://www.prism.go.kr/homepage/entire/retrieveEntireDetail.do?cond_research_name=&cond_research_start_date=&cond_research_end_date=&research_id=1740000-201500040&pageIndex=229&leftMenuLevel=160에서 검색).

이원희(2011). 볼런투어리즘 활성화 방안. 서울: 한국문화관광연구원. (https://www.kcti.re.kr/webdata/newweb/reportEng/file/Basic%20research_2011-02.pdf에서 검색).

이정석(2010). 지방자치단체의 '볼런투어리즘' 도입 및 브랜드화 전략, **지방정부연구**, 14(3), 139-163.

이창호, 김연우(2012). 해외자원봉사활동의 임파워먼트 효과에 관한 연구. **한국청소년연구**, 23(2), 243-272.

전국경제인연합회(2003). **2002년 기업 · 기업재단 사회공헌백서**. 서울: 전국경제인연합회.

전국경제인연합회(2010). **2009년 기업 · 기업재단 사회공헌백서**. 서울: 전국경제인연합회.

정무성, 조홍식, 이만식, 손의성, 김성철, 이종록, 이승열(2009). **교회 자원봉사**. 고양: 공동체.

정무성, 황정은(2014). **사회복지 마케팅**. 서울: 신정.

조찬식(2014). 휴먼라이브러리에 관한 연구: 서울시 성북구의 휴먼라이브러리를 중심으로. **한국비블리아학회지**, 25(3), 9-28.

조휘일(2000). 자원봉사 프로그램 관리 과정 개발에 관한 연구. 김영호, 조휘일, 이성록 저. **사례중심으로 본 자원봉사 관리의 실제**(pp. 1-66). 서울: 서울특별시사회복지협의회.

주성수(2003). **기업 시민정신과 NGO**. 서울: 아르케.

주성수(2005). **자원봉사: 이론, 제도, 정책**. 서울: 아르케.

주성수(2013). **자원봉사 문화와 제도**. 서울: 한양대학교출판부.

최덕경, 이서영, 서정학, 배은숙, 박주현(2014). 현대사회와 자원봉사. 고양: 공동체.
최명주(2007). 자원봉사의 이해와 실천. 파주: 양서원.
최석현, 김군수, 이재광(2012) 한국의 자본주의와 사회적 경제. 경기개발연구원 이슈 & 진단, 73, 1-22.
최종혁, 이연, 유형주(2015). 자원봉사론: 자원봉사에서 자원복지운동으로. 파주: 양서원.
최진봉(2014). 기업의 사회적 책임. 서울: 커뮤니케이션북스.
최해진(2004). 갈등의 구조와 전략. 서울: 도서출판두남.
한국국제협력단(2012). 해외봉사 바로 알고 가기: KOICA가 알려주는 해외봉사 완벽 가이드. 서울: 파이카.
한국보건사회연구원(2016). 유럽의 난민 위기. 글로벌 사회정책 브리프, Jan. Vol 2. (https://www.kihasa.re.kr/web/publication/brief/view.do?pageIndex=3&keyField=&key=&menuId=53&tid=38&bid=991&division=&aid=2&ano=1에서 검색).
한국사회복지관협회(1997). 미국의 자원봉사 유래와 현황. 서울: 동인.
한국사회복지협의회(1987). 자원봉사활동 현황 및 활성화 방안. 서울: 한국사회복지협의회.
한국자원봉사문화(2014). 2014 한국인의 자원봉사, 기부, 이웃돕기. 서울: 한국자원봉사문화. (http://volunteeringculture.or.kr/에서 검색).
한국중앙자원봉사센터(2015). 2014년 자원봉사센터 현황. 서울: 안전행정부.
행정안전부(2008). 2008 행정안전통계연보. 서울: 행정안전부.
행정자치부(2014). 자원봉사활동 실태조사 및 활성화방안 연구. 서울: 행정자치부. (http://www.prism.go.kr/homepage/entire/retrieveEntireDetail.do?cond_research_name=&cond_research_start_date=&cond_research_end_date=&research_id=1740000-201400018&pageIndex=371&leftMenuLevel=160에서 검색).
현외성(2004). 자원봉사론 강해. 서울: 학지사.

Abdennur, A. (1987). *The conflict resolution syndrome: Voluntarism, violence and beyond*. Ottawa: University of Ottawa Press.

Barker, R. L. (1996). 사회사업 사전[*The social work dictionary*]. 중앙사회복지연구회 역. 서울: 이론과실천. (원저는 1991년에 출판).

Carroll, A. B. (1979). A three-dimensional conceptual model of corporate performance. *Academy of Management Review, 4*(4), 497-505.

Carrell, M. R., Elbert, N. F., & Hatfield, R. D. (1995). *Human resource management: Global strategies for managing a diverse workforce* (5th ed.). Englewood Cliffs, NJ: Prentice Hall.

Christensen, H. S. (2012). Simply slacktivism? Internet participation in Finland. *Journal of Democracy, 4*(1), 1-23.

Compactvoice (2015). The Compact Code of Good Practice on Volunteering. Retrieved from http://www.compactvoice.org.uk/

Conroy, S., & Williams, A. (2014). Use of internet, social networking sites, and mobile technology for volunteerism: Implication for volunteer recruitment and engagement. Washington, DC: American Association of Retired People. Retrieved from http://www.aarp.org/content/dam/aarp/research/surveys_statistics/general/2014/Use-of-Internet-Social-Networking-Sites-and-Mobile-Technology-for-Volunteerism-Implications-for-Volunteer-Recruitment-and-Engagement-AARP-res-gen.pdf

Drucker, P. (1984). The new meaning of corporate social responsibility. *California Management Review, 26*, 53-63.

Dunn, P. (1995). Volunteer management. *Encyclopedia of Social Work* (19th ed.). Washington, DC: NASW.

Ellis, S. J. (1986). *From the top down: The executive role in volunteer program success*. Philadelphia: PA: Energize Associates.

Finnegan, A., & Brewis, G. (2012). The volunteering England archive: An overview and historical background. *Contemporary British History, 26*(1), 119-128.

Fletcher, K. B. (1987). *The keys to 9 successful volunteer program*. Washington, DC: The Taft Group.

Gaskin, K., & Smith, J. D. (1997). A New Civil Europe? A Study of the Extent and Role of Volunteering, London: National Center for Volunteering in Britain.

Gidron, B. (1983). Sources of job satisfaction among service volunteer. *Journal of Voluntary Action Research, 12*(1), 20-35.

Hammer, M. R., Bennett, M. J., & Wiseman, R. (2003). Measuring intercultural sensitivity: The intercultural development inventory. *International Journal of Intercultural Relations, 27*(4), 421-443.

Independent Sector (2015). The value of volunteer time. Retrieved from http://www.independentsector.org/volunteer_time

International Labour Organization (2011). *Manual on the measurement of volunteer work*. Geneva: International Labour Office.

Jacobson, A. (Ed.). (1978). *Standards and guidelines for the field of volunteerism*. Alexandria, VA: Association of Volunteer Bureaus.

Kudo, K., Motohashi, Y., Enomoto, Y., Kataoka, Y., & Yajima, Y. (2011). Bridging differences through dialogue: Preliminary findings of the outcomes of the human library in a university setting. The 2011 Shanghai International Conference on Social Science. Retrieved from http://humanlibrary.org/paper-from-dokkyo-university-japan.html

Lewin, A. Y., Sakano, T., Stephens, C. U., & Victor, B. (1995). Corporate citizenship in Japan: Survey results from Japanese firms. *Journal of Business Ethics, 14*(2), 83.

MacDuff, N. (1987). *Volunteer recruiting and retention: A marketing approach*. Washington, DC: MPA Publishing.

MacDuff, N. (1996). *Recruiting and retention: A marketing approach*. Washington, DC: MPA Publishing.

Murray, V., & Harrison, Y. (2002). *Virtual volunteering: Current status and future prospects*. Toronto: Canadian Centre for Philantrophy.

Peterson, B. (2004). *Cultural intelligence: A guide to working with people from other cultures*. Boston, MA: Nicholas Brealey.

Point of Light Foundation (2015). Volunteer centers: A history of America. Retrieved from http://www.handsonnetwork.org

Smith, D. H. (1981). Altruism, Volunteers and Volunteering. *Journal of Voluntary Action Research, 10*(1), 21-36.

Smith, D. H., Macaulay, J., & Associates. (1980). *Participation in social and political activities: A comprehensive analysis of political involvement, expressive leisure time, and helping behavior*. San Francisco, CA: Jossey-Bass.

United Nations Volunteers (2001). *United Nations Volunteers report, prepared for the UN general assembly special session on social development*. Geneva: UNV Publication.

United Nations Volunteers (2011). *State of the world's volunteerism report 2011: Universal values for global well-being*. Bonn: UNV Publication.

Van Til, J. (1988). *Mapping the third sector: Voluntarism in a changing social economy*. New York: Foundation Center.

Volunteer Victoria (2015). Involving volunteers: The principles. Retrieved from http://volunteeringvictoria.org.au/

Whetter, L., & Pybus, V. (2001). 지금 세계가 당신을 부른다: 국제 자원봉사 [*International directory of voluntary work* (7th ed.).] 김수재 역. 서울: 학문사 (원저는 2000년에 출판).

Wood, D. J. (1991). Corporate social performance revisited. *Academy of*

Management Review, 16, 691-718.
嵯峨生馬(2012). 프로보노: 사회의 발전적 변화를 추구하는 진일보한 기부방식[プロボノ: 新しい社會貢獻新しい働き方]. 임태형 역. 서울: 에이지이십일. (원저는 2011년에 출판).

국민일보(2011. 9. 9.). 성인 10명중 1명꼴 참여 後만 시대'… '자원봉사'생활 속에 뿌리내렸다.
오마이뉴스(2014. 02. 25.). [해외리포트] 고아원 봉사활동, 이래도 계속 할 겁니까: 10년 새 늘어난 캄보디아 고아들, 70%는 부모 있는 '가짜' 고아(http://www.ohmynews.com/NWS_Web/View/at_pg.aspx?CNTN_CD=A0001961486&CMPT_CD=SEARCH).

ChildSafe: http://www.thinkchildsafe.org
Webster: http://www.merriam-webster.com/
개발마케팅연구소: http://dmi.or.kr/220496697767?Redirect=Log&from=postView
국립국어원 표준국어대사전: http://stdweb2.korean.go.kr/main.jsp
국제워크캠프: http://www.workcamp.org/
미국적십자: http://redcrosschat.org/disaster-digital-volunteer-training/#sthash.OTnrw89U.dpbs
법무부 범죄예방정책국: http://www.moj.go.kr/HP/TSPB/spb_50/spb_50204010.jsp
사회공헌정보센터: http://www.crckorea.kr/
월드프렌즈코리아: http://blog.naver.com/wfk2012(공식블로그)
http://www.worldfriendskorea.or.kr/(전자방)
유네스코 한국위원회: http://www.unesco.or.kr/
유승권의 블로그: http://blog.daum.net/mryoopm/

찾아보기

인 명

내 용

저자 소개

이만식(Lee, Man Sik)
Norfolk State University, VA 사회복지학 석사
Columbia University, NY 사회복지학 박사(행정 및 기획 전공)
전 서울 사회복지공동모금회 배분분과 위원장
현 장로회신학대학교 사회복지학과 교수

김성호(Kim, Seong Ho)
Columbia University, NY 사회복지학 석사
Fordham University, NY 사회복지학 박사
전 American Cancer Society, Director of Community Health Initiatives
현 한국성서대학교 사회복지학과 조교수

오단이(Oh, Danny)
성균관대학교 사회복지학 석사
성균관대학교 사회복지학 박사
현 뉴패러다임 사회발전소 소장
김포복지재단 이사
숭실대학교 사회복지대학원 겸임교수

전구훈(Jeon, Gu Hun)
가톨릭대학교 사회복지학 석사
숭실대학교 사회복지학 박사
전 한국학교사회복지사협회 회장
현 숭실대학교 사회복지대학원 조교수

원도연(Won, Do Yeon)
성균관대학교 사회복지학 석사
성균관대학교 사회복지학 박사과정 수료

뉴패러다임 시대의
자원봉사론
Volunteerism in the Age of New Paradigm

2017년 1월 20일 1판 1쇄 발행
2017년 8월 25일 1판 2쇄 발행

지은이 • 이만식 · 김성호 · 오단이 · 전구훈 · 원도연

펴낸이 • 김 진 환
펴낸곳 • (주) 학지사
04031 서울특별시 마포구 양화로 15길 20 마인드월드빌딩 5층
대표전화 • 02) 330-5114　　팩스 • 02) 324-2345
등록번호 • 제313-2006-000265호
홈페이지 • http://www.hakjisa.co.kr
페이스북 • https://www.facebook.com/hakjisabook

ISBN 978-89-997-1075-9 93330

정가 17,000원

저자와의 협약으로 인지는 생략합니다.
파본은 구입처에서 교환하여 드립니다.

이 도서의 국립중앙도서관 출판시도서목록(CIP)은 서지정보유통지원시스템 홈페이지(http://seoji.nl.go.kr)와 국가자료공동목록시스템(http://www.nl.go.kr/kolisnet)에서 이용하실 수 있습니다.
(CIP제어번호: CIP2016028504)